静岡県の歩ける城70選

初心者から楽しめる名将ゆかりの城跡めぐり

加藤理文 編著

はじめに

静岡県は、古代より都と東国との中間点という利便性から重要視されてきました。戦国期には、駿河守護今川氏を中心に、東の北条氏、北の武田氏、西の徳川氏が覇を競い、相争う時代が続きます。各氏族たちは、己が持つ技術力を結集して、新たな領地を守るために多くの城を築き上げました。昭和五十六年（一九八一）に、静岡県教育委員会が実施した中世城館跡の悉皆調査では、実に六六九ヵ所に及ぶ数の城館跡が確認されています。また、国の史跡に指定された城跡は、十一城と全国で四番目（平成三十一年三月現在）の多さを誇っています。

それだけではありません。前述のように、戦国期に時代を代表するような武将たちが、県内に進出を繰り返し、それぞれが特徴ある城を築き上げたため、在地の城だけではなく一つの県で今川、武田、後北条、徳川、豊臣の城を堪能することが可能な唯一の県なのです。

ここ数年、城ブームということで、多くの人たちが城跡を訪れるようになりました。天守や櫓や門という建物が残っている城跡だけでなく、土でできた山城に登る人たちが年々増えてきています。かつては、城と言えば年配の男性が好むものと思われていたようですが、近年のブームは「歴女」とか「城ガール」と呼ばれる女性たちによって支えられているようです。背景には、ゲーム等で人気を博した戦国武将の影響が大きいのかもしれません。

城は、こうした各地の武将たちが、領土拡張と天下統一を夢見た舞台です。しかし残念なことに、静岡県には、県内の城を紹介する本は、極めて少なく、オールカラーの一般向けガイドブックは出版されたことがありませんでした。そこで今回、静岡県に残る比較的見学がしやすい城跡、近年の開発で失われたものの歴史に深く名を残した城など七十城を厳選し、その見どころや歩いて楽しむために便利な知識を一冊にまとめてみました。なるべく写真を多く使って見どころを紹介したい、図面を入れて城の構造も知ってほしい、と限られたスペースで盛りだくさんにしたため、若干写真や図面が小さくなってしまいましたがご容赦ください。

さて、街中にある城は軽装で訪ねて問題ありませんが、ちょっとした小高い山でも、山の中に分け入っていくには気をつけたいことが多々あります。少し注意点を挙げておきましょう。

山城には必ず長袖で（虫や擦過傷対策）。靴は、トレッキングシューズがベター（滑り防止）。荷物はリュックサック（両手を空けるため）。飲み物と軽食、タオルと軍手は必需品。救急薬と虫よけスプレー、熊よけの鈴も必要かも…。城の図面はあれば便利(本書の図面を拡大コピーしよう)。スマホは、方位磁石やマップ、ネット情報がすぐに確認できて結構便利ですよ。訪ねる時期も注意が必要で、ベストシーズンは木々が枯れ始める晩秋から早春まででしょう。夏は草木が生い茂り、小動物や虫との遭遇が多くなるので避けた方が無難です。以上、十分留意の上、本書を片手に山城歩きを堪能してみてください。必ずや、あなたの城歩きを楽しいものにする欠かせない一冊になるはずです。

平成二十八年十一月

加藤理文

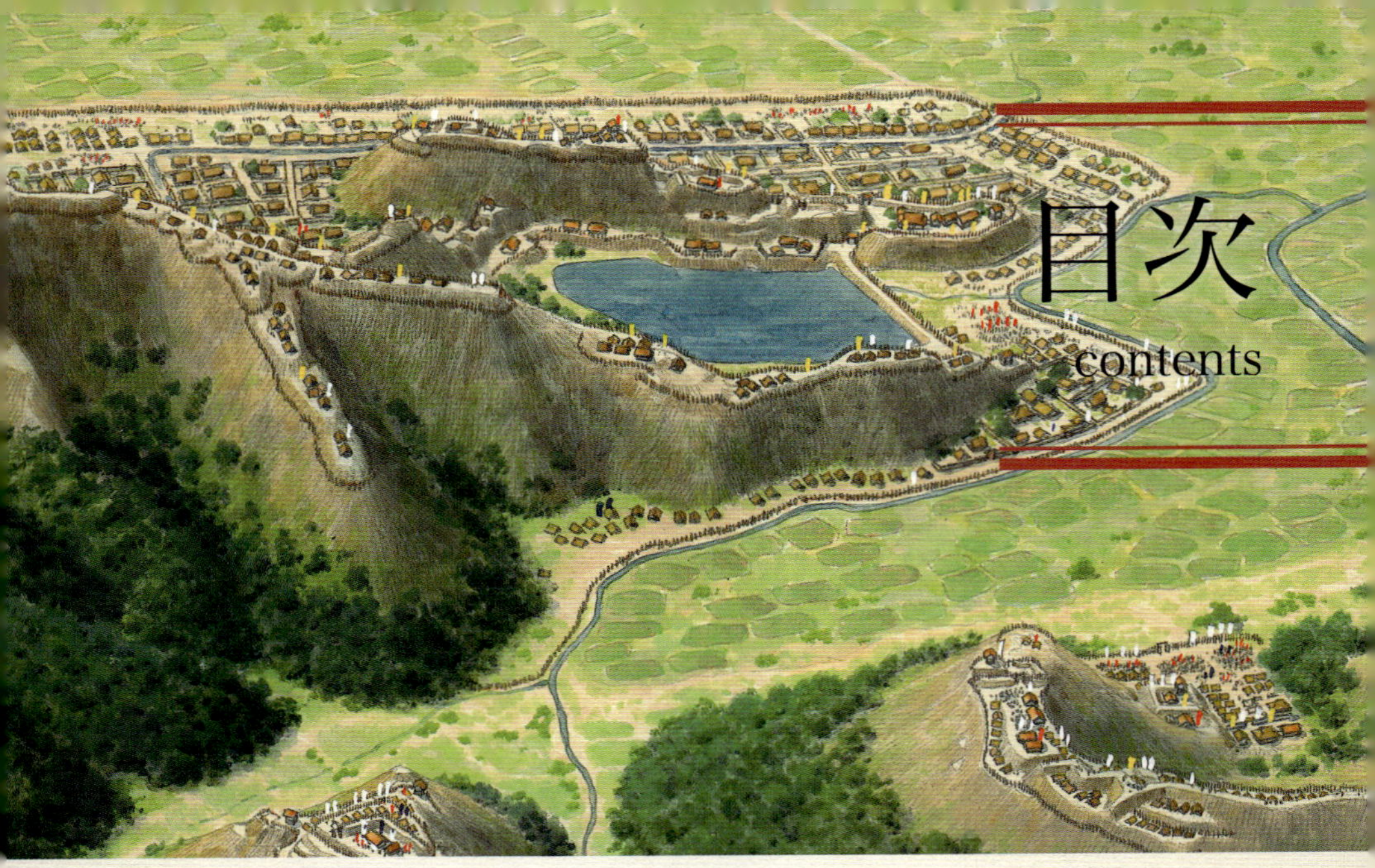

目次
contents

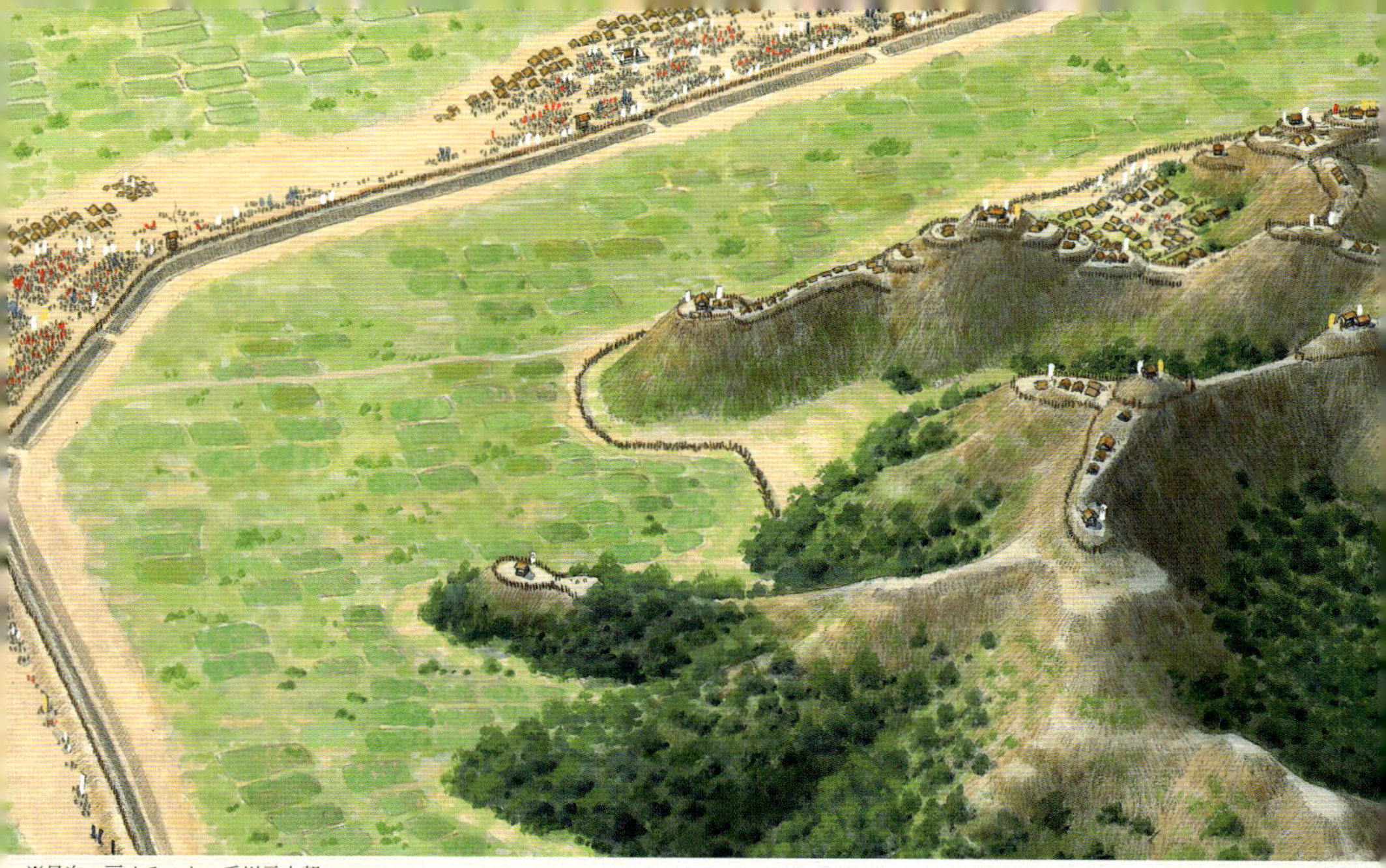

※目次・扉イラスト：香川元太郎

＊掲載記事は駿府城を除き2016年11月末現在の情報です。
＊文章中の武将名等の表記や城データに関する注釈を32頁に掲載しています。

中部
20 駿府城
21 丸子城
22 横山城
23 小島陣屋
24 蒲原城
25 田中城
26 花倉城
27 諏訪原城
28 小山城
29 勝間田城
30 小長谷城
31 賎機山城
32 用宗城
33 安倍城
34 久能城
35 江尻城
36 小川城
37 朝日山城
38 滝堺城
39 相良城
40 八幡平の城
山梨県
神奈川県
駿河
伊豆
富士川
狩野川
駿河湾
安倍川
大井川
東部
1 山中城
2 興国寺城
3 長浜城
4 葛山城
5 深沢城
6 足柄城
7 韮山城
8 狩野城
9 鎌田城
10 下田城
11 千福城
12 長久保城
13 戸倉城
14 修善寺城
15 柏久保城
16 丸山城
17 大見城
18 白水城
19 河津城

静岡県の歩ける城70選

――――――遠江・駿河・伊豆国 掲載70城郭

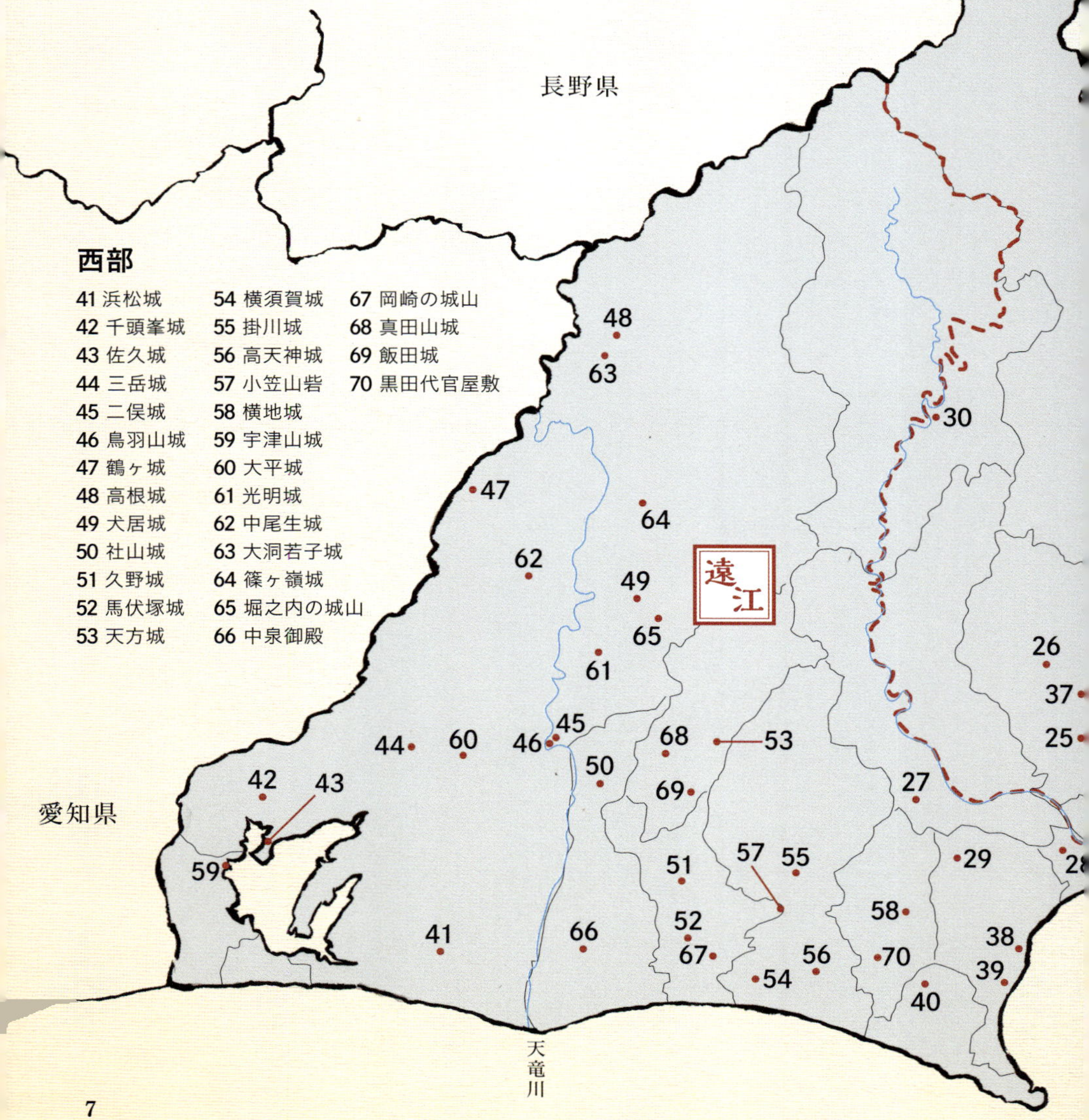

鎌倉から江戸時代まで

名将が築いた静岡県の城
——その変遷と歴史

東西交通の結節点にあたる静岡の地は、中世以降、さまざまな武将が戦いをくり広げ、その度に特徴的な城が築かれた。守護今川氏の城だけでなく、後北条氏、武田氏、徳川氏、そして全国統一を成し遂げた豊臣配下の武将たちも威信をかけて最新鋭の城を県内各地に築き上げた。各城の特徴は個別に紹介していくが、ここでは静岡県の城の変遷について史実を交えて概説しよう。

鎌倉時代

堀と土塁で防御を固めた鎌倉御家人の「館」の出現

治承4年（1180）、源頼朝が、山木兼隆《やまきかねたか》の館に夜襲を仕掛けたことをきっかけに源平の争乱が勃発。やがて武士中心の軍事政権である鎌倉幕府が成立する。

鎌倉御家人と呼ばれる武士たちは、地方支配のために守護、地頭に任じられ、地域支配のための拠点として屋敷（館）を構えた。館は周囲を堀と土塁で囲まれた一町四方程度（約100m四方）の規模が通常であった。

県内でこの時期と考えられているのが、南条氏の南条館（富士宮市）、内田氏の高田大屋敷（菊川市）である。いずれも後世の改変はあるが、鎌倉期の姿を比較的よく留めている。そのほかには矢部館（静岡市）、浅羽氏館（袋井市）、井出館（富士宮市）などがある。

南条館東側土塁。約110m四方の方形区画で、土塁が一部残存する

南北朝時代

遠江、駿河の南朝勢力が築き上げた城郭群

元弘3年（1333）、鎌倉幕府は滅亡し、後醍醐天皇を頂点とする天皇親政が実現した。だが新政権と対立した足利尊氏は、光明天皇を即位させる。都を脱出した前帝は吉野山に赴き、天皇位存続を主張、ここに京都と吉野に天皇が両立する南北朝時代が幕を開ける。

遠江浜松荘・都田御厨《みくりや》は南朝方の所領であり、気賀荘も南朝方であった。さらに井伊谷《いいのや》の井伊氏は、南朝方の有力な後ろ盾となっていた。延元3年（1338）、後醍醐天皇の皇子、宗良《むねよし》親王は、嵐に遭遇し難破するものの、そこから井伊谷（浜松市）に入り、三岳《みたけ》城（浜松市）を拠点とする井伊氏の庇護を受け、守護の今川範国と対立する。同4年、高師泰《こうのもろやす》が三岳城東側の支城、大平城《おいだいら》（浜松市）を攻撃、同時に高師兼が鴨江城（浜松市）を攻め、陥落させた。その後、千頭峯《せんとうがみね》城（浜松市）に続き、周辺所城が次々と落城。孤立した三岳城も翌年ついに高師泰、仁木義長の攻撃に耐えられなかった。唯一残った大平城も8カ月後に義長の手に落ち、遠江南朝勢力は一掃されて宗良親王は遠江から信濃へと落ち延びた。

親王は康永3年（1344）、安倍城（静岡市）に入城し2年ほどここに居住するが、今川方の攻撃を受けて城から撤退している。

南朝勢力は、遠江に次いで駿河の平野部を失い、無双連山《むそれやま》城砦群の徳山城（川根本町）、護応土《ごおうど》城（本

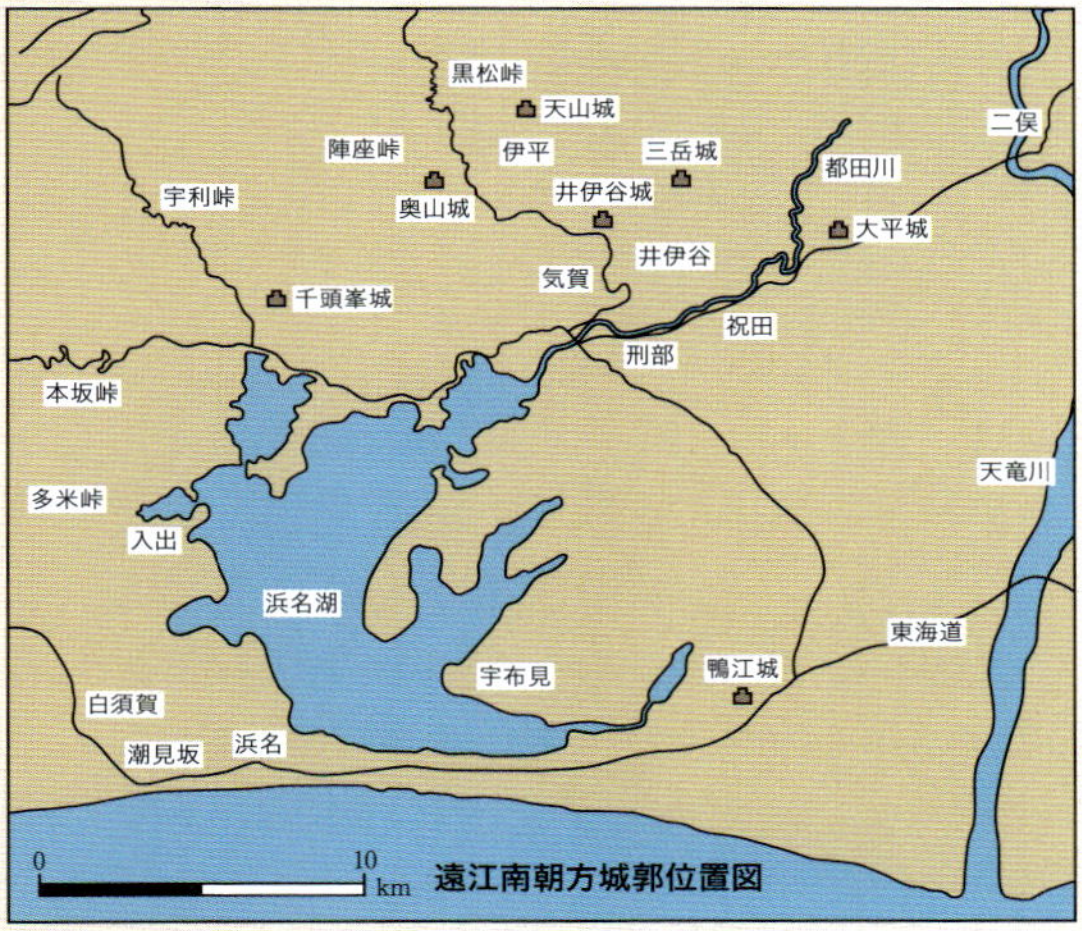

遠江南朝方城郭位置図

南北朝時代に築かれた天嶮を生かした山城の姿

『太平記』などの記録を見ると、南北朝の山城は、急峻な地形そのものが城であったことが分かる。見晴らしを良くし攻撃を有利にするため樹木を伐採し、斜面に取り付く敵兵の隠れ場所を奪った。建物は軽微な小屋掛け程度で簡単な柵を結って拠点とし、寄せ手に対して山上から矢雨だけでなく巨石や巨木を投げ落として抵抗している。

城は最高地点の1カ所だけでなく、派生する尾根筋に多くの拠点を置く集合体とし、危険が迫れば尾根筋上を退却し、尾根伝いの山中に姿をくらますのが常道であった。

遠江南朝の拠点は、山岳密教系寺院を城郭化したものが多い。伽藍（建物）や坊を利用して改修、常駐している皇室に近い僧や修験者の独自のネットワークを生かし、危険となれば隠れた山道を利用して安全な山へと移動を繰り返し、反抗を繰り返した。山へ籠ること自体が南北朝の山城の特質そのものであった。

三岳城を望む。標高467mの山頂部を中心に尾根筋に曲輪が展開する

川根町)、萩多和城(静岡市)など、山奥の城へと逃げ込んだ。文和2年(1353)、今川範氏による総攻撃でこれらの城も落城し、遠江に次いで駿河南朝勢力もついに掃討されてしまう。

戦国時代(前期)

守護・今川氏の誕生と応仁・文明の乱の影響

足利一門の今川氏は、元弘・建武の争乱で、生き残った五男範国が遠江守護に補任される。範国は遠江国府の所在地、見付(磐田市)に守護所を置き、見付城とした。永正期(1504~1521)には、堀越氏が南側に連続する形の見付端城《みつけはじょう》を付設している。現在の大見寺が見付端城と推定され、ここに土塁の痕跡も確認できる。元禄11年(1698)作成の「見付城大見寺絵図」が比較的、当時の様子を伝えており、貴重だ。

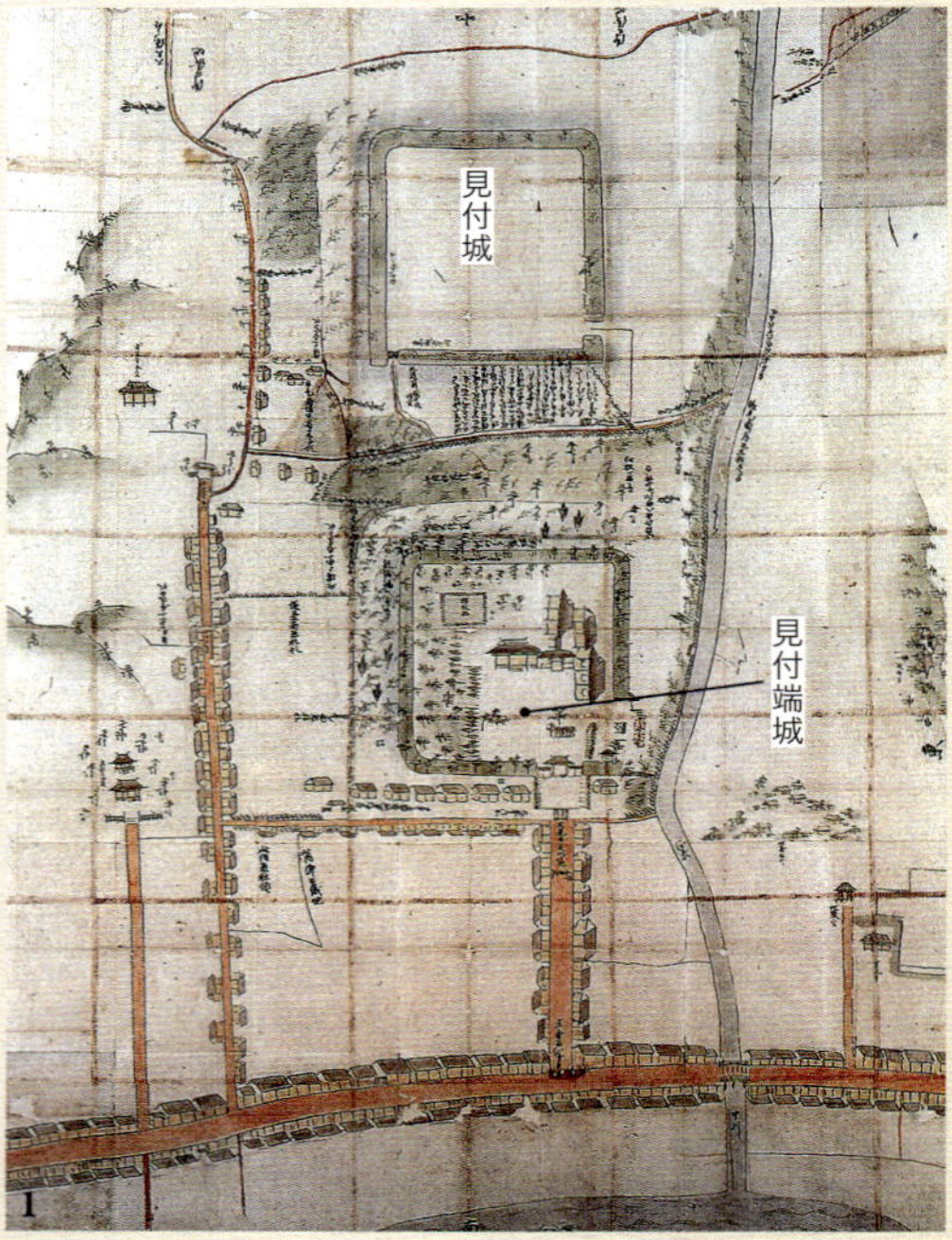

今川氏が駿河守護職になると、遠江守護職は斯波氏へと代わる。斯波氏は在国せず守護代も派遣していない。国人領主を傘下に治めてはいたが、自由な立場を認めざるを得ない状況であった。そのため横地氏と勝間田氏が東遠、原氏と堀越氏が中遠、狩野氏と大河内氏、井伊氏が西遠、天野氏や奥山氏が北遠を支配することになり、城を築き、地侍を従えて勢力を確立していった。

応仁・文明の乱の最中の文明6年(1474)、駿河守護今川義忠は、同じ東軍に属する狩野宮内少輔を見付端城に攻め滅ぼしたため、同じ東軍の斯波義良《しばよしすけ》と対立する。同8年、斯波氏に内通した横地氏と勝間田氏の城を囲んで両者を討ち取った。今川義忠は両城を500騎で取り囲んで落城させていることから、大規模な防御施設の存在は考えにくい。要害地形

1『見付城大見寺(見付古城)絵図』(大見寺所蔵) 2勝間田城址入口に立つ石碑 3塩買坂。義忠の菩提寺でもある正林寺付近の坂道(県道)が古戦場推定地

を取り込みつつ、小規模な土塁や堀切を持つ城とするのが妥当である。義忠は、凱旋《がいせん》途中に塩買坂《しょうかいざか》で両氏残党の不意打ちに合い、流れ矢に当たって不慮の死を遂げてしまう。後に残されたのは、僅か6歳の龍王丸《たつおうまる》（後の氏親《うじちか》）で、今川氏による遠江奪還の目論見は水泡に帰してしまった。

戦国大名へと成長を遂げた今川氏親の駿府館

今川義忠の急死は世継ぎをめぐる内部対立を生んだ。嫡男の龍王丸が幼少であったため、一族の小鹿範満《おしかのりみつ》が後見人として家督代行を務めるということで事態を収拾。だが範満は龍王丸元服後も家督を返上することなく政務を取り続けたため、ついに義忠の正室、北川殿とその兄（弟とも）伊勢新九郎盛時（後の北条早雲、以下早雲とする）が挙兵。長享元年（1487）、範満を自害に追い込み、ここに7代氏親政権が誕生した。早雲は富士川以東の地を与えられ興国寺城《こうこくじ》（沼津市）を築き、ここを拠点に活躍していく。

政権奪還に成功した氏親は、伊豆・相模を支配する早雲と連携し、遠江から東三河へと進出。明応7年、再び遠江へ侵入し、翌年ついに国府のある中泉（磐田市）に到着した。

徐々に遠江での支配権を確立する氏親に対し、守護斯波氏が反撃を開始し一時的に見付を奪還する。だが次第に今川軍が勢力を盛り返し、社山城《やしろやま》（磐田市）から斯波義雄を追い落とし、堀江城（浜松市）、蔵王城《ざおう》（久野城、袋井市）、天方城《あまがた》（森町）、馬伏塚城《まむしづか》（袋井市）などを制圧し、遠江ほぼ全域を支配下に置いた。永正3年（1506）には三河へと進出。今橋城（愛知県豊橋市）攻略に成功する。同5年、ついに念願の遠江守護に補任され、再び駿河・遠江2カ国支配を実現した。

これに対し、同7年、斯波氏が再度反撃を開始し遠江に侵入、花平から、やがて三岳城へと入城する。この後、大河内氏、井伊氏の国人領主を中心に刑部城《おさかべ》（浜松市）、志津城（浜松市）で戦闘が繰り広げられていった。翌8年には、北条早雲が出陣。翌年、大河内氏が引間城（浜松市）を占拠するも、同10年に井伊氏の本城・三岳城が落城、斯波義達は尾張へ退去している。

氏親は領国支配のための法律「今川仮名目録」を制定し、検地を実施。土地と人民を一元的に直接支配する戦国大名へと成長した。駿府館（静岡市）を拠点とし、支配下に組み入れた国人領主の城を支城として駿府防備網を築き上げた。交通の要衝には新たな城を築き在番を置いている。この時期、今川氏も曲輪間を仕切る堀切や竪堀を配していたことが、連歌師宗長の記録から分かる。

東から見た社山城。浜松方面が一望できるため重要視された

戦国時代（後期）

義元政権の栄枯盛衰と「遠州忩劇」

氏親の跡を継いだのは嫡男の氏輝であったが、天文5年（1536）、24歳の若さで弟・彦五郎と共に急死する。余りに不自然な死は内部クーデター説を生んだが、死因は不明のままである。氏輝死去によって、正室・寿桂尼《じゅけいに》の子である梅岳承芳《せんがくしょうほう》（後の義元）が還俗し後継者となったが、異母兄の玄広恵探《げんこうえたん》が反乱を起こした。「花蔵の乱」と呼ばれる後継争いは「領国内を二分し、甲斐の武田氏までも巻き込んだ大規模な戦い」となった。花蔵の乱は、花倉城での乱ではなく、花蔵殿（恵探）の乱であり、花倉城での戦いは乱の最終局面であった。

義元政権発足により、外交は一変した。天文6年（1537）、後北条氏と袂を分かち、敵対関係にあった甲斐の武田信虎の娘を正室とし駿甲同盟を成立させた。これに反発した北条氏綱は、富士川以東へ乱入し「河東一乱《かとういちらん》」と呼ばれる抗争が始まったのである。

桶狭間古戦場伝説地（愛知県豊明市）。明治時代にできた義元の墓や、その重臣が戦死した場所として7つの石碑などが並ぶ

その後、今川氏の軍師・雪斎《せっさい》が仲介に入り、今川義元・武田信玄・北条氏康の3名が善得寺（富士市）に会盟し、「駿甲相《すんこうそう》三国同盟」が成立。三氏共に背後の河東地域に対する備えの必要が薄れ、北条氏は北関東、武田氏は北信濃、そして義元は三河へと侵攻していく。

永禄3年（1560）、三河守に任じられたのとほぼ同時に、義元は2万5千の軍勢で駿府を発した。遠江・三河を通り、池鯉鮒《ちりゅう》（知立）に陣を敷き、沓掛《くつかけ》城（愛知県豊明市）から大高城へと向かった。途中、鷲津砦と丸根砦（共に名古屋市）奪取の知らせが届くと、義元は桶狭間山で休息を取った。この時、突如織田軍が出現し、今川方は義元をはじめ多くの有力家臣が為すすべなく討死にして総崩れとなった。松平元康（後の徳川家康）は、岡崎城へ入り独立、三河統一に向けて動き出す。勝利した織田信長は、やがて尾張を統一、

室町様式を取り入れた「駿河づくし」の今川館

駿府は、南が陽光きらめく駿河湾、残り三方を山が取り囲む、極めて鎌倉に酷似した街である。切り通しを固めた鎌倉同様、静清平野に入る主要街道の東西の峠道を押さえる城を築き、街そのものを守っていた。今川館は「花の御所」と呼ばれた室町様式の優雅な館である。さまざまな記録から、館内部には「北の亭」（山里的空間）、「義元亭」（政庁的空間）、「奥御殿屋敷」（奥向空間）、「義元隠居屋敷」（私的空間）等が存在していたことが判明する。これに茶室を伴った庭園施設が付随していた。元禄年間の茶道書によれば、書院の枯山水や茶室の露地庭は、富士山を望めるように配されていたという。庭は遠景に富士山、中景に三保の松原を模した松林、手前に富士川を模した泉水を配す「駿河づくし」であった。

美濃を攻略し上洛を果たすことになる。義元を失った今川氏に対し、「三州錯乱」と呼ばれる反今川の動きが活発化、遠江へも飛び火し「遠州忩劇《そうげき》」と呼ばれる反今川運動が勃発し、今川家の弱体化に歯止めがかからなくなっていく。

地侍の支城網を利用した戦国大名今川の巧みな戦略

　今川館の東側には愛宕山砦（茶臼山砦）・瀬名砦、南側に八幡山城・有東砦、西に丸子城・用宗城・金山砦、北に賤機山城（以上、静岡市）が配されていた。さらに東の薩埵《さった》峠前面には横山城と蒲原城（共に静岡市）が、西の宇津谷《うつのや》峠前面に徳一色城（藤枝市）、日本坂峠越えに対しては前面に花沢城（焼津市）を置くことで、防御を固めていた。

　義元は支配地の拡大に併せ、恭順を示した武将には「本領を安堵」し、城をそのまま使用させている。城の存続が認められた時点で、城は戦国大名今川氏の支城に組み込まれることになった。敵対した場合は、城主・城代、城番として重臣を送り込み、支配を固めた。これにより、国人領主が地域ごとに構築していた支城網を利用しつつ、さらに大きなネットワークを領国全体に張り巡らすことに成功したのである。

花沢城跡を望む。西駿河から駿府に至る日本坂の西の入口を固めた

　領国境に位置する「境目の城」については、必要に応じて在番制をとり、蒲原城に飯尾《いのお》氏など遠江国人衆が詰めることさえあった。

　今川氏の手による城の多くは、自然の要害の地が選ばれ、尾根筋上に曲輪が展開する。だが、尾根を遮断する堀切は、少なく小規模である。曲輪間を区画する堀切も数が少なく、土塁も認められるものの小規模で、曲輪全体を取り囲むまでには至っていない。防御の要は曲輪間に存在する「高低差」であった。最も高い場所に中枢部を置き、そこから高低差のある曲輪を尾根筋に階段状に配置することで敵方の侵入を阻もうとしていた。

徳川家康の引馬入城と掛川攻め

　永禄11年（1568）、徳川家康は遠江侵攻戦を開始。国境から本坂峠を越え、井伊谷筋を通り遠江へと侵入。吉美《きび》城、井伊谷城（三ケ日町の千頭峯城か？）、刑部城、白須賀城（湖西市）を順次攻略し、今川氏に奪われていた宇津山城も落城させた。浜名湖周辺域の制圧にほぼ成功すると遠江の要衝である引馬城（後の浜松城）に入城を果たした。家康の勢力は徐々に遠江を席捲。すると高天神城（掛川市）主・小笠原氏助（後に信興）、馬伏塚城（袋井市）主・小笠原氏興《のぶおき》らが恭順し、瞬く間に東遠まで勢力下に置いた。

　一方、武田信玄は富士川を南下し駿河を目指した。氏真は薩埵峠で迎え撃とうとしたが重臣の内応が相次ぎ、一戦すら交えることができず、翌日駿府館を捨てて朝比

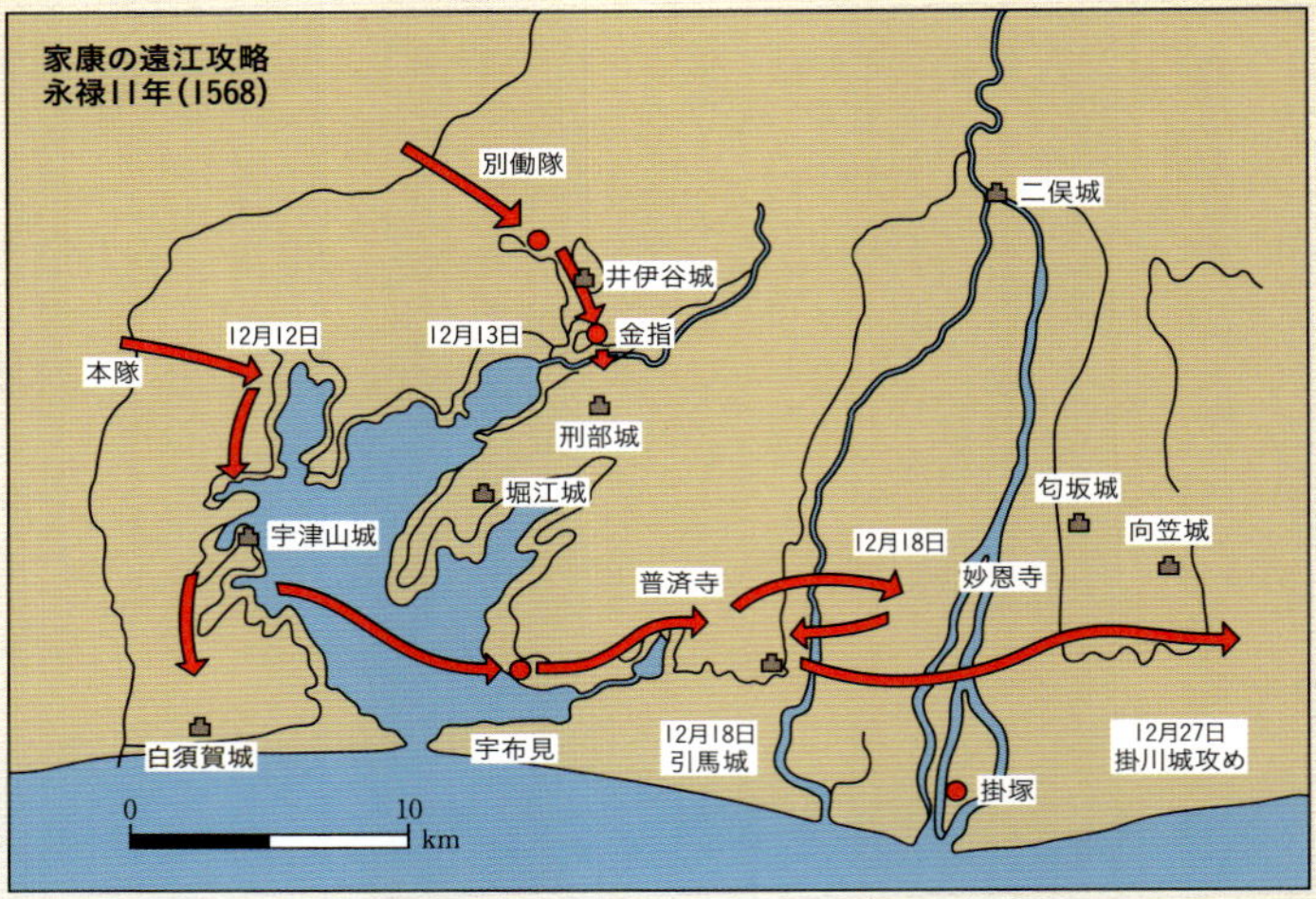

奈泰朝《やすとも》の居城・掛川城へと退去した。一度は逃れた氏真だったが、家康軍に包囲され、城下にも火が放たれてしまう。家康は、周辺域の国人領主や在地土豪層を調略により次々と味方に引き入れ、掛川城を孤立させた。だが、城に籠る今川方は根強い抵抗を示し続けた。

長期戦を避けたい家康は、氏真との和睦による掛川城開城を決断。籠城6カ月、ついに和睦を受け入れた氏真は城を家康に明け渡し、義父である北条氏康の兵とともに掛塚から小田原へと向かっている。掛川城の開城によって戦国大名今川氏が滅亡し、家康は遠江一円をほぼ掌中に納めることに成功した。しかし北部山岳地帯は信濃と国境を接しており、武田方に付く国人土豪たちも多かった。

信玄の駿河支配のために築かれた戦闘的な城郭群

駿府に入った武田信玄は、西駿地域の攻略を開始、花沢城、徳一色城（後の田中城）を開城させ、河東地区を除く駿河の大半を支配下に置いた。武田氏の駿河支配の拠点は駿府から江尻（静岡市）に移された。駿河湾の海上権を掌握し、強力な水軍編成を目指したのである。武田氏は旧領主の支配権を認めつつ、重要拠点には重臣を配し、縁戚関係を構築するなどして支配権を吸収していった。接収した城は防備の拡充が図られ、今川時代と比べて、極めて強固な構造を持つ戦闘的な姿に変化させている。

三河・遠江二カ国支配の拠点とされた浜松城

遠江一国をほぼ制圧した家康は、当初、遠江国府や守護所が置かれた見付の地に着目、見付宿南の丘陵に築城工事を起こした。これが城之崎城（磐田市）で見付に築かれた初めての本格的な城であった。しかし、この築城工事を中断し、天竜川の西側の引馬（浜松市）に造り直すことになった。

戦略面の理由もあったと思われるが、見付は南に沼地が広がった地形的制約があり、町としての発展が見込めなかったこと、本国・三河との往来、同盟者である織田信長との連携を考慮した結果であろう。

引馬城は小天竜を自然の堀とし北に犀ヶ崖へと続く溺れ谷となった断崖地形、東から南にかけて低湿地が広がる要害の地に位置していた。家康は引馬城の西対岸の丘陵部に中心域を移しさらに南へと拡張工事を実施。旧引馬城も東の備えとして城域に取り込んだ。城は天正９年（1581）までの間、絶えず修築・増築を繰り返し、約 15 年間、居城の役割を担った。

信玄の二俣城攻めと三方原合戦

大井川を境に分割するという徳川・武田の盟約は、信玄の遠江侵入により反故となった。元亀2年頃、信玄は北遠江で絶大な勢力を誇る天野氏と奥山氏、さらに奥三河全域を支配下に治める山家三方衆を味方に引き入れることに成功する。国境付近の危険性を除去した翌3年、2万を超える本隊を率いて遠江侵攻戦が開始された。甲斐を出陣した信玄本隊は、甲府から南下し駿河に入り、大井川を越え遠江へと侵入。一方、秋葉街道を南下した別動隊は、長篠（新城市）から伊平（浜松市）経由で遠江へと侵攻する部隊と、天野氏の居城・犬居城を経由し、只来城（浜松市）、天方城、飯田城（森町）を落城に追い込み、各和城《かくわ》（掛川市）も落とし、信玄本隊と合流する部隊とに分かれたようであるが

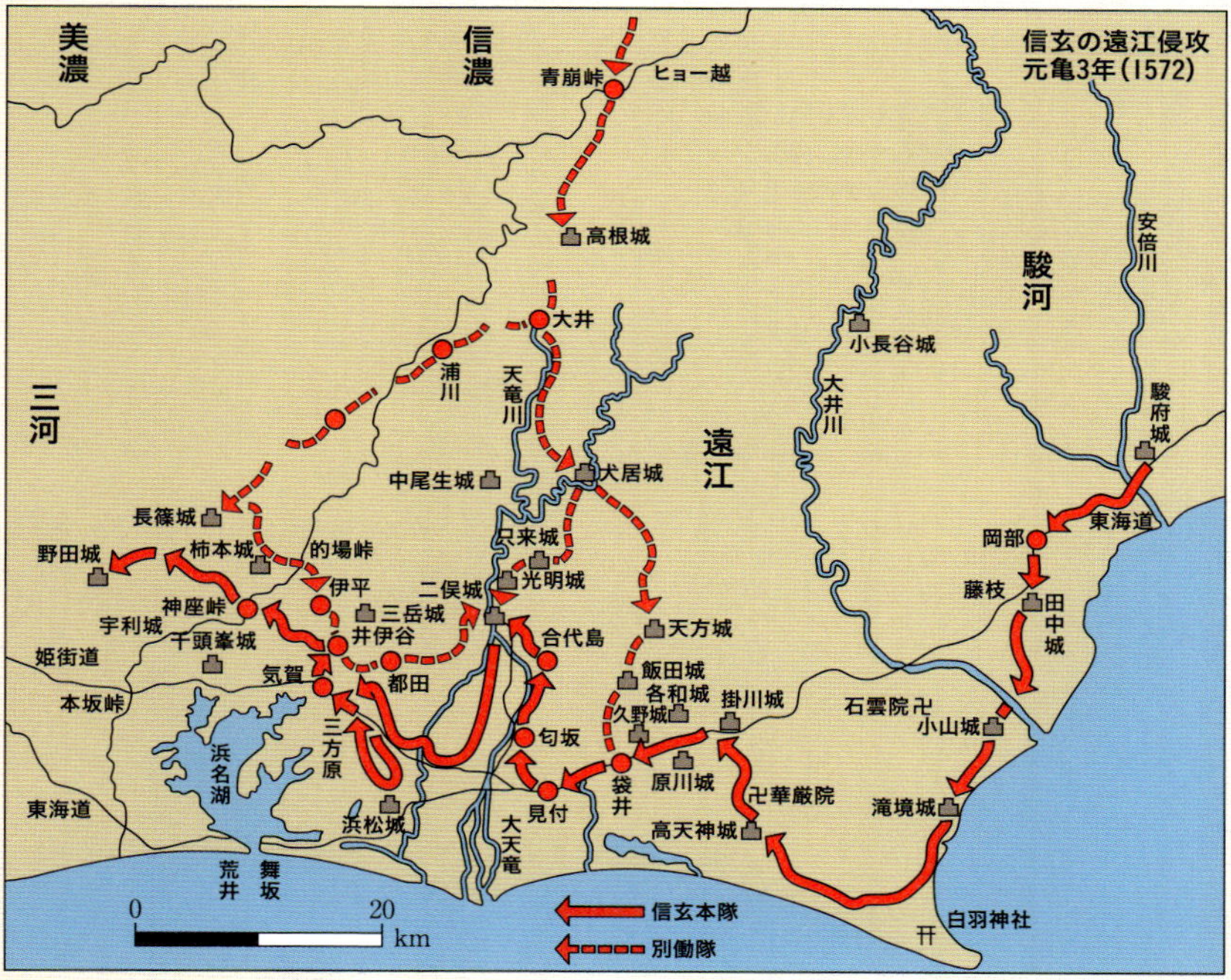

定かではない。いずれにしろ信玄本隊は見付へと侵攻。徳川軍は浜松城へと退却するために見付宿に放火し、武田軍の混乱を誘おうとしたが失敗。一言坂《ひとことざか》（磐田市）で追いつかれてしまう。一言坂で徳川軍を破ると、信玄は軍を北に返し、二俣城攻めを開始した。二俣の地は信濃、東三河、掛川、見付、浜松へと続く街道の合流点であり、さらに天竜川水系の水運の拠点で、遠江の交通の要衝であった。2カ月近くも籠城に及んだが、井戸櫓を破壊され、水の手を絶たれたため、ついに降伏開城した。

二俣城を出た武田軍は天竜川を渡り、秋葉街道を南下、浜松城へと向かうかに見えたが、城を攻めることなく西進。祝田《ほうだ》から井伊谷を経て本坂峠を越えて東三河を目指す構えを見せた。

信玄は二俣城攻めに2カ月を費やしており、さらなる行軍の遅れを懸念し、家康を城からおびき出

し、野戦で勝負することを狙ったのである。激怒した家康は信玄の目論見通り、城を打って出た。地形を知りつくした地元の利を生かし、背後から武田軍を急襲しようしたのである。だが、これを予想した武田軍は、隊を揃え待ち構えていた。多勢に無勢という兵力差はいかんともしがたく、徳川軍はついに総崩れとなり退却した。結局、三方原の合戦は徳川軍が1千余名を打ち取られたのである。

勝利した武田軍は西へと向かい、野田城を開城させた。だが信玄の病気が悪化し、進路を北に変え甲府へと帰陣するが、途中で信玄は病没したと伝わる。「3年間、喪を秘せ」と遺言したものの、ひと月後には信長や家康の知るところとなった。家督は勝頼が継ぎ、遠江・駿河をめぐる抗争は、家康対勝頼に移ることとなった。

浜名湖北岸ルートを押さえようとした家康の築城

信玄の南進を予測した家康は、宇津山城、千頭峯城、三岳城、大平城等、峠越えと街道を押さえる城の改修を実施。城ごとにかなり防御構造に違いが見られるが、堀切、土塁によって、防御機能の拡充を図る点は共通する。

曲輪防備のために土塁囲みとしたのは2城で、むしろ階段状に曲輪群を増やすことで対応している。これらの城は、備えとして築かれはしたが実際に信玄南下の際には全く機能していない。それは信玄の主力部隊が大井川と犬居城から掛川・袋井方面を転戦しつつ、浜松城を攻撃目標とするような動きを見せたためである。家康の、信玄侵攻に備えた城郭群は、信玄の巧みな戦術によってまったく機能しなかった。

千頭峯城西曲輪東側の堀切。曲輪を区切ると共に、堀底道でもあった

織田政権時代

二俣城奪還のための包囲網の構築と長篠合戦

天正元年、信玄の死を知った家康は、二俣城の周囲に砦を築き囲い込むと、三河へ侵攻し、長篠城奪還に成功する。翌年、二俣城を孤立させるため、犬居城攻めを敢行するが失敗。この間勝頼は、難攻不落の堅城・高天神城を包囲し、ついに奪取に成功する。家康は直ちに馬伏塚城を改修し、大須賀康高を入れて対抗した。

天正3年、勝頼は奥三河へ侵入。野田城・吉田城・二連木城と次々に攻めたて、最終的に長篠城を取り囲んだ。長篠城からの救援要請を受けた家康は直ちに信長に連絡、織田・徳川連合軍は3万8千の大軍で長篠へと向かった。世に名高い長篠合戦は、織田・徳川連合軍の大勝利に終わる。余勢をかった家康は、一気に北遠地方から武田勢力を駆逐しようと、二俣・光明両城攻めを開始。後方支援の役割を担っていた光明城を一気に落城させ、二俣城の補給路を断ち孤立させた。

家康の諏訪原城、二俣城奪還と天野氏の滅亡

西遠江で窮地に追い込まれた勝頼は、中遠・東遠地区を死守すべく、諏訪原城・湯日《ゆひ》城・小山城・滝境城・高天神城の防備を固めた。だが、家康の勢いは衰える気配を見せず、まもなく諏訪原城が落城。奪取した家康は、駿河侵攻の拠点とするため、大規模な改修に乗り出した。一方、四方を囲い込まれて孤立した二俣城は、耐えに耐えたが兵糧も乏しくなり、半年後に開城降伏した。二俣城を奪還した家康は、北遠から武田勢力を駆逐すべく、再び犬居城攻めを敢行。天野藤秀《ふじひで》は、本拠を捨て犬居山中

最北端の勝坂城（浜松市）へと籠城し抵抗を試みる。山中の城がことごとく落とされると、城から撤退。ここに、北遠から武田勢力は一掃されることになった。

高天神城攻防戦と武田氏の滅亡

北遠江を制圧した家康は、高天神城奪還を目指し行動を開始。馬伏塚城にあった前線基地を、岡崎の城山（袋井市）、そして横須賀城（掛川市）と、より敵方近くに移動。さらに小笠山砦を改修し、南北から城を挟みこんだ。

天正8年、家康は高天神城の周辺に六砦（小笠山砦・能ヶ坂《のがさか》砦・火ヶ峰《ひがみね》砦・獅子ヶ鼻砦・中村ノ砦・三井山砦）を構築し、孤立化させる作戦に出た（六砦のほかに風吹峠砦・毛森山砦・安威《やすたけ》砦の名も見られる）。翌9年、援軍の見込みもなく兵糧も底を尽きはじめ、ついに城から矢文による降伏開城の申し出があった。家康が拒絶すると兵糧が尽きた2カ月後、城兵が一気に打って出て、壮絶な戦いを展開。ついに落城した。

翌天正10年、満を持した信長は武田攻めを開始。家康は穴山信君を離反させ、甲斐へと侵攻した。勝頼は前年に築いた新府《しんぷ》城（山梨県韮崎市）へと逃げ込んだが、形勢不利のため山中へ逃げ込み、天目山で自害し果てる。ここに、名門武田氏が滅亡した。

駿河一国を与えられた家康は、安土に増領の御礼言上に赴き、信長の供応を受けるが、突如、本能寺の変が勃発。伊賀越えで命からがら三河へ脱出した。畿内では備中高松より「中国大返し」と呼ばれる神業的行動で戻った羽柴秀吉が、逆心明智光秀に勝利した。家康は、本能寺の変後の混乱に乗じて三河・遠江に加え、駿河、さらに甲斐・信濃までも手中に収め、たちまち5カ国を領する大大名にのし上がったのである。

豊臣政権時代

秀吉侵攻に備えた家康 相次ぐ城の改修と、駿府築城

信長亡き後の織田家後継者争いは羽柴秀吉がリード、着々と勢力を拡大し、後継の地位をはっきり打ち出すと、信長の次男・信雄《のぶかつ》が秀吉と対立、信雄は家康に支援を求めてくる。家康は兵を率いて清洲へ向かい、信雄軍と合流。ここに両者が対峙し、小牧・長久手合戦が開始された。両軍の膠着状態が続くと、秀吉と信雄の講和が成立。家康は戦う名目も無くなった

ため、浜松城に戻っている。

合戦後、諸城を改修し秀吉の侵攻に備えた。三河長篠城、古宮《ふるみや》城（愛知県新城市）、久野城や諏訪原城、田中城などでその改修の跡を見ることができ、浜松城、掛川城などでも増強が実施されている。

天正14年、家康は秀吉の妹・朝日姫を正室に迎えたことで上洛し、大坂城で秀吉と対面し臣従を誓った。

天正13年、家康は5カ国領有の拠点とするため、駿府築城を開始する。この時築かれた家康の城の姿は、後の改変が著しくほとんど分かっていない。わずかに残された記録に「石垣」「石かけ」「てんしゅ」と記されていることから、家康の築城技術が確実に進歩していることが判明する。

万が一、秀吉と対立した場合、より東に移転することで天竜川、大井川の大河が行く手を阻み、さらに浜松城も支城にできるうえ、久野城、掛川城、諏訪原城、田中城が東海道を進軍する敵への備えにもなる。駿府の方がより強固な防衛ラインを構築できるのである。併せて後北条氏との連携も視野に入れたものであった。駿府への居城移転は、対豊臣も考慮した、極めて深い意味合いを持っていたのである。

秀吉襲来に備えた後北条氏の小田原防衛ラインの構築

天正16年、後陽成天皇の聚楽第行幸に合わせ、諸大名は関白秀吉への絶対服従という誓紙を提出、豊臣政権は確立を見た。だが小田原の北条氏は上洛を拒み、秀吉に従おうとしなかった。

氏政・氏直父子は秀吉との戦いも考え、箱根山中の足柄城（小山町）・山中城（三島市）・韮山城（伊豆の国市）の3城による防御線を設けた。曲輪間には堀障子を設け、堀切や土塁を構え、防備強化が図られた。また伊豆半島の長浜城（沼津市）や下田城（下田市）にも堀障子が明瞭に残り、防御を固めた様子が分かる。

北条氏は豊臣軍の侵攻に備え、伊豆半島から駿河に防衛ラインを構築し、豊臣軍の攻撃を分散させて時を稼ぎ、最後は謙信・信玄ですら落とせなかった小田原城に籠って、豊臣軍の兵糧切れを待つという持久戦に持ちこもうとしていた。

天正17年、豊臣軍計22万余の軍勢が小田原へと向かった。軍備増強を施した山中城であったが、7万の軍勢の前にわずか半日で落城。秀吉は小田原城をはじめ、その包囲陣を眼下に見下ろす笠掛山に、後に石垣山一夜城と呼ばれる陣城を構築し入城した。籠城2カ月半、ついに北条氏直は降伏し開城、ここに秀吉による天下統一が成ったのである。

本城背後の天ヶ岳から見た韮山城本城（池の奥の小高い丘）と富士山

豊臣武将の入封と天守・石垣を持つ城の出現

北条攻め最大の功労者・家康には、北条氏の旧領の関八州が与えられた。徳川旧領は織田信雄に与えられたが、拒否したため追放されてしまう。替わって5カ国は、甥の秀次に与えられ、秀次付宿老の堀尾吉晴が浜松12万石、渡瀬繁詮《わたらせしげあき》が横須賀3万石、松下之綱が久野1万6千石、山内一豊が掛川5万石、中村一氏が駿府14万5千石で入封する。

入封と同時に大規模な城郭普請を実施し、それまでの土造りの城は「天守・石垣を持つ近世城郭」へと変貌し、面目を一新した。

秀吉が居城の大改修を命じたのは、万が一の事態に備え、徳川家康の西上ルートを押さえるためである。併せて豊臣政権の発足を視覚によって訴える目的があった。

徳川氏に変わって城主になった

豊臣配下の武将は、今まで見たこともない壮麗な城を築き、住まいとした。領民たちは見たこともない城の出現に「新時代の到来と新領主の豊かな経済力」を実感することになった。この時、天守が築かれたのは浜松城、二俣城、久野城、掛川城、横須賀城、駿府城、三枚橋城の7城で、これらの城に県内で初めて「瓦葺建物」が出現する。瓦には相互間で関連があり、共通の工房もしくは工人集団の手によった可能性が高い。言うなれば、駿河・遠江配置武将間の協力体制によって瓦葺建物を構築したことになる。瓦と同時に石垣も出現する。だが、石材の調達が難しかったのか、採用箇所は街道に面する場所と天守・門という重要箇所のみで、極めて視覚を意識した仕様だった。人々は新城を見て、豊臣氏による天下政権が誕生し、平和な時代が到来したことを肌で感じたのである。

復興された掛川城天守。豊臣政権によって、県内に天守・石垣が持ち込まれた

江戸時代

再び駿河・遠江の旧領へと戻った徳川譜代の武将たち

慶長3年（1598）、秀吉が死去すると政権の主導権をめぐる抗争が表面化。家康は、関ヶ原の合戦に勝利し、実権を握ることに成功した。駿河・遠江には、再び徳川譜代の武将が加増転封され戻ってきた。三枚橋城に大久保忠佐、興国寺城に天野康景、駿府城に内藤信成、田中城に酒井忠利、掛川城に松平（久松）定勝、横須賀城に大須賀忠政、浜松城に松平（桜井）忠頼である。同8年、久野家が再興を許され久野城へ再入城を果たすが、同11年に興国寺城の天野康景は本多正純と対立、城地を放棄して出奔し改易、城は廃城となってしまう。

大御所の威勢を示す富士と並び建った光り輝く天守の誕生

慶長10年、将軍職を譲った家康は、駿府の地に隠居城を築くことになる。同12年、天下普請で着手された築城工事は、完成直前失火により天守をはじめ本丸が全焼。家康は直ちに再建工事を命じ、翌年には完成する。完成した天守は四周を櫓と多門で囲まれた中央に位置する特異な形式で、初重は二階建てで廻縁《まわりえん》と高欄《こうらん》があり、三〜五重目の屋根は鉛瓦、最上階屋根は銅瓦と、わが国初の金属瓦が採用されていた。

従来の城を南・東・北に広げ、上方から江戸に向かう東海道からの眺めを重視。駿府の町に近づくと漆黒で光輝く駿府城天守と真っ白な富士山の姿が覇を競うように並び建っていた。東海道を江戸へと向かう外様大名や旅人たちは、

坤櫓と天守跡。現在、天守台の発掘調査が進行中である

日本一の富士山より高い駿府城の天守に圧倒されたであろう。まさに大御所の権勢を示す城となった。

元和元年（1615）、家康は豊臣氏を滅ぼし、徳川政権を盤石なものとした。翌年、鷹狩りに出かけた駿河田中城で腹痛をもよおし、そのまま駿府城において75年の生涯を閉じる。家康の遺体は遺言に従い、その晩即座に久能山に移されている。

江戸中期の立藩と小島陣屋、相良城、沼津城の新規築城

江戸時代前期には、井伊谷藩、掛塚藩が立藩するが、長く続くことなく廃藩となった。

宝永元年（1704）、松平（滝脇）信治は、駿河三郡一万石の大名諸侯に列し、庵原郡小島（現・静岡市）の地に陣屋を構えている。

明和4年（1767）、田沼意次は将軍家治より城主格に列せられ、築城を許された。翌5年、駿河湾に注ぐ萩間川の河口に近い海岸低地に約7万坪の規模を擁し、三重櫓を含め6基の櫓を持つ相良城（牧之原市）を築いたが、家治

小島陣屋の石垣。陣屋造りではあるが、石垣が多用されていた

死去とともに失脚。城は廃城となり同8年、徹底的に破却された。

安永6年（1777）、水野忠友が幕命を受けて沼津に築城工事を起こした。2代藩主・忠成は、将軍家斉時の老中で賄賂を横行させた人物としても有名である。

このように中期には3藩が成立し、城を築いたが、市街化によってほとんど姿を消してしまった。その中で小島陣屋がその姿をほぼ伝え、陣屋遺構として一級史料と評価され、国の史跡に指定されている。

明治時代

徳川宗家の静岡復帰と房総へ移封された県内七藩

明治元年（1868）、新政府は徳川家の家名存続を認め、徳川亀之助（家達《いえさと》）を徳川家の後嗣として駿府70万石を与えた。このあおりを受けて県内諸大名は、房総地域に転封されてしまう。沼津藩水野忠敬は上総菊間に、小島藩松平信敏は上総桜井に、相良藩田沼意尊は上総小久保に、田中藩本多正訥《まさもり》は安房長尾に、掛川藩太田資美《すけよし》は上総芝山に、横須賀藩西尾忠篤《ただあつ》は安房花房に、浜松藩井上正直は上総鶴舞であった。

静岡県は旗本領や天領が多く、藩はすべて譜代小藩で頻繁に藩主が交代している。そのため県内諸藩に任じられた藩主のほとんどが領内に居住することは少なく、領民との結びつきが希薄であった。

熊本県民が、加藤清正公と今も親しみを持って崇めたり、石川県民が加賀百万石の前田氏の城下町と誇りを持って呼んだりするほどの「藩主との結びつき」が無かったのである。静岡県には、江戸時代300年を通じて「おらが殿様」と呼べる藩主は一人も存在しなかった。

（加藤理文）

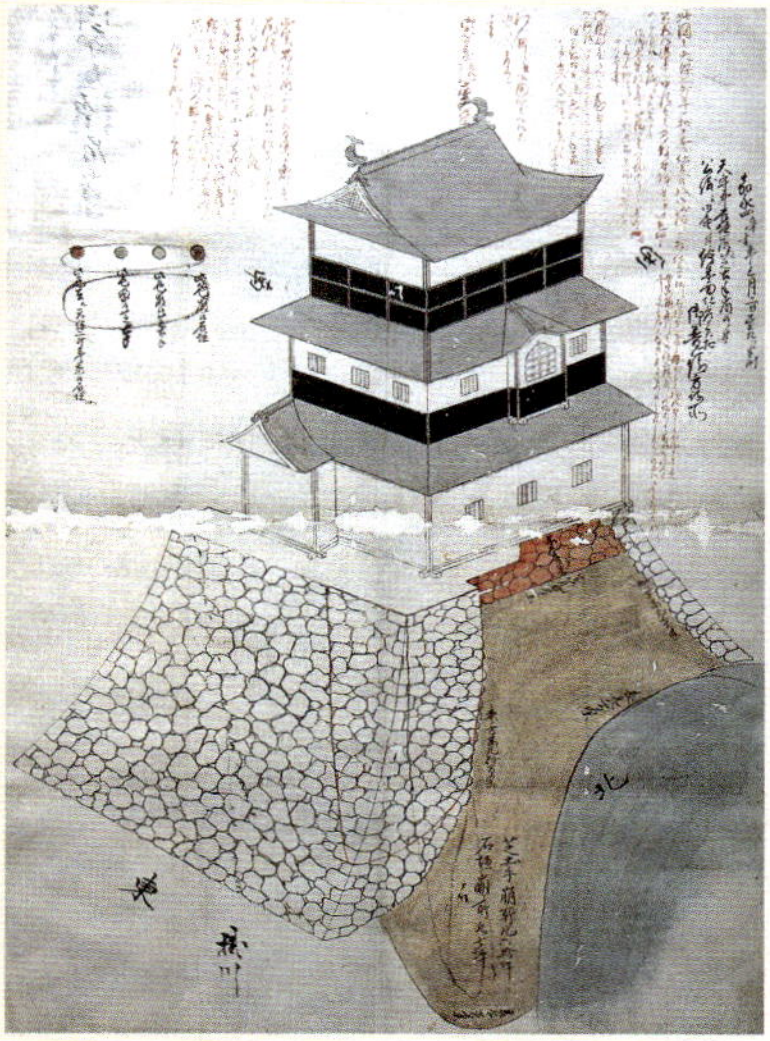

『御天守台石垣芝土手崩所絵図』嘉永4年（1851）掛川城天守台北面被害状況を幕府へ報告した控え（掛川市教育委員会提供）

度重なる自然災害で被害を受けた県内の城郭

静岡で起こった自然災害は数多く多彩である。最も甚大な被害を及ぼしたのが東海・東南海地震に伴う災害である。

貞享遠江・三河地震（1686）、遠州灘で発生したM6・5～7と推定される地震で、横須賀城が石垣崩落を中心に大きな被害を受けた。

宝永地震（1707年）は、紀伊・四国沖と遠州灘沖の二連動地震でM8・4と推定。駿府城内の建物が大破し、石垣も崩落。掛川城では天守など多数の建物が大破。横須賀城では建物のほとんどが大破し、横須賀湊口が隆起して塞がり、横須賀城まで入り込んでいた入江の地底が隆起して丘となり、沼地と化した。浜松城でも多くの建物が破損している。

安政東海地震（1854年）は、御前崎沖が震源で、M8・4と推定。掛川城では天守台石垣が1カ所崩壊し、天守が半壊。沼津城では城内の至る所で激しい被害を受けた。駿府城は諸建築が倒壊し、石垣も大部分が崩壊した。

以上が被害が判明している城であるが、この他多数の被害があったことは間違いない。地震で県内の城郭は何度となく改修を繰り返し、幕末まで存続している。

著者が伝授！

山城はココを見てこう楽しむ！

山中城で初めての山城歩き

加藤理文
かとうまさふみ

城郭研究家。袋井市立浅羽中学校教諭、公益財団法人日本城郭協会理事・学術委員会副委員長

小沼みのり
こぬまみのり

フリーアナウンサー。小学生の頃に愛知県の犬山城を訪れて以来城好きに

山城とは険しい山の地形を利用して築かれた城のこと。建造物が再建されていない限り、堀や土塁（土の高まり）、石垣などかつての城の痕跡が残るだけだ。「そんな山城を訪ねて、何が面白いんだろう？」と疑問に思う人のために、山城はどこに注目して歩くのがポイントなのか、近年の城ブームを牽引する女性を代表し、フリーアナウンサーの小沼みのりさんが山中城に初登城。著者に楽しみ方を伝授してもらった。

ポイント1

敵を退ける仕掛けが続々！城を「守る側」の目線で歩いてみる

小沼　実は今日初めて山中城に来たのですが、ひとことで言うとどんな城なんですか？

加藤　山中城は豊臣軍を迎え撃った後北条氏の最前線基地だった城です。技巧的な遺構が多く残り、後北条氏の築城技術の高さを体感できるので全国の城ファンから人気が高い名城なんですよ。

小沼　そうなんですね。歴史や城が好きだと何度か番組でも公言していますが、実は建造物や石垣すら無い山城を歩くのは今日が初めてなんです。想像していた感じより緑が多くて気持ちがいいですね。

A 三ノ丸堀

加藤　ここは県内で初めて整備公開された中世の山城ですからね。早速歩いてみましょう。この駐車場あたりが大手口《おおてぐち》（城の表口）です。ここから道がまっすぐ延びていますね。

小沼　何かの通路のようですが、この道の横は深く掘られているんですね。

加藤　この堀は「三ノ丸堀」と呼ばれる所で、この通路は「城道《じょうどう》」です。今は水が無いですが往時はこの城道の左右が水堀でした。右上に「三ノ丸」があり、城道に侵入した敵に対し「横矢《よこや》」を掛けられる、いわゆる側面からの攻撃が可能でした。まさに水田の中の一本道のような状況で、敵は恰好の標的になったはずです。

小沼　側面からの攻撃を「横矢」と言うんですね。左右が水堀で逃げ場がない中、前後左右から攻撃されたら…もう一網打尽ですね。すごく圧迫感を感じます。

山中城ってどんな城!?

後北条氏が最新の技術力を駆使して築いた土の城

後北条氏三代目当主、北条氏康によって永禄年間（1558～70）後半頃に築かれたと考えられる。豊臣秀吉との対立色が強まった天正 15 年（１５８７）以降、総力を挙げて大規模な城の改修が実施され、領内に城普請のための人足督促状も出された記録が残る。
当初は、小田原へと続く街道を押さえる関門とする目的があったが、豊臣軍を迎え討つために防御強化が図られた。城が長く伸びすぎたために、出丸と主要部が分断され、さらに急峻な地形のために、各曲輪間の連携が低下してしまった。天正 18 年、兵力と火器量の圧倒的な差の前に、わずか数時間で落城した。

国指定史跡 山中城跡

最大の見どころ 西ノ丸

加藤　ここから鍵の手に折れた（敵が一気に攻め込みにくくするために道を折り曲げること）通路を通り、豊臣軍に備えて拡張された「西ノ丸」、「西櫓《やぐら》」を目指し登っていきます。西ノ丸は、城の最西端の尾根上に位置し、南側に「西櫓」が付設します。この辺りが、山中城最大の見どころで、周囲に「堀障子《ほりしょうじ》」を巡らしています。

小沼　何だかまるでワッフルみたいですね！　実際降りてみると、

B 西ノ丸と西櫓間の堀障子

西ノ丸と西櫓の間に見られる障子の桟のように城壁を四角く区画した堀障子

※堀の中は立ち入り禁止です。三島市教育委員会の許可を得、教育委員会立ち会いのもと撮影を行っています。

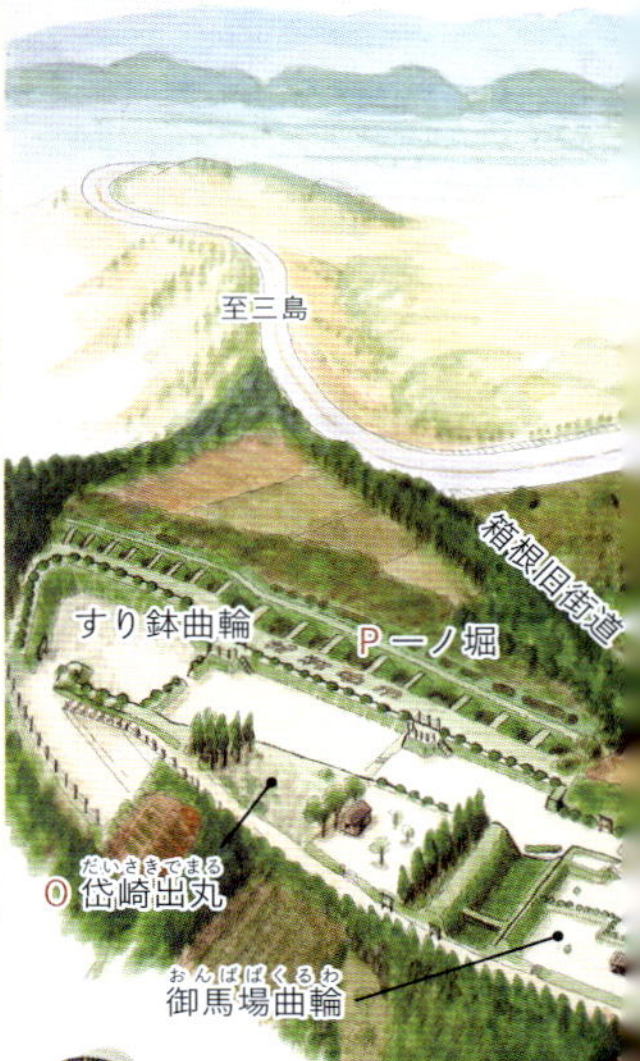

かなり凹凸がありますね。

加藤　これでも、堀障子の保護のために芝をかぶせてあるので、実際はかなり深いんですよ。この堀は国内で最も分かりやすく美しい堀障子として有名なんです。

小沼　当時は重機なども無いですから人の手で掘ったり土を積んだりと相当大変だったでしょうね。

加藤　堀幅は狭い所で10m、広い所は約30mになります。障子の桟のように堀中に畝が設けられているため、攻める側にはやっかいです。それに一度落ちると関東ローム層の赤土は滑りやすく簡単に這い上がれない。そこに曲輪《くるわ》から一斉射撃にさらされる。まさに蟻地獄のようだったでしょうね。

小沼　敵を苦しめる工夫が随所にあるんですね。何十キロもの武具を身に着けた自分が赤土に滑って右往左往する間に鉄砲で撃たれるなんて…考えただけでゾッとします（笑）。

加藤　実際この場所に兵士なったつもりで立ってイメージすると、城全体の守り方や攻め方、その城のクセみたいなものが見えてきます。城って地形や地質、気候風土に合わせて造られるので、２つとして同じ城が無い。これも城にハマってしまう理由ですね（笑）。

小沼　石垣のない「土の城」も奥が深いんですね。

ポイント❷

「曲輪同志の関係性」に注目すると山城はグンと面白くなる！

加藤　「西櫓《にしやぐら》」は「西ノ丸」よりやや低く、三方を土塁が取り囲む30m×20mほどの曲輪です。西ノ丸側に土塁が無いのは、万が一、敵方の手に落ちた時に陣地として利用できなくするためで、三ノ丸からは内部が丸見えなんです。西ノ丸は「本丸」に次ぐ拠点曲輪で、四周を土塁で囲み、西櫓側の土塁のみ幅を広くして、物見台を兼ねた造りにしています。虎口《こぐち》（出入口）を２カ所設け、曲輪外と北の丸に通じていました。

　さらに本丸に延びる尾根先端でもあり、城内で最も強固な防備が

C 西ノ丸南側の堀障子

西ノ丸の南側の土手を掘り残して障壁とした高低差のある畝堀。堀幅は約 20m

D 西櫓

上 西櫓から見た富士山。堀障子越しに沼津・長泉町から愛鷹山まで眼下に広がる
下 弓矢や鉄砲の倉庫と思われる建物跡

施されています。本丸への敵の進入を阻むためです。

小沼　曲輪の位置や役割が見えてくると全然楽しさが違いますね。合戦の様子を想像するだけで少しドキドキしてきた（笑）。

加藤　そう！　曲輪どうしの関連性に注目するのも、山城を理解する大事な第一歩なんです。

　ところで、西櫓と元西櫓の間には木橋が架けてあったようですよ。木橋は、いざという時は切り落としてしまえば、敵の進入路を無くす効果があったんです。

ポイント❸

いざという時を想定した「土塁の構造」も必見！

加藤　西ノ丸から本丸までの間の「二ノ丸（北条丸）」と「元西櫓」の2つの曲輪が、豊臣側の襲撃に備えた拡張前の最西端で、二ノ丸が西ノ丸、元西櫓が西櫓の役目を担っていました。

　元西櫓の規模は小さいものの、東西に位置する両曲輪とは木橋で接続する重要な中継場所でした。発掘調査で、二ノ丸に接続した木橋が幅約1・7m、長さ約4・3mだったことが分かりました。そして、ここの東方から本丸と北ノ丸間に向かって畝堀《うねぼり》が連なっています。

小沼　ここの畝堀はかなり深いですよ～。一度落ちたらもう上がっ

F 木橋

E 西ノ丸から見た本丸方向。大きな谷で隔てられている　**F** 発掘調査で確認された木橋を再建。当初は木製だったが今は擬木に変更された

E 元西櫓

本丸を補完する二ノ丸

なぜそこに
作ったのか、
曲輪や堀、土塁の
役割を知ると
イメージが膨らみ、
より楽しめます!

G 二ノ丸

H 本丸前

G 二ノ丸は南を除く三方を土塁で囲む。南側に傾斜している
H 二ノ丸から南へ続く城内道。二ノ丸南東隅から箱井戸を回り込むように三ノ丸へと続く通路が残る　**右** 写真では、元西櫓と二ノ丸間の堀切で畝が見られる

てこれない感じですね。

加藤　本丸の西を守る要ですから、厳重にしているんですよ。

二ノ丸は、85m×40mほどの不整形な曲輪で、南側を除く三方に土塁が巡ります。本丸側の土塁は、幅広で低さも低く土段のような形でした。他の曲輪と異なり、平らではなく南側に向かって傾斜しているため、建物等を建てるのはおろか、ここでの戦闘行為は極めて想像しにくいですよね。元西櫓から、二ノ丸を通って本丸に向かった敵兵は、この傾斜に大いに戸惑ったはずですよ。

小沼　確かに、真っ直ぐ立っている気がしません。ましてや、走るのはもっと難しいですね。

加藤　南へ降りる道は、鍵の手に曲がって「箱井戸」の脇へと続いています。山城では一般的に一番高い場所に最も大事な曲輪を造ります。ここ山中城も、最も高い所に本丸がありました。二段の平場から構成されています。

小沼　でも本丸と言っても、このくらいの大きさだったんですね。意外と小さいというか…。もっと広いのを想像していました。

加藤　駿府城や大阪城みたいな近世の城とは違って、山城は常に生活していた訳ではありませんからね。戦闘時に本部が置かれて、主だった人たちが作戦を練ったり、命令したりする場所ですから、そんなに広くなくてもいいんですよ。この本丸は、東以外の三方を高さ約5m、底辺幅約15mの大土塁が取り囲み、北西隅に櫓台があったんですよ。

城主がいた曲輪 本丸

I 本丸

J 天守台

K 本丸北橋

I 城内最高所に位置する最大の曲輪で、三方を土塁で囲む　J 本丸北西隅の櫓台(天守台)。ここにシンボルの櫓があった　K 本丸と北ノ丸との間は幅17m・深さ10mほどの堀で区切った。中央1カ所に木橋が架けられていた

小沼　あの高くなっている部分ですね。行ってみましょう。

加藤　この櫓台に山中城のシンボルだった櫓が構えられていました。記録によると、本丸には広間があって、その前庭に2百名以上の兵が駐屯していたそうです。

　最後の攻防戦は、櫓を中心に槍によって繰り広げられ、勝利した豊臣軍はこの櫓上に馬験《うまじるし》を挙げ、落城を敵味方に知らせたとあります。本丸と二ノ丸との間には、土塁と空堀を設け、土塁を割って木橋を架けると共に、その西端部では両曲輪の土塁が連絡しています。これは、両曲輪を区画するものの、一体的に防御しようとしたことを物語っているんですね。

小沼　ちょっとした工夫に気付くと、当時の武将たちの気持ちが少し分かるような気がします。

加藤　本丸の北側に位置する北ノ丸は、本丸との間を畝堀で区切った曲輪で、本丸側を除き土塁が廻っています。位置的・機能的にも本丸の馬出（虎口の外側に曲輪を築いて防御力を高めたもの）で、本丸を守る前線でもありました。

　北ノ丸と本丸の間は、木橋で接続し、北側の「ラオシバ」と呼ば

れる平坦で広い土地は、まだ人工的な手が入っていません。おそらくここにも曲輪を構えようとしたのですが、その前に豊臣軍の侵攻に遭い、造成が間に合わなかったのでしょう。

小沼　曲輪の形からそんなことまで分かるんですね。北条方は、あっちこっち焦って増強しようとしたんですね。

加藤　三ノ丸は、現在、曲輪の中央を国道1号線が貫き、市街地化した部分もありますが、西側には土塁が残存しています。かつては空堀によって南北に分かれ、その中央を山中道が縦断していたんですよ。

小沼　城の中を道が縦断していたなんて信じられませんね。これも、山中城の大きな特徴なんですね。

加藤　曲輪ごとの雰囲気の違いや、構造の変化を知ると、城の真の姿に近づけて、より理解を深められます。そのためには本丸だけでなく、隅々まで歩いてみることが大事なんです。縄張図（概要図）やパンフレットがあると、自分の居場所や高低差、城の最終ラインを確認できて便利ですよ。もし図がなかったら入り口の案内板を写真に撮って、それを見ながら歩くといいと思います。

L 北ノ丸は 60 × 30m ほどの方形曲輪で、本丸側を除き土塁（右写真）が巡る

M 飲料水用のため池だったとされ、昭和期まで使用されていた

N ここの水は飼育馬用などに使われたと考えられる

ポイント4
最後は岱崎《だいさき》出丸へ。ここが、豊臣・北条の戦いの最前線

加藤　最後に「岱崎出丸」へ向かいましょう。この出丸の役割は…もう分かりますね？

小沼　高さが割とあるようですから、高所から敵を攻撃するための場所ですか？それと、街道を通る敵兵に横矢を掛ける！

加藤　その通り！大手口へ向かう敵兵を高所から攻撃する狙いがありました。かなり城の構造が見えてきましたね（笑）

小沼　だんだん城主の気持ちまで分かってきました（笑）

加藤　さらに主要部へと延びる尾根を豊臣方に占拠されることを防ぐ目的もあったので、南西側斜面に横堀を巡らし、最南端端部を竪堀で遮断しています。ここは発掘調査で、豊臣軍の襲来に備えた改修が途中のまま、合戦に突入したことが証明された曲輪でもあるんですよ。

小沼　ラオシバと同じですね。豊臣軍が迫ってくるのを知って、北条氏は懸命に城の増強をしてたんですね。それにしても、ここからの景色は素晴らしいですね。駿河湾まで望めますよ。

加藤　そうなんです。山城は、眺望が命なんです。「どこまで見渡せるか」も、城を造る時のポイントだったんですよ。

　これで山中城を駆け足ですが一通り歩いてみたことになりますが、小沼さん、いかがでしたか？

小沼　豊臣勢がこの城を目がけてやって来る様子が目に浮かんできたのですが、城から敵の姿は見えたのかなって…。

加藤　それは絶対に見えたと思うね。予想以上の大軍に大慌てだったでしょう。

小沼　その時城主や兵士はどんな気持ちだったんだろう…。そんな空想が膨らむのも実際に歩いてみたからだと思います。今日は改めて地元の歴史やゆかりの武将のこ

敵の動きを見張る
岱崎出丸

O 岱崎出丸

P 一ノ堀

O 広さ約400m × 50mの曲輪で西側直下を山中道（旧東海道）が走る。北側斜面に畝堀を設け、敵の侵入を阻んだ

山城歩きついでに
周辺の観光を
組み合わせても
楽しいですね

とをもっと深く知りたい！と思いました。

加藤　戦国時代を席巻した関東の雄が、持てる技術を駆使して築いた山中城は「土の城」の最高到達点だったと評価できますが、たった一日で落城したことで「土の城の限界」を世に問うた城ともなったわけです。以後、城攻めに加わった豊臣武将は「石の城」を志向するようになっていったんですよ。

小沼　今までは天守を見ないと城に行った気がしなかったのですが、今日、「想像する楽しさ」を知りました。当時の人の知恵と工夫にも感激しました。行かないと味わえない醍醐味がありますね。城の数だけ武将のドラマがあるので妄想が膨らみます。静岡にはたくさんの城址があるそうなので少しずつ足を延ばしてみたいと思います！

知っ得おも城豆知識

仲良く並ぶ？　山中城主・松田康長と豊臣家臣・一柳直末の墓

三ノ丸跡の東月山普光院宗閑寺（浄土宗）には、山中合戦で壮絶な最後を遂げた山中城主の松田康長、副将の間宮康俊、豊臣方の重臣、一柳直末などの墓が、分け隔てなく並ぶ。鬼籍に入れば、敵味方無く、成仏を願うのが常であった。寺の開基は、副将間宮氏の娘・お久の方で、家康の四女松姫の母である。元和6年（1620）に双方の武将や兵たちの菩提を弔うために建立した。

城DATA

［所在地］	三島市山中新田
［築城時期］	永禄年間（1558 ～ 1570）
［主な城主］	後北条氏
［主な遺構］	曲輪、堀障子、土塁
［標高］	580m
［アクセス］	東名沼津ICから国道1号線を北東に30分。JR三島駅から沼津登山バスで30分「山中城跡」下車。登城口まで徒歩10分
［駐車場］	あり（国道沿いに2カ所）

寄り道スポット

見る　箱根旧街道
はこねきゅうかいどう

箱根越えの道「箱根旧街道」は江戸時代、東海道最大の難所・箱根八里として知られた。現在、畑宿から芦ノ湖畔まで往時の石畳が保存整備されている。

住：三島市山中新田、市山新田、笹原新田
☎：055-971-5000（三島市観光協会）

見る　三島スカイウォーク
みしますかいうぉーく

歩行者専用では日本一長い400mの吊橋が2015年12月に完成。橋からは富士山や駿河湾が一望できる（有料）。施設内にはカフェや特産品が買える売店もある。

住：三島市笹原新田313
☎：055-972-0084
休：無休

表記について

●本書に使用した曲輪名称は、絵図等に記載がない限り、本文・図面ともに中世城郭が本曲輪・二の曲輪・北曲輪等とし、近世城郭は本丸・二ノ丸・北ノ丸等としました。
●伊勢宗瑞（北条早雲）は、特別の場合を除き、一般に流布している北条早雲または早雲と表記しました。同じく松平元康も徳川家康または家康、羽柴秀吉は豊臣秀吉または秀吉としました。
●複数の名乗りを持つ武将については、（カッコ）で明示するまたは最も流布している呼称で掲載しました。

城 DATA について

●築城時期は現時点の調査研究で想定される時期を掲載しています。
●アクセスは、車を使う場合と公共交通機関を使う場合を基本的に掲載しました。所要時間は道路の混雑状況によるため、あくまでも目安です。
●駐車場や寄り道スポットの定休日は諸事情により変更になる場合があります。事前にお確かめのうえ、お出かけください。なお年末年始・ゴールデンウィーク・お盆・臨時休業の掲載は省略しています。

東部
eastern area

小田原北条氏の原点と言える平山城

興国寺城《こうこくじじょう》

沼津市

鑑賞ポイント

1. 巨大な本丸の土塁と背後の大空堀
2. 南北に長く、直線的に配置された曲輪群
3. 伝天守台から見下ろす市街地と駿河湾

東駿河の重要拠点 北条早雲旗揚げの城

小田原北条氏初代の伊勢宗瑞《いせそうずい》（北条早雲《ほうじょうそううん》）旗揚げの城として知られる興国寺城。この城に着いたとき、多くの人が、巨大な土塁を目にして、「これが百年続いた小田原北条氏の最初の城か」と納得する。しかし、現在残る興国寺城の遺構は早雲の時代のものではなく、江戸時代初期にまで繰り返し改修されて完成したものであることが、発掘調査によって判明しつつある。「北条早雲旗揚げの城」は、この城を語るうえで重要な要素であるが、それと共に「戦国時代を通じて、東駿河の最重要拠点」という評価も、この城を語るうえでは欠かすことができない。

戦国時代の東駿河は、伊豆国、甲斐国と接し、北条氏、武田氏、今川氏の争いの場となった。また、西国からの軍勢にとっては、箱根を越える手前の地ということもあり、北条氏滅亡以後も関東への導入口として重要視された。そのため、早雲の旗揚げ以降の約100年間、興国寺城の支配者は、今川氏→北条氏→武田氏→徳川氏→豊臣氏（河毛氏）→天野氏と目まぐるしく変化した。

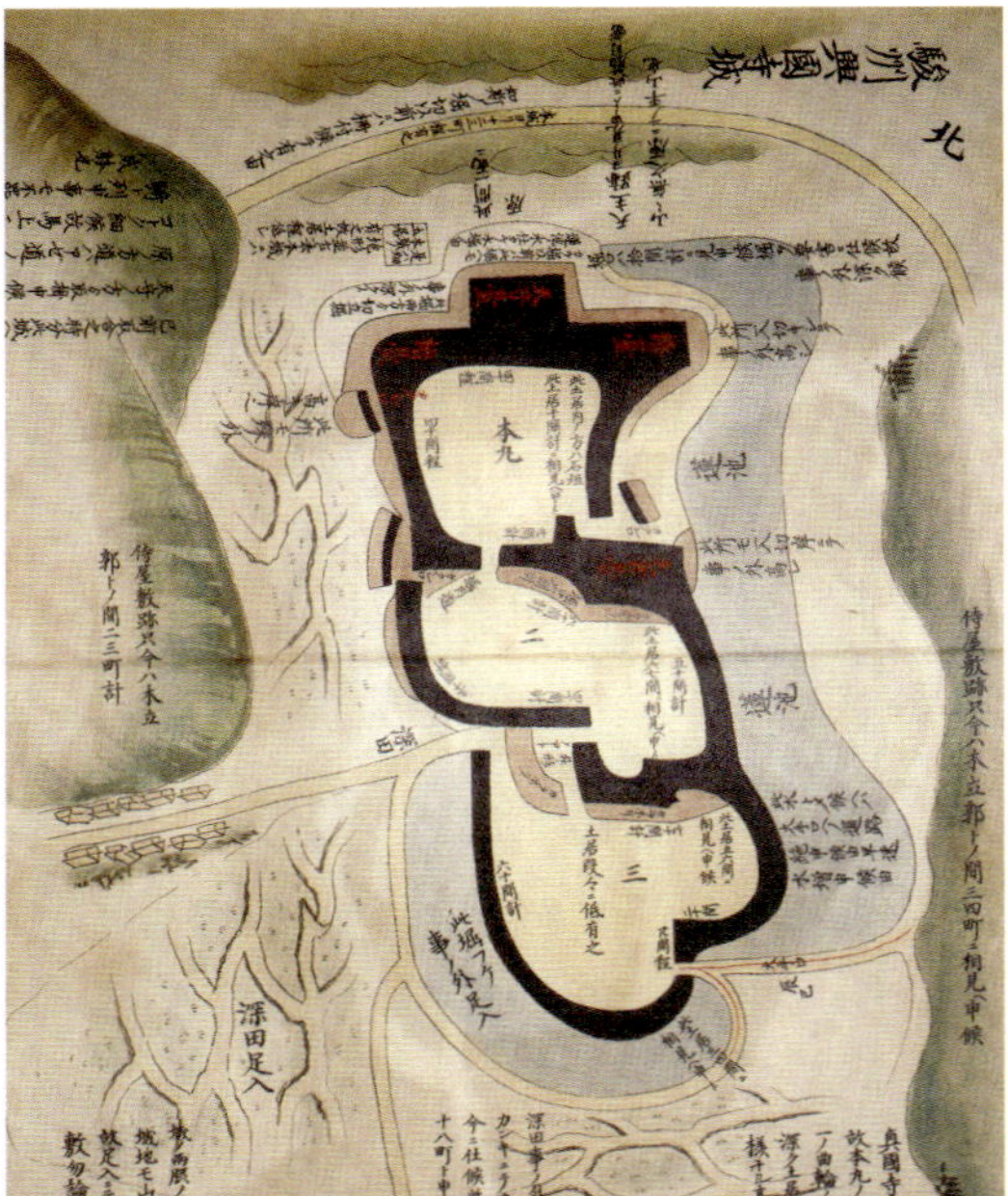

1 興国寺城跡の古絵図（『津軽家文書 城築規範 全』国文学研究資料館提供）
2 本丸大土塁。本丸では建物跡は検出されていないが、大規模な土塁は今もその姿を残す

曲輪の配置と城域の移り変わり

興国寺城の縄張りは、北から北曲輪、大空堀、伝天守台、本丸、二の丸、三の丸と直線的に配されている。さらに東側の谷を挟んで、清水曲輪があり、全体の面積はすべての曲輪を合計すると約11万㎡に及ぶ。この数字だけを見れば巨大な城であることが想像できるが、発掘調査の成果によれば、100年間通して巨大な城であったわけではなく、各城主の持てる軍力や政治的な動向に左右されながら、城域を変化させ、時には巨大な城となり、時にはやや小さな城へと変わっていった。

たとえば早雲旗揚げの時期となる15世紀後半の遺物は、三の丸と本丸堀に集中して出土している。このことから最初期の城域は、伝天守台がある山側ではなく、街道沿いにあったことがうかがえる。その後、本丸から北曲輪にかけては16世紀中葉頃の遺物を伴って、武田氏や徳川氏の城郭に多く見られる三日月堀が配されることから、城の中心は北へと移ったと考えられる。おそらくこの時が、城の最大期であろう。そして最後の城主となった天野康景の時には、後世の絵図から見ても、北曲輪や清水曲輪は使われなくなった可能性が高く、やや小規模な城へと変わっていった。

3 伝天守台から望む駿河湾　4 北条早雲碑

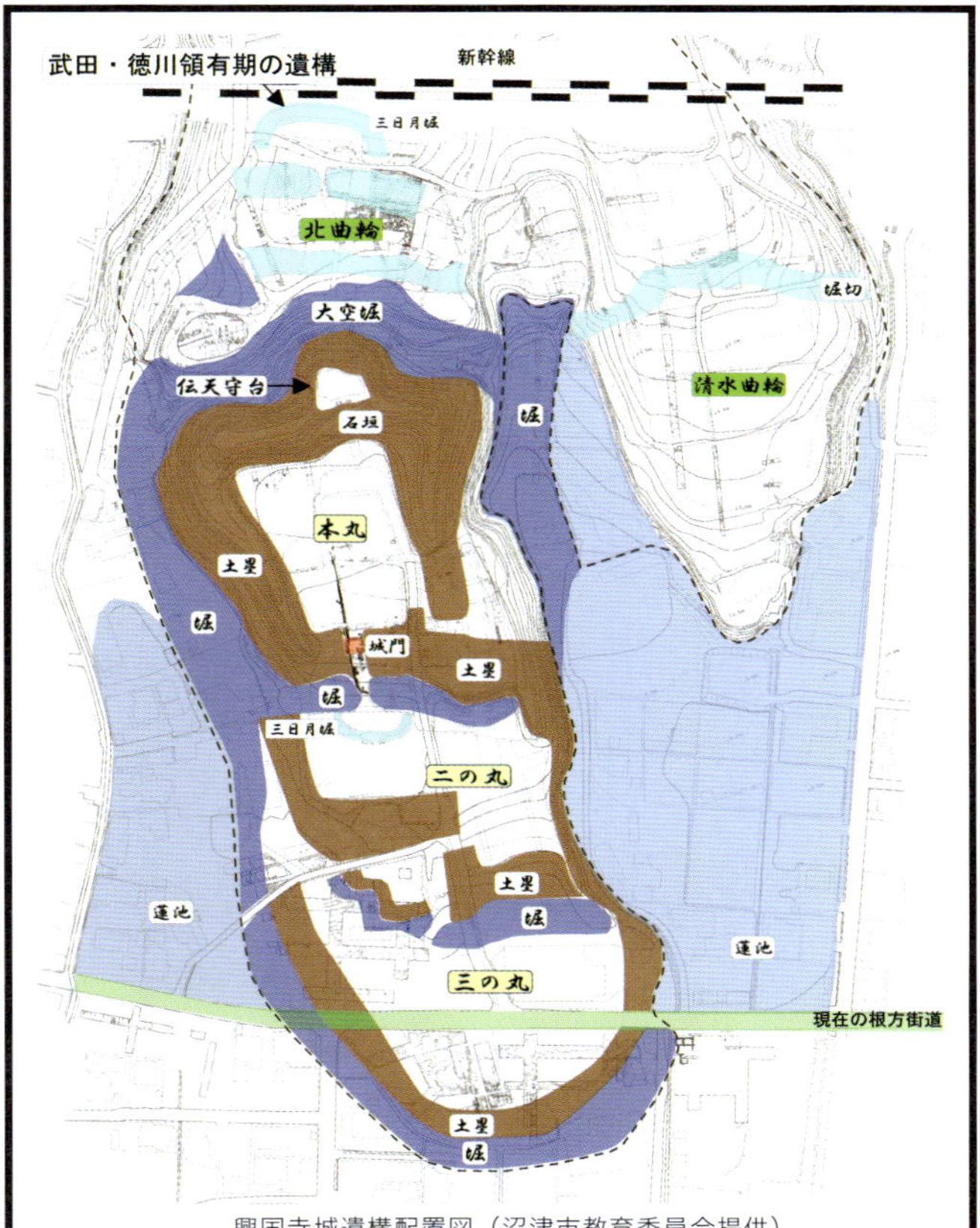

興国寺城遺構配置図（沼津市教育委員会提供）

5 伝天守台の発掘調査状況。2棟の礎石建物跡が検出されたが瓦の出土はなく、天守はなかったと考えられる　6 北曲輪で検出された堀。堀底幅は狭くV字形。16世紀後半頃か

6

5

2015年に撮影した興国寺城跡航空写真
10

7

7 伝天守台南石垣。石垣は伝天守台を一周せず、南面のみ。本丸側からの目を意識してのものであろう　8 本丸虎口で検出された門跡。東西約5.4m×南北約3.6mの規模で1m前後の大形石が見つかっている。17世紀初頭のものか　9 本丸虎口で検出された三日月堀。この堀を埋め戻して礎石門を伴う虎口に造り直されている。出土遺物から16世紀後半頃か（5～10はいずれも沼津市教育委員会提供）

8

9

最大の見どころは巨大な土塁と大空堀

現在の城の姿は、江戸時代初期の姿であるが、この段階の姿もまた見どころが多い。江戸時代の城でありながら石垣は一部を除いては存在せず、瓦も出土しない。だが、驚くべき遺構として本丸を囲む大土塁と、伝天守台の裏に掘られた巨大な空堀がある。土塁や伝天守台の造成には大空堀を掘った際に発生した土砂が使われていることから、これらの施設はほぼ同時に造成されたと考えられる。まさに戦国時代から江戸時代にかけての過渡期に造られた小大名の力作の城と評することができよう。関ヶ原の戦い以後初めて城持大名となった天野康景《あまのやすかげ》の意気込みを見ることができるが、当の天野は慶長12年（1607）に改易になり、興国寺城も廃城となってしまう。その後、本丸堀などは埋め立てられるなど改変を受けてしまうが、土塁と大空堀だけは、その姿を今も残している。

（木村聡）

大空堀。伝天守台と堀底の比高差は 20m 以上もある

城 DATA

［所在地］	沼津市根古屋字赤池
［築城時期］	室町時代
［主な城主］	北条氏、今川氏、武田氏、徳川氏（牧野氏、松平氏）、豊臣氏（河毛氏）、天野氏
［主な遺構］	曲輪、土塁、伝天守台跡、城門跡、石垣、空堀
［標高］	25m
［アクセス］	東名沼津 IC から国道 1 号経由で 30 分、JR 原駅から平沼循環バスで「東根古屋」下車
［駐車場］	あり（ただし整備中のため仮駐車場）

寄り道スポット

見る

沼津市芹沢光治良記念館

せりざわこうじろうきねんかん

沼津市の我入道が舞台の代表作「人間の運命」などで知られ、沼津市名誉市民でもある作家・芹沢光治良の作品や資料を収蔵する。

住：沼津市我入道蔓陀ヶ原 517-1
☎：055-932-0255
休：月曜（祝日は開館し翌日休み）

見る

本法寺

ほんぽうじ

天正 18 年に興国寺城に入った河毛重次の菩提寺とされ、境内には墓や遺品も伝わる。また、寺には空堀跡や土塁跡も残っている。

住：沼津市根古屋 579
☎：055-952-0844（沼津市文化財センター）

駿河湾を押さえる小田原北条氏の水軍拠点

長《なが》浜《はま》城《じょう》

沼津市

鑑賞ポイント

❶ 現在の沼津市と駿河湾を見通す開かれた眺望
❷ 小規模な城ながら、緻密に張り巡らされた防御遺構
❸ 全国でも類のない保存・整備された水軍城

奥駿河湾の岬に築かれた城

沼津市街地から直線距離で南へ約8kmに位置する内浦重須《うちうらおもす》・長浜。ここに築かれたのが小田原北条氏の水軍基地となった長浜城である。昭和63年に国の史跡に指定され、長期にわたる発掘調査と復元整備工事が行われ、平成27年に史跡公園として開園した。

城は、南から延びる尾根の先端部、海に突き出した岬上の「城山」と呼ばれる小山にある。立地する内浦湾は周囲の環境から風の影響を受けにくく、平常は波立つことは少ない。海岸線に近い場所でも水深は40m以上もある急深な地形で、中型船の停泊も可能である。また古来から昭和初期に至るまで良好な漁場であったことでも知られている。

武田氏を迎え撃つ安宅船《あたけぶね》艦隊

発掘調査によって城山の利用は15世紀後半まで遡ることが判明しているが、文書などの古記録に長浜城が現れるのは、天正7年（1579）11月7日付のことで、戦国時代の中でも比較的後半にあたる。北条氏は上杉氏の跡継ぎ問題を契機として武田氏との関係が悪化していた。そのため武田氏は現在の沼津中心域に三枚橋城を築城し、また駿河国の水軍将を集め、伊豆国への備えとした。これに対し、北条氏も長浜に「船掛庭」（水軍の停泊地か）を造り、江戸湾における里見水軍との戦いで戦果を挙げていた梶原景宗《かじわらかげむね》を中心とした北条水軍を派兵した。翌年には駿河湾を挟んで、両水軍による海戦が起こっている。

両水軍の戦いは最終的な決着には至らなかったが、武田氏が織田・徳川軍に滅ぼされたことで、長浜城もしばらくの間、軍事基地としての役割を失ったようである。再び軍事的緊張下に入るのは、豊臣秀吉の小田原攻めの際だが、この時は北条水軍の主力は下田や東伊豆へ移されていたため、長浜城周辺での実質的な戦闘はほとんど行われず、天正18年（1590）の韮山城の開城とともに廃城になったと考えられる。

安宅船（室町時代後期から江戸時代初期頃に日本各地で使われた軍船）の復元模型（沼津市立図書館展示）。北条水軍の主力艦。この船を10艘所持していたと伝えられる

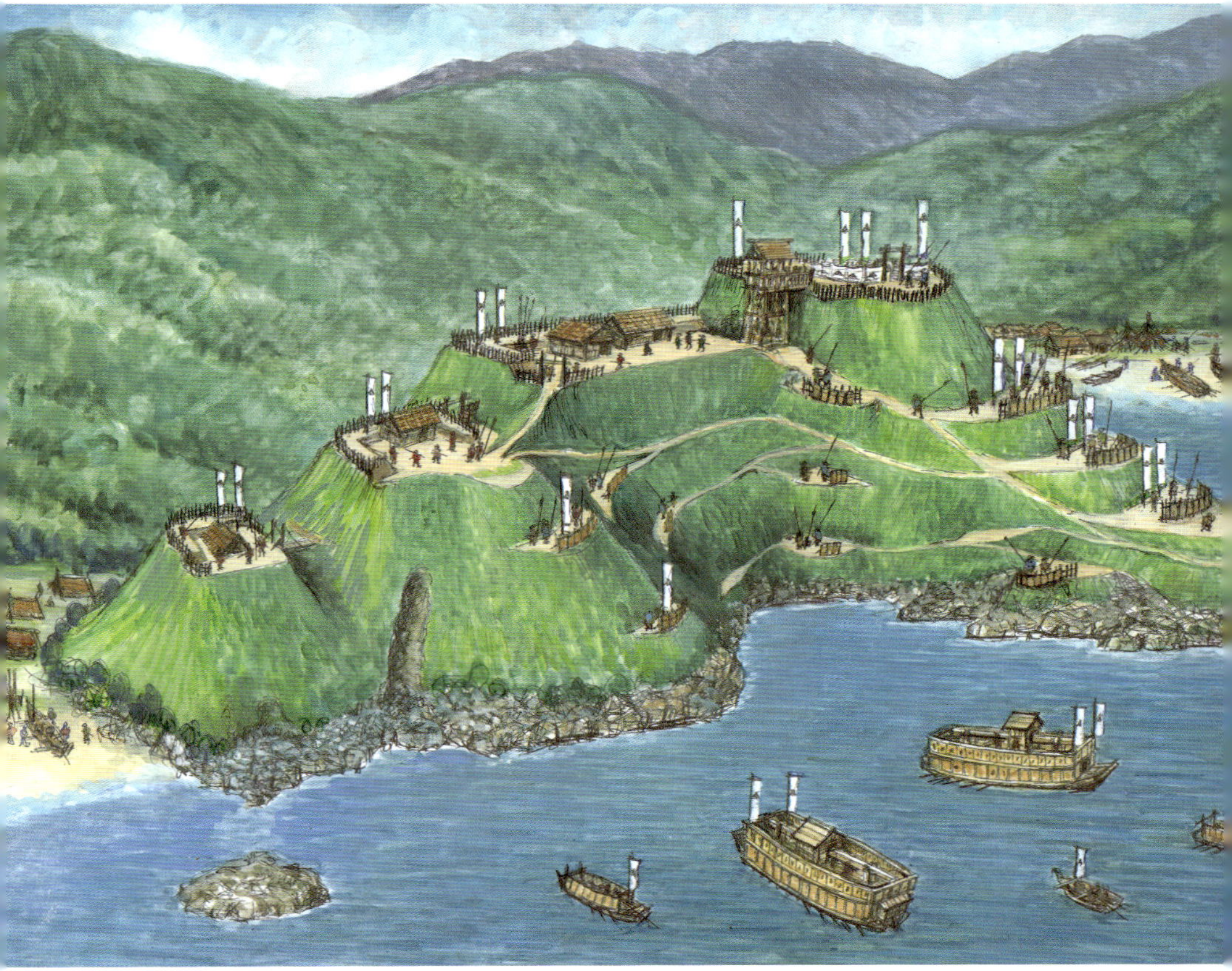

1 長浜城推定復元鳥瞰図（作：竹内欽二） **2** 北東から撮影した城跡。戦国時代はヨットのかわりに軍船が並んでいたのであろう（1、2とも沼津市教育委員会提供） **3**『天保三年伊豆紀行』より「長浜漁猟場ノ景」（静岡県立中央図書館所蔵）。昭和初期まで長浜ではマグロなどの大型魚が獲れた。左の山が長浜城跡で魚見の櫓が建つ

2

3

海城と山城の折衷縄張り

このように、長浜城が「水軍基地」として使われたのは天正7年から18年までのわずか11年間と短期間でしかない。期間は短いが、残された遺構群は時期の特定も容易であることから、長浜城は戦国時代末期の水軍基地を知るための貴重な城跡と言える。

城の構造は海側と陸側で大きく異なり、土塁や堀切などの防御施設は陸側に重点的に造られている。また北条氏の重要拠点に多く見られる堀障子も、小さいながらも導入されているのは特筆に値する。一方、海側は見通しを良くするためか、急傾斜の斜面と小曲輪群を除いて防御施設は見られない。瀬戸内の海城などでは防御施設がないことが近年の発掘調査などでも判明しているが、長浜城も海側に関してはこれと同じ特徴を持っている。また長浜城の後に水軍拠点となる下田城も同様である。

長浜城概略図（沼津市教育委員会提供）

4 安山岩を掘りこんで造った堀切。小規模だが堀障子になっている　**5** 堀切と対になる櫓。2間×2間の総柱建物跡。近接して2～3カ所の穴が並ぶことから、少なくとも3度の改築があったと思われる（4、5ともに沼津市教育委員会提供）

このような施設配置から、長浜城の中で最も高い位置にある第一曲輪からは、海に向けて遮るものは何もない。そのため第一曲輪からは城山の周りに並べられたヨットとともに武田氏領である沼津市街をまっすぐに見通すことができる。現在でこそ穏やかな光景であるが、戦国時代には軍船が並び、緊張感のある光景であったのだろう。長浜城の中でも最も歴史を感じさせる眺めである。

（木村聡）

6 第二曲輪は長浜城で最大の曲輪。掘立柱建物の平面表示、堀切の復元や櫓の再建がされている　7 第一曲輪から駿河湾を見る。正面に沼津市街地と富士山が望める

城 DATA

［所在地］	沼津市内浦重須字城山
［築城時期］	15 世紀後半か
［主な城主］	北条氏
［主な遺構］	曲輪、土塁、堀切、竪堀
［標　　高］	30m
［アクセス］	東名沼津 IC から国道 414 号、県道 17 号で内浦経由 60 分。JR 沼津駅から三津方面木負、江梨行きバス「長浜城跡」下車徒歩 1 分
［駐車場］	あり

寄り道スポット

食べる

内浦漁協直営 いけすや

うちうらぎょきょうちょくえいいけすや

自慢の養殖アジを使った活アジ料理が味わえる内浦漁協直営の店。アジフライのほか「まご茶定食」や「活あじ丼」「活あじのわさび葉寿司」などが人気。

住：沼津市内浦小海 30-103
☎：055-943-2223
休：水曜

見る

大川家長屋門

おおかわけながやもん

長浜の土豪である大川家の長屋門で、江戸時代後期の建造。市の指定有形文化財。大川家には豊臣秀吉の文書を含む戦国時代から近代までの資料が多数保管されていた。

住：沼津市内浦長浜 142-7

武田氏の築城技術によって完成した竪城

葛山城《かずらやまじょう》

裾野市

鑑賞ポイント

❶ 二重堀切で強力に遮断された城域
❷ 横堀・竪堀を駆使した防御構造
❸ 詰城と城下を含む居城とのセット関係

葛山城の本拠を守る城

城は、愛鷹山から東に派生する愛宕山の末端、大久保川に沿う葛山氏が本拠とする集落域を望む場所にある。城南麓の葛山一族の墓が存在する仙年寺は、城を背後に控える立地から、かつて城主居館があった可能性もある。城の南東約400mの場所には葛山氏居館とされる約100m四方の土塁に囲まれた方形居館があり、その西側一帯は葛山氏四天王と呼ばれた重臣の屋敷地跡と伝わる、半田屋敷、荻田屋敷、また葛山城に近い北側地区には岡村氏、古池氏の屋敷伝承地が存在する。

葛山氏は鎌倉期には御家人、室町期には将軍家奉公衆として知られ、駿河東部における名族であった。室町後期から戦国期にかけては守護今川家の傘下に入っていたが、独自の領国経営を行う国衆でもあった。葛山城はこの頃までに本領防衛の拠点として築城されたものと考えられる。

国衆として独自の勢力を持った葛山氏ではあるが、その領地が今

1 葛山城遠景。手前の山麓部にある仙年寺は、かつての居館だった可能性がある　**2** 二ノ曲輪下段横堀。緩斜面となる曲輪南側は横堀で守られる　**3** 本曲輪群北側土塁。現状では南側に土塁は見られない

川・北条・武田の領国に接するため、今川・後北条両者と関係を結び、両属的な立場を保つことで生き残りを図っていた。しかし、大名間の緊張関係が変化するとその影響を受けるため、度々主家を変える事態が起きていた。

永禄11年（1568）に武田信玄が駿河に侵攻すると当主葛山氏元は武田方につくが、今川方を援助する後北条方に葛山城を奪われてしまう。元亀2年（1571）に武田・後北条が和睦すると、葛山領は葛山氏に返還されるが、信玄は氏元を処刑し、六男信貞に名跡を継がせた。以後、葛山城は武田氏の支配下に置かれるが、天正10年（1582）に武田氏が滅亡すると廃城となった。

武田氏の影響下で大規模に改修された城

城は比高約50mの山頂部に本曲輪、その下段に二ノ曲輪が取り巻く形で配され、東西を二重堀切で仕切った、小規模だが極めて機能的な構造だ。主曲輪は、南北約40m、東西約25mの略台形の平面形で、北側から東にかけては土塁が巡る。曲輪の東側には腰曲輪を挟んで、二ノ曲輪へ至る虎口が設けられている。二ノ曲輪は北側を除く本曲輪の下段を取り巻く形で配置。曲輪西側の先端では土塁が内側に食い込む、「喰違虎口《くいちがいこぐち》」を形成する。二ノ曲輪の下段に沿う形の延長約100mの横堀は本来は城外側に土塁を備えた幅3m前後の規模だったとみられ、二ノ曲輪の東側虎口に至る城内道になっていたと考えられるが現状ではかなり埋没が進んでいる。横堀に沿った土塁を一部断ち割りな

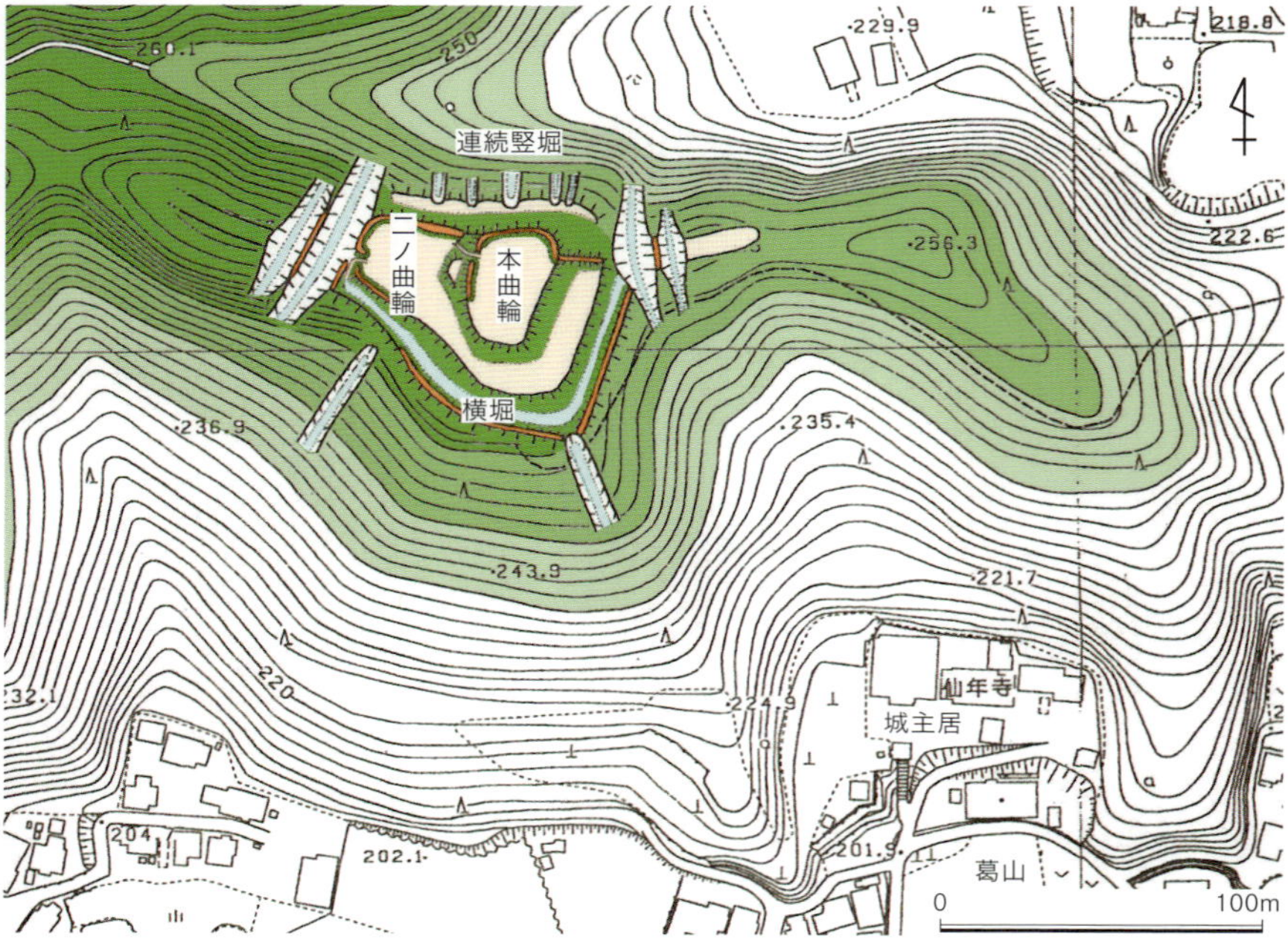

葛山城概要図（作図：溝口彰啓）

4東端二重堀切内側堀切。東西尾根筋は二重堀切で厳重に区画される　**5**本曲輪を南側より。城の中央、最高所に位置する

がら、南麓に向かって竪堀が少なくとも2条確認され、また本曲輪の北下段腰曲輪北側には5条の連続竪堀が掘り込まれることから、南と北の斜面から敵が回り込むことを想定した防御策を取っていたことがわかる。これら曲輪の東西には幅8〜12ｍのいずれも大規模な二重堀切が設けられる。尾根線と内部城域を厳重に遮断している。東西堀切の外側は自然地形に近く、手を加えている痕跡が薄いため、城域は二重堀切で区画された内部であったと考えられる。葛山氏を巡る情勢、またこの城最大の見どころである大規模な二重堀切や横堀の採用といった築城技術水準から、現在みられる城の構造は、永禄11年以降に武田と後北条が対立した緊張感の中で大きく改修され、以後天正10年の廃城までに逐次修築が加えられていった結果と考えられる。

（溝口彰啓）

城DATA

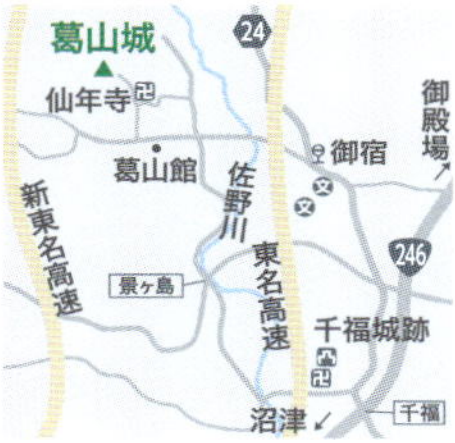

[所在地] 裾野市葛山
[築城時期] 室町時代か
[主な城主] 葛山氏
[主な遺構] 曲輪、土塁、堀切、連続竪堀群、横堀
[標高] 270m
[アクセス] 東名裾野ICから10分。JR裾野駅から富岡深良循環バスで「御宿」下車徒歩20分。仙年寺裏登城道から登城
[駐車場] あり

6 西端二重堀切。横堀から城内道の一部となる西側二重堀切から虎口に至る　**7** 二ノ曲輪西虎口。北側から土塁が回り込み喰い違いとなる
8 本曲輪から居館部を見る。居館を含む城下集落と詰城をセットで見られるのは貴重　**9** 葛山中腹にある葛山氏の菩提寺・仙年寺にある葛山氏墓所

寄り道スポット

見る

五竜の滝
ごりゅうのたき

長さ約60mの吊り橋から眺められる名瀑。合わせて5筋からなる滝にはそれぞれ雪解、富士見、月見、銚子、狭衣の名前が付けられている。

住：裾野市千福 7-1（裾野市中央公園内）
☎：055-992-5005（裾野市観光協会）

見る

旧植松家住宅
きゅううえまつけじゅうたく

調査・保存のために裾野市石脇から現在地に移築された。江戸時代中頃の豪農の住宅の構造を維持し、太い大黒柱と中柱、曲がりくねった梁が特徴。

住：裾野市千福 7-1（裾野市中央公園内）
☎：055-992-3800（裾野市生涯学習課）

武田氏と後北条氏が激しく争った「境目の城」

深《ふか》沢《ざわ》城《じょう》

御殿場市

鑑賞ポイント

❶ 各曲輪虎口ごとに馬出を備えた巧妙な縄張り
❷ 良好に残る馬出を構成する、土塁と鍵の手状の堀
❸ 河川を堀とした要害地形を利用した立地

駿河・甲斐・相模の国境に面する「境目の城」

馬伏川《まぶせがわ》（旧抜川）と抜川《ぬけがわ》（旧宮沢川）の合流点の台地上に築かれた城で、河川を堀とした要害である。駿河・甲斐・相模の国境に面し、また城の南には甲州街道から分岐した足柄街道が通る交通の要衝に立地していた。

築城年代は明らかではないが、永正年間（1504～1520）頃、今川氏が甲斐に出兵した際に築城したとも言われる。永禄11年（1568）、駿河侵攻を目論む武田信玄が、国境を接する後北条と対立するようになると、深沢城は領国の「境目の城」として激しい争奪の場となった。駿府の今川氏真を攻めた信玄に対し、氏真に味方する北条氏康・氏政父子は武田軍を撃退するが、信玄は態勢を立て直し、翌12年から再び駿河に侵攻、北条の城だった深沢城を落城させる。北条方はこれに対して即座に反撃、城を奪還して北条綱成《つなしげ》、松田憲秀《のりひで》らを入れている。

同年12月、信玄は自ら兵を率いて深沢城を囲み、甲斐中山金山の金堀衆に城を掘り崩させるなど、激しく城を攻め立てた。さらに興国寺城を攻めて援軍を絶ち、有名な「深沢城矢文」を放つなどして後北条方に詰め寄った結果、城将北条綱成はついに籠城を断念し開城した。その後、深沢城は武田方の駿東郡北部における拠点となっていたが、天正10年（1582）に武田氏が滅亡すると、駿河・甲斐を制した徳川家康が深沢城を有することとなる。天正18年

1 北曲輪の南馬出。北曲輪と馬出を介して連絡する　2 南東方向から深沢城を望む　3 南曲輪東馬出。鍵の手状の堀も入れ防備を固めた

（１５９０）、豊臣秀吉の小田原攻めで後北条氏が滅亡すると、深沢城はその役割を終え、廃城となった。

三曲輪を一列に連ね多数の馬出を備えた要害

城は川に挟まれた台地上の中央に本曲輪、北側に北曲輪、南端に南曲輪と主要な曲輪を連ね、蛇行する馬伏川と抜川は天然の堀として利用した。本曲輪は、長辺約１２０ｍ、短辺約60ｍの略長方形を呈する。土塁と堀で周囲を囲まれたことが『諸国古城之図』に描かれているが、現在土塁は南側にわずかに残る程度で、ほとんど削平されてしまった。曲輪内の発掘調査では、石列などの遺構とともに中国製陶磁なども見つかっており、城の中心施設が存在した可能性が高い。

本曲輪の南北には2カ所の馬出が設けられる。いずれも曲輪端部のくびれた個所に土橋を備えた堀を入れて曲輪から切り離し、その前面に天然の堀である河川から伸びる鍵の手状の堀を配して、通路を一方だけに開口する。南曲輪にある2カ所の馬出も同じ形態であることから、深沢城の馬出の特徴と言えよう。

最北にある北曲輪は、城内最大となる長辺約１４０ｍ、短辺約１２０ｍの規模で、本曲輪の北にあって、将兵や物資が置かれたと考えられる。南端の南曲輪は、南西方向への地続きとなることから大手の可能性が高い。周辺は宅地などにより改変が進んでいるが、南曲輪の南西面は東西からの屈曲した堀が喰違虎口を形成し、

その前面は西側堀から伸びる鍵の手状の堀によって馬出としている。南東側にも同様の馬出があることから、大手筋として南曲輪が最重要視されていたようだ。南曲輪の東・南西には一部に土塁らしき痕跡もあり、曲輪があった可能性もあるが、現状では不明確である。

城は後北条氏と武田氏が争った永禄12〜元亀2年にかけて整備されているが、現在残る城の最終形態は、天正10年以降に徳川家康の手で行われた大改修後の姿とみられる。（溝口彰啓）

4

5

4 本曲輪。現在は水田だが主郭だったと考えられる　**5** 南曲輪南西の馬出と土塁。南曲輪は南面・南東の両面に馬出を備えている　**6** 北曲輪。広大な曲輪の向こうに富士山が見える　**7** 南曲輪南西の馬出　**8** 深沢城址入口の石碑

6

8

7

城DATA

［所 在 地］御殿場市深沢
［築城時期］永正年間（1504～21）
［主な城主］駒井氏、北条氏、三宅氏
［主な遺構］曲輪、土塁、馬出、堀
［標　　高］417m
［アクセス］東名御殿場ICから15分。JR御殿場駅から小山高校行きバスで「城入口」バス停下車徒歩5分
［駐 車 場］なし

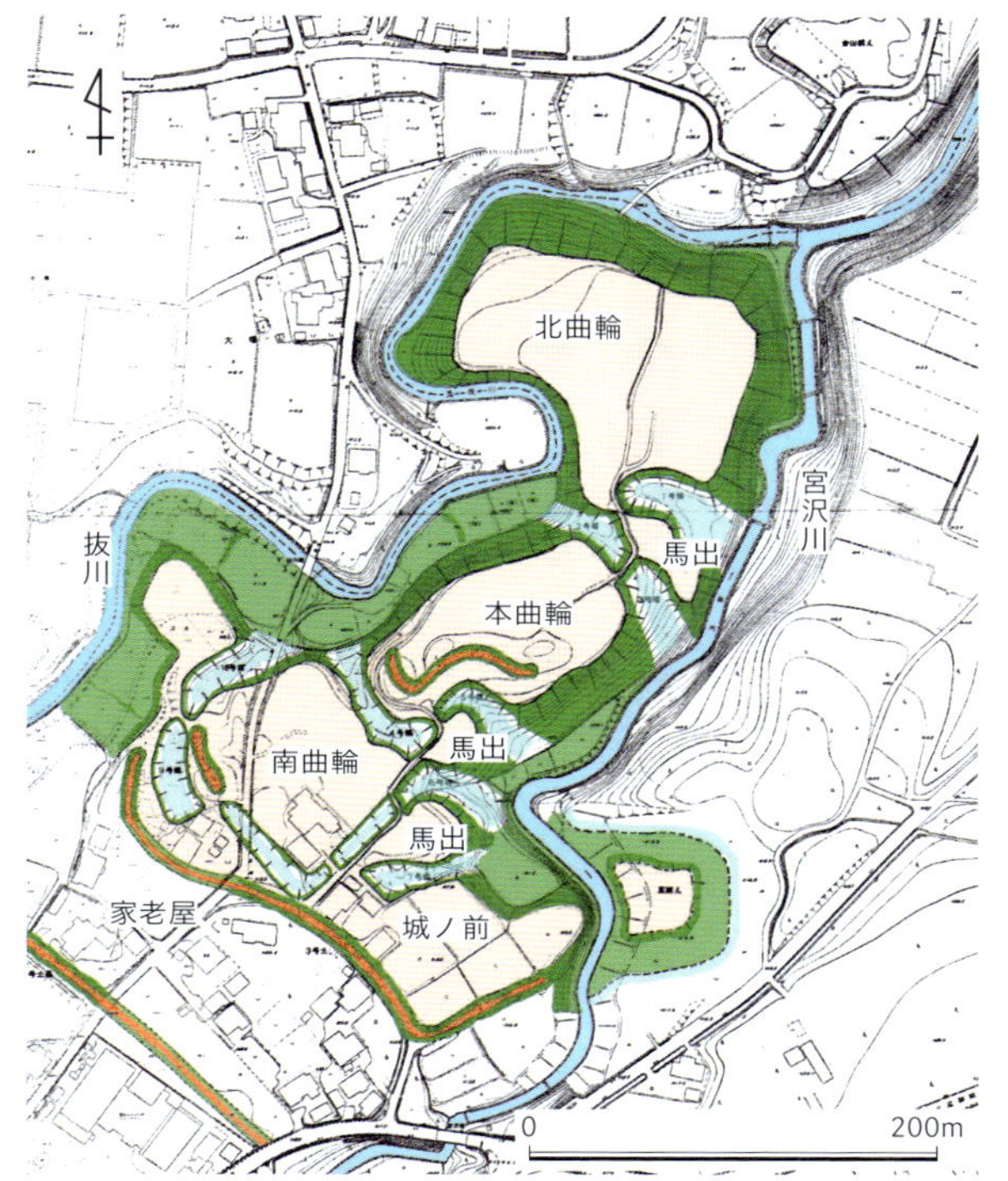

深沢城概要図（『深沢城跡保存管理計画策定報告書』より）

深沢城の大手門を移築したと伝わる大雲院の山門

寄り道スポット

見る

東山旧岸邸《ひがしやまきゅうきしてい》

昭和44年に現代数奇屋建築の第一人者・吉田五十八が設計・竣工した岸信介元首相の邸宅。伝統的な和風建築とモダンな機能性を両立させている。

住：御殿場市東山 1082-1
☎：0550-83-0747
休：火曜（祝日は営業し翌日休み）

買う

二ノ岡ハム《にのおかはむ》

戦前に外国人宣教師から初代が学んだ伝統製法を守り継ぐ店。桜の丸太で燻したベーコンやボロニアソーセージは香り高く奥行きがある味わいだ。

住：御殿場市東田中 1729
☎：0550-82-0127
休：火曜（祝日は営業。12月は無休）

足柄峠を城内に取り込んだ国境の城

足《あし》柄《がら》城《じょう》

駿東郡小山町

鑑賞ポイント

❶ 街道を取り込む形で築かれた城の立地
❷ 街道沿いに配置された曲輪と、それを断つ深堀

駿河・相模の国境を押さえることに特化

駿河・相模の国境にあたる標高約７６０ｍの足柄峠に位置する。古代東海道でもある中世鎌倉街道を取り込む形で築かれ、交通の要衝を直接的に押さえることを最優先した城であった。

築城年代は不明で、天文6年（１５３７）に後北条氏と今川氏が対立して起こった「河東《かとう》一乱」に伴って国境の守りを固めるべく、後北条氏が築いた可能性が高い。永禄12年（１５６９）武田信玄が駿河東部侵攻を開始すると、後北条氏は足柄城の普請のために石工を動員したことが史料に残っている。武田氏とは一旦は和睦するものの、天正10年（１５８２）に武田氏が滅亡するまで対立が続き、その後も織田・徳川氏に備えるために「足柄当番之事」とした城掟が出されるなど、国境の城として重要視された。天正18年（１５９０）、豊臣秀吉の小田原攻めを前に足柄城も改修がなされたが、一日で落城している。

1 二の曲輪と富士山を望む
2 四の曲輪西堀切。五の曲輪西堀切と合わせ、城域の西側を守る一種の二重堀切を呈している　**3** 二の曲輪から三の曲輪を見る。曲輪間は深い堀切で遮断する

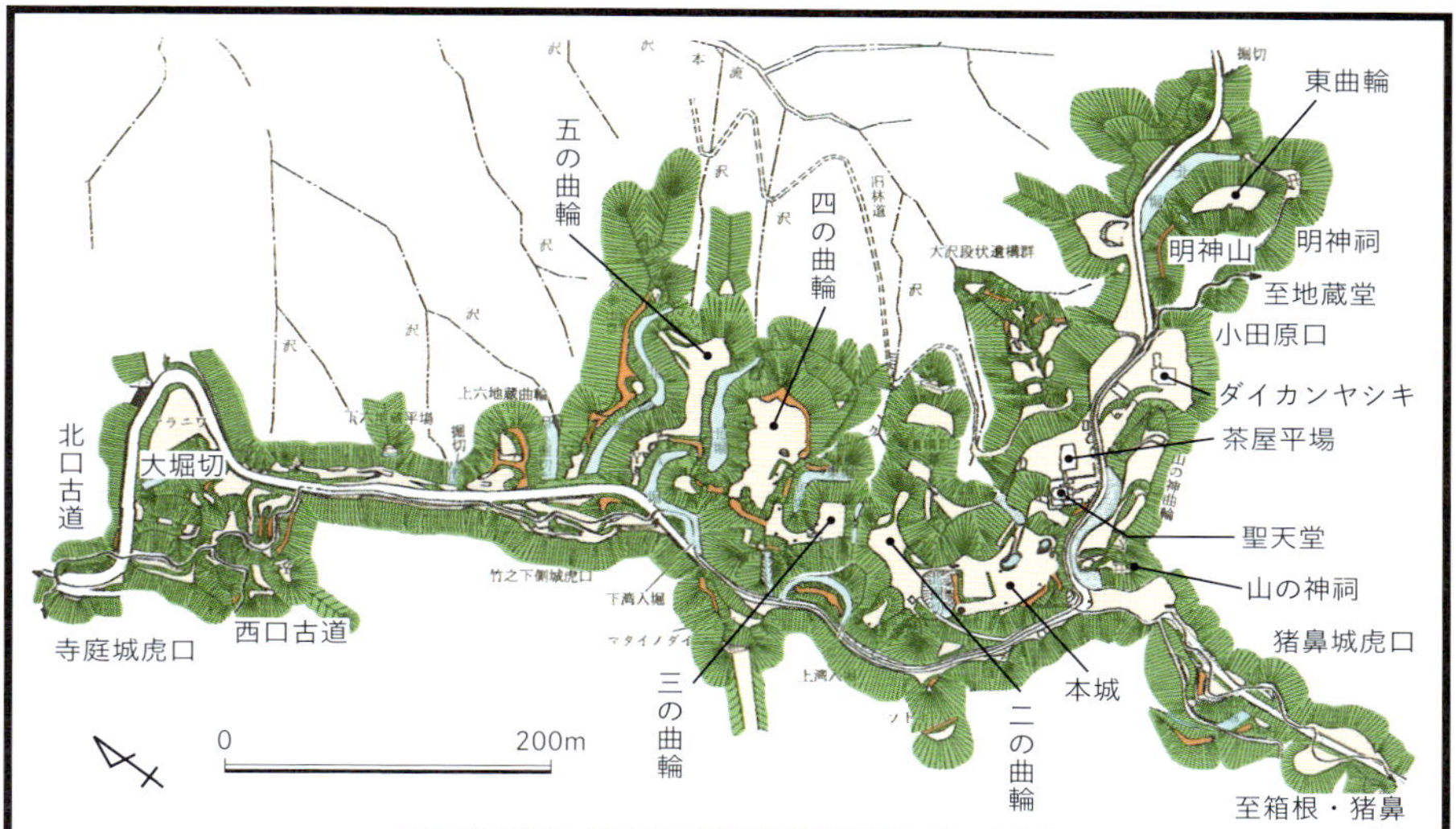

足柄城概要図（『足柄城現況遺構調査報告書』より）

城DATA

［所 在 地］駿東郡小山町竹之下、神奈川県南足柄市矢倉沢
［築城時期］天文6年以降か
［主な城主］後北条氏
［主な遺構］曲輪、土塁、空堀、井戸跡
［標　　高］759m
［アクセス］東名御殿場ICから30分。JR御殿場線足柄駅から徒歩70分。JR御殿場線駿河小山駅からバス(5～10月)で20分「足柄峠」下車
［駐 車 場］あり（足柄峠駐車場）

4

5

4 五の曲輪西堀切。城内最大の堀切で地形を生かし、横矢が掛かるよう屈曲している　**5** 本城。最高所にあり主郭だったとみられる

街道に沿って展開する曲輪群

城は、足柄峠の西側最高所に「本城」と呼ばれる主曲輪を置き、北西に向かう尾根上に主要な5つの曲輪、また峠東側にも茶屋平場や聖天堂などの曲輪が展開し、その周りには小曲輪が付属する形で造られている。街道を常に西側下段に見据えることができる配置で、現道や公園等によって一部改変されてはいるが、往時の姿をよく残している。それぞれの曲輪は、土橋を備えた深い堀切で遮断され、特に四の曲輪と五の曲輪間の堀、また城域を限る五の曲輪西側の堀は、屈曲した形態で幅20mはありそうな大規模なものだ。三の曲輪から五の曲輪にかけては、堀にかかる土橋に折れを多用。曲輪間をつなぐ通路や各曲輪の虎口が設置されており、西側からの防衛に特に配慮している。（溝口彰啓）

戦国の始まりと終わりを飾った、後北条氏の拠点

韮《にら》山《やま》城《じょう》

伊豆の国市

鑑賞ポイント

1. 本城部分に良好に残る土塁遺構
2. 本城と天ヶ岳砦を遮断する三重の堀切
3. 天ヶ岳砦・土手和田砦にみられる大規模な堀障子

「龍城山」を中心に三区画で形成される大城郭

伊豆半島北部にある田方平野の東縁部に位置し、多賀火山の西側斜面に隣接する天ヶ岳《てんがだけ》やそれに派生する尾根上に築かれた城郭だ。天ヶ岳から北西に伸びる支尾根末端にある「龍城山」と呼ばれる小丘陵を本城部分とし、最高所の天ヶ岳を中心とする砦群、本城北西部の字「御座敷」と呼ばれる低地部分の3エリアで構成されている。

本城部分は南北約100m、東西約41mの細長い丘陵で、北から「三ノ丸」「権現曲輪」「二ノ丸」「本丸」（名称は寛政期の古絵図による）及び「塩蔵（南曲輪）」と、南北に主要な曲輪5つが連なる連郭式の構造。最北端の三ノ丸は、本城で最も広い曲輪で韮山高校の施設に一部改変されているが、南側を除く三方に高さ2～3mの土塁がめぐる。堀切道を隔てた南側の権現曲輪は、東側の高い部分に熊野神社が鎮座。西側は東西約20m、南北約50mの平場で、何

韮山城推定復元鳥瞰図（画：香川元太郎 監修：中井均 学研プラス『歴史群像』より）

1 西側上空から本城を望む（伊豆の国市提供） **2** 二ノ丸現況。土塁（写真右端）が良好に残存する **3** 城池東側から本城部分を望む **4** 天ヶ岳砦の堀障子

らかの建物跡が推定される。さらにその南の堀切と急峻な切岸を越えると二ノ丸が存在する。同所には四方を土塁に囲まれた東西約15m、南北約35mの平場があり、ここにも建物跡が推定される。その南側の大堀切を越えると最高所の本丸に達する。

本丸は台形状を呈した小さな曲輪で、北と東側に土塁が認められる。本丸の南は東側に長さ約60mの土塁が続き、南端に約15×10mの高い土塁に囲まれた方形の曲輪が存在。虎口基部に石積みが認められ塩蔵と伝承されるが、構造から煙硝曲輪の可能性がある。

本城とは三条の堀切を隔て、南東に天ヶ岳砦がある。同砦は約600m四方の広大な範囲に堀切、土塁が認められ、岩盤をくり抜いた堀障子や長城のように連なる土塁などが残り見応えがある。砦の北東・西・南西部の尾根先端には、江川砦・土手和田砦・和田島砦が設けられている。特に土手和田砦はL字形に巡る堀障子や高い土塁など保存状態は良好だ。この土手和田砦、江川砦と天ヶ岳砦との間には、大きな堀切があり、各砦が独立的な機能を有しつつ連携して城の防備を強化したことが推測できる。

一方、低地部分は本城の東側から北側にかけて堀が残存。麓の韮山中・高等学校の施設整備に伴い発掘調査が行われている。そのうち本城の西側、韮山高校の敷地内である御座敷地点・外池地点等では堀・土塁の跡、園池跡、道路跡等が、韮山中敷地内と芳池地点では堀跡、道路跡、武家屋敷跡等が検出されている。遺物は陶磁器、かわらけ、木製品（漆椀、建築部材、日用生活品等）、金属製品（鉄砲玉、装飾品、刀装具等）が出土、陶磁器の年代は15世紀後半～16世紀代の製品が中心である。

北条早雲が築いた「難攻不落」の城郭

近世の地誌等によれば、韮山城は堀越公方足利政知《あしかがまさとも》の家臣、外山《とやま》豊前守または田中内膳による築城が最初だというが確証はなく、本格的に城を整備したのは明応2年（1493）、伊豆に侵攻した北条早雲だと考えられる。

築城年代は定かではないが、城内に熊野神社を勧請した「熊野三所権現棟札《むなふだ》」に明応9年（1500）の年代があることから、その頃までに本格的な築城・整備がなされたと推測される。その後、早雲は相模方面に進出してからも終生韮山城を本拠地とし、永正16年（1519）8月、同城で生涯を終えている。後継の氏綱は姓を伊勢から北条に改め、本拠地を小田原城に移して本格的に関東進出を進めるが、韮山城は北条氏の伊豆支配の拠点及び西方の今川・武田に対する守りの要として、重要な位置付けの城郭であり続けた。永禄12年（1569）及び翌年の元亀元年（1570）には武田信玄の軍勢が駿河東部・伊豆北部に侵攻し、韮山城近くで合戦に及ぶが、北条軍に撃退されている。天正10年代に入り、豊臣秀吉の覇権が確立すると、秀吉と北条氏政・氏直父子率いる北条氏との対立は日増しに高まり、韮山城も天正13年（1585）頃から豊臣軍来襲に備え、大規模な普請を行ったようである。その後も豊臣秀吉と北条氏の対立は収まらず、遂に天正18年（1590）、天下統一を目指す秀吉は、北条討伐に向けて20万を超す大軍を関東に進めてきた。

5 芳池地点の武家屋敷 **6** 芳池地点の堀障子と石敷き道（伊豆の国市提供）

韮山城は、山中城落城前後の3月末頃より4万4千とも言われる豊臣方の大軍に包囲されたが、北条氏規（氏政の弟）率いる約3千6百人の城兵は善戦し、約3カ月の籠城戦を耐え抜くが、6月下旬に徳川家康の勧めで開城した。程なく小田原城も開城し、ここに戦国大名北条氏は滅亡、秀吉の全国統一が完成した。

北条氏滅亡後、韮山城には家康配下の内藤信成《ないとうのぶなり》が入るが、関ヶ原の戦い後の慶長6年（1601）、駿府城に移封となり、同城は廃城となる。

江戸初期以降、同城跡は大半が韮山代官江川氏の所有となり、低地部分と三ノ丸を除いては大きな改変も受けず、本城・砦群とも良好な状態で遺構が残存している。加えて城跡東側の丘陵上には秀吉軍が韮山城を攻めた際の付城の遺構も残存し、戦国時代の始めと終わりを物語る貴重な城郭遺構群となっている。

（望月保宏）

7 本城南側の塩蔵（北側より） 8 土手和田砦の掘障子

韮山城本城周辺概要図（伊豆の国市『韮山城跡「百年の計」2014 より』）

城 DATA

[所在地]	伊豆の国市韮山
[築城時期]	1500 年頃
[主な城主]	北条氏
[主な遺構]	曲輪、土塁、堀、井戸跡、園地遺構、屋敷跡
[標　高]	128m
[アクセス]	東名沼津 IC から城池親水公園（登城口）まで 30 分。伊豆箱根鉄道韮山駅下車徒歩 15 分。登城口から本城本丸は徒歩 10 分
[駐車場]	あり（城池親水公園）

寄り道スポット

食べる

蔵や鳴沢《くらやなるさわ》

世界遺産韮山反射炉に隣接する地ビールレストラン。地ビールの愛称も「頼朝」「早雲」「太郎左衛門」など、韮山ゆかりの歴史上の人物にちなんで付けられている。

住：伊豆の国市中 272-1
☎：055-949-1208
休：なし

見る

江川邸《えがわてい》

韮山城の一角江川砦の東麓にある重要文化財。屋敷内には江川家に伝わる貴重な古文書や文化財が展示されている。時代劇のロケにも使われる。

住：伊豆の国市韮山1番地
☎：055-940-2200
休：第3水曜、年末年始（12/31 ～ 1/1）

北条早雲に抵抗した狩野氏の居城か!?

狩《か》野《のう》城《じょう》

伊豆市

鑑賞ポイント

❶ 堀を巧みに用いた各曲輪の配置

❷ 西1・2曲輪間の二重堀切と周辺の導入路

中伊豆の陸上、水上交通の要衝に設けられた山城

伊豆市の旧天城湯ヶ島町柿木地区、狩野川左岸の丘陵上周辺に築かれた山城である。下田街道を見下ろし、南側の天城山系と北側の田方平野を結ぶ要衝であり、陸上・河川双方の交通を掌握できる絶好の位置にある。

東側部分に「本城」「城山上」「城山下」、西側部分に「城」という字が残っているが、いずれも後世の開墾等による改変のため遺構は認められず、その間の丘陵頂部を中心に四方に延びる尾根上に明瞭な遺構が残存する。

丘陵頂部、北側に神社の社殿がある比較的広い面積の所が本曲輪（主郭）と考えられ、標高189mの最高地点を櫓台とし、この地点から東側・北側一帯を削り出して平場・土塁を形成していると推定される。

本曲輪と堀切を隔てて西側の尾根上には、土塁に囲まれた西1曲輪と西2曲輪及び土塁・堀切の連続遺構が残る。特に西1曲輪と西2曲輪の間の二重堀切は見所の一つで、緩斜面である西側の尾根を伝って攻めてくる敵からの防御を重視した築城者の意図がうかがえる。また西1曲輪の南側には一部崩れてはいるものの枡形虎口を思わせる導入路も認められる。

本曲輪を頂部とする南側の尾根の斜面上にも遺構が数多く残る。そのうち本曲輪の南西斜面に腰曲輪状に設けられた南1曲輪と南2曲輪は比較的面積が広く、同方向の斜面に分布する一群の小曲輪・土塁・堀の中心的位置にある曲輪と考えられる。一方、本曲輪の南側及び南東側の斜面上にも小曲輪と土塁・堀切が認められ、特に南東斜面の小曲輪と土塁・堀切の連続は、南東から東側に伸びる尾根を厳重に守る構造となっている。

さらに本曲輪の北側にも堀切を隔てて、U字形の土塁が囲む北曲輪が存在し、東側の守りの要になっていたと考えられる。

1 柿木川北岸から城址を望む　2 見所の１つである西1曲輪・西２曲輪の間にある二重堀切

配置の巧みさが光る縄張はいつ・誰が築いたか

本曲輪を中心に堀や土塁を巧みに配置しつつ、各方面の曲輪が有機的に連携した縄張を持つ本城は、伝承では平安時代後半に藤原南家の流れを汲む狩野氏が築いたとされる。しかし縄張から考えると戦国期に築城した可能性が高い。同時代史料等を参考にするならば、15世紀後半に狩野荘（現在の伊豆市修善寺～天城湯ヶ島地区周辺）で勢力を誇った狩野道一《どういつ》が本拠とした城郭ではないかと考えられる。

道一は当時、伊豆守護だった関東管領・上杉氏や堀越御所（伊豆の国市寺家）に拠る堀越公方（足利政知・茶々丸）に従属し、明応2年（1493）、北条早雲が伊豆に侵攻した際、同城を根拠地に早雲に激しく抵抗したのではないかと推察される（道一は明応7年、堀越公方の足利茶々丸が早雲の攻撃により下田市堀之内の深根城周辺で自害した後、早雲の軍門に降ったと考えられ、子孫は北条氏の家臣として関東各地に足跡を残した）。

ただ城郭研究家の間では、二重堀切や虎口の入れ方などから戦国後期の元亀～天正年間（1570～1580年代）に大規模に改修されたという見方もあり、今後の研究・調査が期待されている。

（望月保宏）

3 本曲輪周辺。櫓台の東と北側を削って曲輪、土塁を造っている　4 西1曲輪は土塁が巡り南側に虎口が設けられる　5 本曲輪から南東部の腰曲輪・土塁を望む

城DATA

［所在地］伊豆市本柿木・青羽根
［築城時期］15世紀後半か
［主な城主］狩野氏
［主な遺構］曲輪、土塁、堀切
［標　高］189m
［アクセス］東名沼津ICから本柿木農村公園（登城口）まで45分。伊豆箱根鉄道修善寺駅から昭和の森行きバスなどで「柿木橋」下車徒歩10分。登城口から本曲輪は徒歩20分
［駐車場］あり

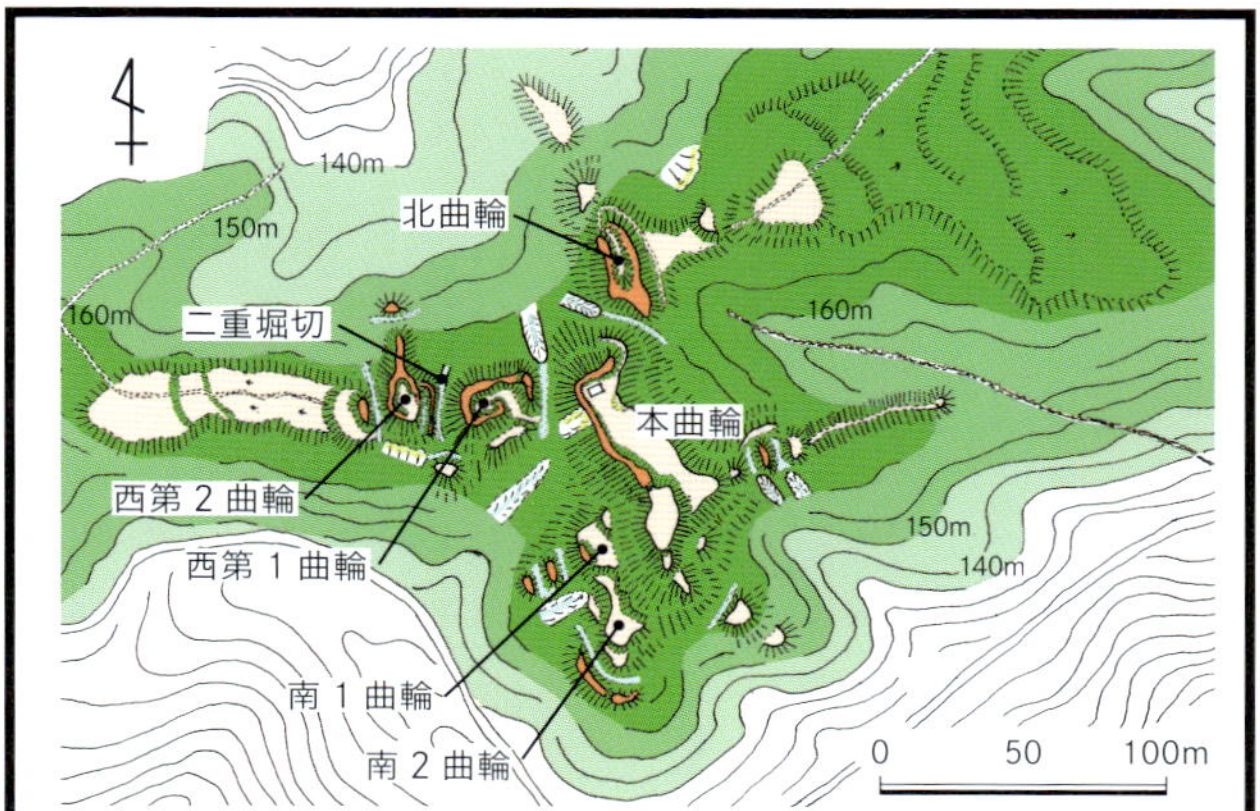

狩野城概要図（作図：望月保宏）

発掘調査の成果で評価が一変した城

鎌《かま》田《た》城《じょう》

伊東市

鑑賞ポイント

❶ 随所に見られる竪堀・堀切の技巧的組み合わせ

❷ 北側の「重ね馬出」など虎口部分

交通の要衝に築かれた伊豆半島東部最大規模の山城

城は、伊東の中心街から相模灘に注ぐ伊東大川（松川）の中流部左岸にそびえる城山に築かれた山城だ。伊東から冷川峠を越えて大見・修善寺方面に通じる交通の要衝に位置し、街道の監視および戦略拠点として築かれたことが推定される。

遺構は一部を除いて土塁や堀等が比較的よく残存し、地表面から城の縄張が容易に観察できる。山頂部分を本曲輪（主郭）とし、そこから放射状に曲輪を設け、さらに北方向に虎口を設ける工夫を凝らした構造である。

平面が三角形状を呈する本曲輪は、北側が龍爪神社によって一部改変されているが、南側と西側、東側の一部に土塁が残り、神社周辺にも土塁状の盛り上がりが認められるため、かつては周囲を土塁に囲まれていたようだ。

最も広い本曲輪東側の二ノ曲輪は、北側にやや高まりが、東側に帯曲輪に至る虎口と思われる遺構があり、さらにその下段に二つの曲輪が帯曲輪状に接続し、北側の大手方面に連結。帯曲輪の東側には尾根を遮断する幅約15m、長さ約30mの大堀切が認められる。帯曲輪の北側尾根筋が大手道と見られ、方形状の馬出を二つ連ねる「重ね馬出」が存在する。南側の馬出曲輪の南から西側は、土塁に堀切・竪堀を連結させる技巧的な造りで見所の一つである。西側には堀切の西に階段状の小曲輪が連なり、南側にも堀切と竪堀の組み合わせが認められる。

1 南西方向から城山を望む
2 主郭周辺の現況。写真右側に建つのは龍爪神社の社殿

北条早雲に抵抗した伊東氏の城か

この縄張構造から鎌田城は後北条氏による16世紀後半の典型的な城郭と見られていたが、平成14年（2002）の伊東市教育委員会による発掘調査によって、小穴群や溝・堀等の遺構とともに陶磁器やかわらけ、小刀等が出土した。15世紀末～16世紀初頭の製品と見られ、縄張から推定されていた年代観とは約百年近い差が生じることとなった。調査成果の年代観によれば、明応2年（1493）に北条早雲が伊豆に侵攻した際の伊東氏の居城ではないかと推測され、河津城同様、城をめぐる戦いの末に落城したと考えられる。だが、16世紀後半の秀吉による小田原攻めの際に改修されたのではないかという見解もあり、城の評価や位置付けは今後の研究に期待したい。登城口は、八代田《やつしろた》集落からの北ルートと松川湖方面からの南ルート（登城口から城域まで徒歩35分）があるが、北ルートの方が登りやすい。

（望月保宏）

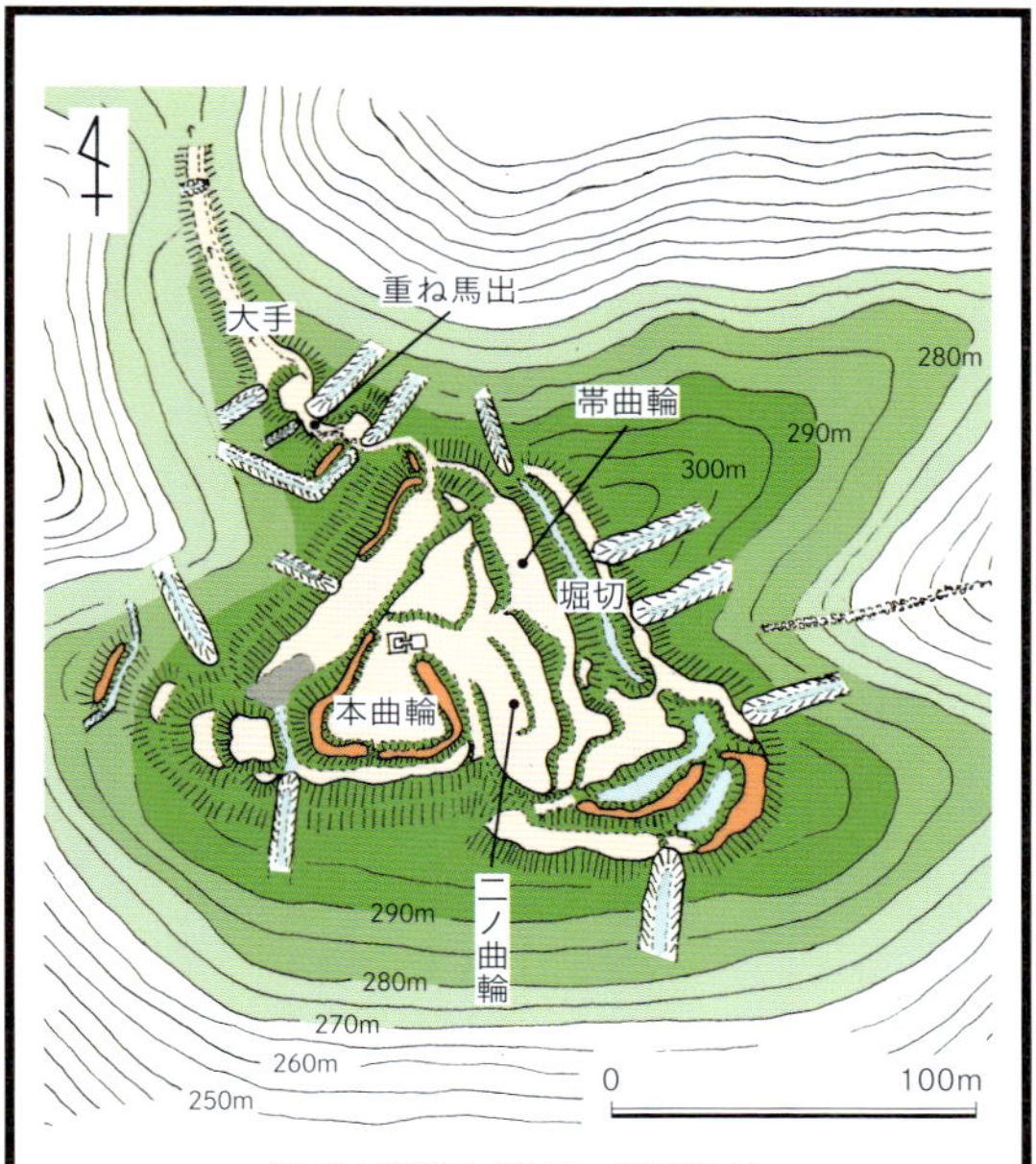

鎌田城概要図（作図：望月保宏）

城 DATA

［所在地］伊東市鎌田
［築城時期］15世紀後半か
［主な城主］伊東氏？鎌田氏？
［主な遺構］曲輪、土塁、枡形虎口、堀切、二重堀切、竪堀
［標高］311m
［アクセス］東名沼津ICから奥野ダム駐車場まで60分。伊豆急行伊東駅からタクシーなどで登城口まで10分
［駐車場］あり。奥野ダム駐車場（松川湖方面ルート）

3 東側虎口付近の様子。竪堀と堀切を組み合わせた技巧的な造りが特徴　**4** 東側の長大な堀切　**5** 北側部分の堀切・竪堀の結合部　**6** 北側の馬出。2つ重ねた重ね馬出

3

5

6

4

豊臣水軍を迎え撃った北条水軍の拠点

下田城《しもだじょう》

下田市

鑑賞ポイント

❶ 堀障子など随所に見られる北条流築城術

❷ 下田港を眼下に見下ろす立地にも注目

戦国時代末期に築かれた技巧を凝らした平山城

伊豆半島の南東部に位置する下田港は、古来より天然の良港として知られ、東西の海上交通の要衝であった。その下田港の南側、下田湾に突き出た鵜島《うじま》と呼ばれる半島状の丘陵に築かれたのが下田城である。別名・鵜島城とも言われる。

丘陵の最頂部（標高約69m）地点周辺の旧来「天守台」と称されてきた櫓台を本曲輪（主郭）として北西から南東に延びる尾根を主軸とし、そこから三方に延びる支尾根を削平して曲輪群を設けている。これらの曲輪群は幅約10～15mほどと狭く、長さ約300mの大土塁または「長城ライン」とでも呼べるような、南及び西側からの攻撃を退ける役割を果たしていたと考えられる。なお本曲輪はその面積が狭小なことから、見張り所として櫓台程度の建物が設けられていたと考えられ、現在も岩盤を穿った柱穴状の遺構が認められる。

さらにその防禦ラインを強化すべく、曲輪群の南側には幅約5～7m、長さ500m余りの長大な横堀が設けられている。その多くは内部に畝《うね》を設けた「堀障子」で、基盤である土層または岩盤を掘り残して造ったと思われる。韮山城や山中城など、後北条氏が天正末期に築いたとされる城郭の堀障子とほぼ同程度の大規模なものである。

主要部曲輪群のラインの北側には下田湾に向かって4本の支尾根が延び、そのうち北側の2本の尾根上に、近年の開発で多少改変されているものの明確な遺構が認められる。2本の尾根の南側斜面には、段差をつけた堀障子が設けられ、海岸から谷伝いに攻め登ろうとする敵から防禦しようという意

1 下田城推定復元鳥瞰図（画：香川元太郎 監修：樋口隆晴。学研プラス『歴史群像』より）。下田港を見下ろす山上に築かれた　**2** 本曲輪に沿って掘られた南側の堀障子。よく見ると凹凸がある　**3** 本曲輪と南１曲輪の間の堀切　**4** 南１曲輪南側の堀切１

図がうかがえる。2本の尾根のうち北端に位置する北曲輪群は長さが約２５０ｍほどあり、北端の小尾根には幅３～４ｍの堀切が設けられている。

以上の曲輪群に守られる形で城の北側中腹にある平坦地は、史料に見える「寺曲輪」と考えられ、船着場に直結し城主の居館等の主要施設があった区域と推定される。

畝を設け、敵を翻弄 ５００ｍも続く長大な横堀

一方、鵜島丘陵の西側にも所々に曲輪状の削平地や堀切状の遺構が認められるが、丘陵東側に比べて明確な遺構はなく、未完成のまま廃城に至った可能性もある。まだ発掘調査等が行われていないため、成立年代は天文年間（１５３２～１５５５）または永禄年間（１５５８～１５７０）など諸説あるが、明確に史料に登場するのは天正16年（１５８８）、天下統一を目指す豊臣秀吉との戦いに備えて北条氏が本格的整備を開始してからである。

北条氏は伊豆半島南部の守りを固めるため、海上交通の要地である下田に水軍拠点を構える方針を打ち出し、伊豆郡代の清水上野介康英《しみずこうずけのすけやすひで》を下田城将に任じて城の大改修を進めさせた。現在認められる遺構の大半はその時に築かれたと考えられる。

天正18年2月、北条氏討伐を目指す豊臣方の水軍は、長宗我部元親《ちょうそかべもとちか》勢２５００、九鬼嘉隆《くきよしたか》勢１５００、脇坂安治《わきさかやすはる》勢１３００、さらに加藤嘉明《かとうよしあき》勢や安国寺恵瓊《あんこくじえけい》率いる毛利水軍なども加わり、総勢1万4千人余りが清水港に集結し、3月上旬には伊豆を目指して出港した。豊臣水軍は安良里《あらり》城（西伊豆町）、田子砦（同）等の伊豆半島西海岸の北条

5 本曲輪周辺　**6** 本曲輪最頂部
7 本曲輪最頂部には岩盤を穿った柱穴痕が残る　**8** 本曲輪から北東に延びる尾根

水軍の城砦を難なく攻略し、3月下旬までに下田城を包囲した。それに対し城に籠る北条軍は、城将清水康英を筆頭に弟の淡路守英吉、その庶流の能登守吉広、清水氏同心で雲見《くもみ》（松崎町）に本拠をもつ高橋丹波守一族、妻良《めら》（南伊豆町）に本拠をもつ村田新左衛門など南伊豆の武士を中心とした総勢600人余であった。

北条軍は圧倒的劣勢の中、約50日にわたって籠城を続けたが、豊臣方の安国寺恵瓊、脇坂安治らの勧告を受け入れて4月末に降伏、開城した。清水康英は城を出て河津の林際寺、次いで千手庵（現在の三養院）に隠棲し、翌天正19年6月に同寺で没している。

その後、下田には徳川家康配下の戸田忠次が入るが下田城には入城せず、現在の市街地に陣屋（居館）を構えて同地を支配する。江戸時代には同城のあった鵜島丘陵は幕府の御林となって開発が規制され、そのため城跡の遺構が良好に保存されてきた。近代以降、公園化で一部の遺構は破壊されてしまったが、現在、下田市当局や市民有志によって城の再評価が行われ、調査・整備が進められている。

（望月保宏）

9 現在の下田公園駐車場の東南辺りに寺曲輪があったとされる　10 本曲輪北側から下田港を望む

下田城概要図（作図：望月保宏）

城 DATA

［所在地］	下田市３丁目
［築城時期］	16 世紀前半～後半
［主な城主］	後北条氏（戸田氏？）
［主な遺構］	曲輪、土塁、空堀、堀切
［標高］	69m
［アクセス］	東名沼津 IC から下田公園駐車場まで 110 分。伊豆急行下田駅から徒歩 20 分または下田海中水族館行きバス「大浦口」下車徒歩５分。下田公園駐車場から本曲輪は徒歩 15 分。
［駐車場］	あり（下田公園、下田海中水族館）

寄り道スポット

食べる

ごろさや

伊勢海老やアワビ、金目鯛やサザエ、トコブシ、シシタカ貝など地元の魚介料理を提供。ボリュームの割には手頃な値段で新鮮な海の幸を堪能できる。

住：下田市一丁目 5-25
☎：0558-23-5638
休：木曜

見る

了仙寺《りょうせんじ》

日米間で下田条約が締結された地として知られ、宝物館には開国関係の資料が豊富。特にペリーと黒船に関するコレクションは一見の価値あり。

住：下田市三丁目 12-12
☎：0558-22-0657
休：なし

北駿と南駿の境に築かれた大堀切を持つ城

千《せん》福《ぷく》城《じょう》

裾野市

1 南側からの遠景。南麓の普明寺は館であった可能性がある
2 出曲輪南横堀　3 出曲輪北側尾根の二重堀切。出曲輪周辺は横堀、二重堀切などで時に厳重に防備されていた

大小様々な空堀で仕切られた曲輪群

城は愛鷹《あしたか》山東麓から南東に延びる丘陵の先端に立地する。城の東から南側には蛇行する平山川が天然の堀を成す要害地形であった。

築城年代は不明だが、当地周辺を領した御宿《みしゅく》氏が築いたとされる。御宿氏は葛山氏と同族で、御宿監物は武田信玄の六男信貞が葛山氏を継ぐと、その後見人になったとされる。城は天正年間頃に築かれ、武田氏滅亡後は徳川家康が領有したとみられる。

丘陵上に本曲輪、二曲輪、出曲輪を連ねるように配し、本曲輪は自然地形を多く残すが、西側は大規模な堀切で遮断される。その北側の出曲輪は高速道路などによって一部削平されているが、東側斜面には3条の連続竪堀、北側尾根筋に二重堀切を入れ、さらにそこから西側斜面に横堀を巡らすなど、特に防備を厳重に固めていた。南麓にある普明寺背後の南曲輪群や南東麓の馬場曲輪は後世に手が加わっているようだが、広大なことから駐屯施設であった可能性もある。

（溝口彰啓）

城 DATA

[所在地] 裾野市千福字平山
[築城時期] 天正年間（1573～1592）か
[主な城主] 御宿氏
[主な遺構] 曲輪、土塁、堀切、横堀、二重堀切、竪堀
[標　高] 203m
[アクセス] 東名沼津ICから15分。JR御殿場線裾野駅から車で西へ直進、国道246号を北上。千福南交差点を左折。普明寺から徒歩10分（山頂）
[駐車場] なし

今川・北条・武田氏が争奪を繰り広げた最前線の城

長《なが》久《く》保《ぼ》城《じょう》

駿東郡長泉町

駿東南部を守備する拠点城郭

愛鷹山から延びる舌状台地の末端にあり、相模・甲斐と国境を接する駿東地域南部の拠点的城郭であった。北条氏綱が築城したと伝えられるが定かではない。戦国期には、国境を争う今川氏・武田氏・後北条氏の争乱の舞台となる。天正10年（1582）に武田氏が滅亡すると、徳川家康が城を支配するが、家康の関東転封後は駿府城主中村一氏《かずうじ》の支城となり、慶長5年（1600）に廃城となった。

広大であった城域は周辺の開発でほとんど失われている。かつては、黄瀬川に接する高台に置かれた本丸を中心に、台地の先端を利用して二ノ丸や三ノ丸といった曲輪が配置されていた。発掘調査により二ノ丸などで多数の建物跡群や門跡、畝堀なども検出されていることから、拠点城郭として相応しい体裁に整備されていたことがうかがえる。南郭は遺構が残された数少ない曲輪であり、城山神社境内となる周囲には高さ約5mの大規模な土塁がある。また三ノ丸北端を区切る幅約12mの土塁とその外側の堀の一部が、現在も道路脇に残る。八幡曲輪跡には物見台風の遊具施設が建てられている。

（溝口彰啓）

1 西側から長久保城址を望む　2 南曲輪に残る土塁。良好に残る数少ない遺構
3 長久保城跡の石碑。城の大半は失われ国道脇の石碑が城の存在を今に伝える

城 DATA

[所在地] 駿東郡長泉町下長窪
[築城時期] 天文年間（1532～1555）か
[主な城主] 後北条氏、徳川氏、中村氏
[主な遺構] 曲輪、土塁、空堀
[標高] 85m
[アクセス] 新東名長泉沼津ICから5分。JR長泉なめり駅から長泉清水循環またはがんセンター行きバス「城山」下車徒歩2分
[駐車場] あり

狩野川を望む河川湊を守る城

戸《と》倉《くら》城《じょう》

駿東郡清水町

1 北からの遠景。狩野川が大きく蛇行した場所に築かれた　**2** 本曲輪。狭くても狩野川や街道を見張るには絶好の場所　**3** 山麓にある龍泉寺。かつては湊と館があった場所か

見張所としての機能を備えた小規模だが重要な山城

狩野川が蛇行し、戸倉山より北東方面に延びた舌状丘陵上の先端に築かれた山城。城からは北に東海道、東には修善寺方面に至る狩野川と街道が望め、交通の要衝地にあることが分かる。龍泉寺がある南麓の平坦地には、南面に蛇行した狩野川を河川湊とし、湊を管理した館があったと想定される。

丘陵先端の頂部を本曲輪とするが、狭いため見張所としての用途しか考えられない。防御施設も、館からの登城路途中の尾根筋に小規模な堀切があるだけである。本曲輪より西方の低い尾根筋にある二曲輪はさらに狭く、西を二重堀切、東を堀切で防御されるが堀切の規模はそれほど大きくない。

文明年間に今川氏が築城したと伝えられるが、天文年間（1532〜1555）頃、この地で今川氏の勢力が衰退し、北条氏尭《うじたか》が入城。その後、武田勝頼の支配、武田氏滅亡後は再び北条氏政の支配下に入るが、小田原合戦後、戦略的地位が低下し廃城になった。二の曲輪は一部立入禁止になっているので要注意だ。

（松井一明）

城DATA

［所在地］	駿東郡清水町下徳倉字和田入
［築城時期］	天文年間（1532〜55）
［主な城主］	北条氏、武田氏
［主な遺構］	曲輪、虎口、堀切
［標　高］	75m
［アクセス］	東名沼津ICから20分。JR三島駅からバス「下徳倉」下車。駐車場から徒歩10分。（龍泉寺からも登城可能）
［駐車場］	あり（本城山公園）

謎多き「畠山国清《はたけやまくにきよ》」ゆかりの城

修善寺城《しゅぜんじじょう》

伊豆市

南北朝期か戦国期か。決め手を欠く遺構の年代

伊豆箱根鉄道修善寺駅の南西部、伊豆市役所背後の独立丘陵を地元の人たちは「城山」と呼び、南北朝時代に畠山国清が立て籠もった修善寺城だとしている。当時の鎌倉公方足利基氏《もとうじ》の補佐役の執事（後の関東管領）であった国清は『太平記』などによれば、関東の軍勢を率いて畿内の南朝勢力と戦っていたが、次第に諸将と不和になり基氏の討伐を受けることとなった。伊豆に下り三津・金山・修善寺の三城に立て籠もったが、最後まで籠城し討伐軍に抵抗したのがこの城とされる。

戦前に沼舘愛三《ぬまだてあいぞう》氏が踏査し作成した概要図があり、何段かの平坦地と若干の土塁状の遺構が表されているが、戦後にテレビの中継基地や公園として改変され、往時の姿はほとんど分からなくなってしまった。そのため、果たして国清によって築かれたのが事実かどうかも、現時点では確認困難な状況である。むしろ同城が柏久保城と狩野川を隔てた対岸に位置し、狩野城とも比較的近い位置にあることを考えると、戦国期初頭の北条早雲が狩野氏と抗争していた頃に機能していた可能性も考えられる。今後の各方面からの調査が期待される。（望月保宏）

1 南東から城山を望む　2 南西尾根にある小祠と土塁状遺構　3 山頂周辺に残る大岩

城 DATA

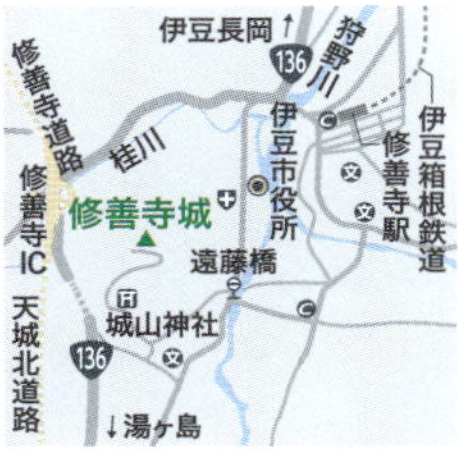

［所在地］伊豆市修善寺、本立野、小立野
［築城時期］不明
［主な城主］畠山氏？
［主な遺構］土塁、曲輪跡
［標　高］248m
［アクセス］東名沼津ICから城山神社（登城口）まで40分。伊豆箱根鉄道修善寺駅から「昭和の森」行きバスなどで「遠藤橋」下車徒歩10分で登城口。山頂まで徒歩20分
［駐車場］あり（城山神社）

北条早雲の激闘を物語る城

柏《かしわ》久《く》保《ぼ》城《じょう》

伊豆市

狩野氏の狩野城と対峙した北条早雲の城郭

狩野川支流の古川と大見川の合流地点東側にある、標高180mの愛宕山山頂に築かれた。鎌倉時代初期に幕府御家人だった狩野氏の出城として築かれたという説もあるが、確実な史料では明応6年（1497）にこの城の存在が確認できる4年前の明応2年、伊豆に侵攻した北条早雲と狩野氏との戦いの際、早雲に従った「大見三人衆」（佐藤藤左衛門・梅原六郎左衛門・佐藤七郎左衛門）が城を守ったという記録が残っている。

城跡は愛宕神社周辺を本曲輪（主郭）とし、東側に二の曲輪、三の曲輪を連ね、狩野氏と対峙するこれらの曲輪の南側に幅約2mの土塁を設けている。本曲輪西側には堀切を設け、西側尾根筋からの敵を遮断している。また二の曲輪の北側には「新九郎谷」と呼ばれる急峻な谷地形が残る。敵の侵入は困難と思われる急傾斜だが、早雲は敢えてここから攻め入ったと言い伝えられる。自然地形を巧みに取り込んだ要害で、早雲が狩野氏の居城・狩野城を攻撃した際の拠点になったことがうかがえる。

（望月保宏）

1

2

3

1 かなり実践的な構造をしていた柏久保城。南側から城跡を望む　2 主郭西側の堀切　3 主郭の愛宕神社南側に残る土塁

城 DATA

［所在地］伊豆市柏久保字城山
［築城時期］15世紀後半
［主な城主］狩野氏?、伊勢氏（北条氏）
［主な遺構］土塁、堀切
［標　高］180m
［アクセス］東名沼津ICから修善寺グラウンドまで40分。伊豆箱根鉄道修善寺駅から徒歩20分で登城口（一宮神社脇）。そこから本曲輪は徒歩25分
［駐車場］あり(修善寺グラウンド)

伊豆半島西海岸の水軍の拠点

丸《まる》山《やま》城《じょう》

伊豆市

1 北側の駿河湾上から望む。写真中央の円丘が「出丸」 2 推定堀切跡 3 曲輪周辺の様子。土塁状の高まりが見える

駿河湾の対岸をにらむ 北条水軍の拠点城郭

伊豆半島西海岸の土肥港の南西、駿河湾に突出する標高46mの円山《まるやま》丘陵と、国道136号を経て南側の先山丘陵に築かれた水軍の城と言われる。

遺構は「出丸（出城）」とされる円山丘陵山頂に約40m×30mの平坦面が存在。主要な曲輪と考えられる。その外縁部の所々に高まりが残り、土塁が巡っていた可能性がある。その北東隅に小さな祠を囲むように約5m四方の土塁状の高まりが巡るが、後世の造成の可能性もあり判然としない。一方、その反対側の国道に面した部分には堀切状の窪みが存在。自然地形を利用した堀切遺構と考えられる。円山丘陵部分の北東斜面や「新城」とされる先山丘陵は、後世の改変により、明らかに遺構と言えるものはほとんどない。北条氏重臣で土肥一帯を支配した富永氏が、北条氏の西に対する沿岸防備を担う基地として整備したと推測される。過去に発掘調査で柱穴列などが出土しているが、再検討の余地を残している。

（望月保宏）

城 DATA

［所在地］伊豆市八木沢
［築城時期］16世紀後半
［主な城主］富永氏
［主な遺構］曲輪
［標高］46m
［アクセス］東名沼津ICから丸山スポーツ公園まで70分。伊豆箱根鉄道修善寺駅から堂ヶ島（または松崎）行きバスで60分「土肥丸山公園」下車。そこから円山山頂徒歩10分、先山山頂25分
［駐車場］あり

北条早雲に従った「大見三人衆」の拠点

大《おお》見《み》城《じょう》

伊豆市

1

2

3

1 西側から望む城跡　**2** 本曲輪周辺。修善寺から伊東へ向かう川筋と尾根道が一望できる　**3** 本曲輪南側の堀切

北条早雲の伊豆侵攻の前線基地となった山城

大見川とその支流・冷川《ひえかわ》の合流点の南側、標高207mの山頂北端部に築かれ、修善寺から伊東に向かう街道を押さえる要衝にあった。山頂周辺を北側がやや低い2段構造に整地して本曲輪（主郭）とし、北側に向かって階段状に曲輪を連ねる連郭式の縄張りで築かれており、本曲輪の北側と西側には2段にわたって腰曲輪が設けられている。背後の尾根は幅約10mの堀切で遮断され、南側からの敵の攻撃を遮断している。東西の斜面には竪堀状の遺構も残るが、自然地形の可能性もあり判然としない。

史料から明応2年（1493）に伊豆に侵攻した北条早雲にいち早く従った「大見三人衆」の城郭だと考えられる。当初は東側に伊東氏、南側に狩野氏という早雲に敵対する勢力の間にあった重要な戦略拠点だったことが推測できる。

（望月保宏）

城DATA

［所在地］ 伊豆市柳瀬字城山
［築城時期］ 15世紀後半か
［主な城主］ 大見三人衆
［主な遺構］ 空堀、土塁
［標　高］ 210m
［アクセス］ 東名沼津ICから「伊豆大見の郷 季多楽」まで50分。伊豆箱根鉄道修善寺駅から筏場新田行きバスで15分「実成寺前」下車徒歩3分
［駐車場］ あり（伊豆大見の郷 季多楽）

伊豆半島最南端の防御を固めた海城

白《はく》水《すい》城《じょう》

賀茂郡南伊豆町

大規模な土塁と堀をもつ謎多き海城

白水城（別名・長津呂《ながつろ》城）は、伊豆半島最南端の石廊崎の東、長津呂湾を挟んだ向かい側にそびえる鍋浦山の標高約60ｍの山上に築かれた城だ。

白水城の名は、城の北側山腹に残る井戸からかつて白い水が湧き出たという言い伝えによる。遺構は、山頂部の本曲輪の西側を除く三方に大規模な土塁が存在し、北側に連なる2つの曲輪の北側にも高土塁が残存している。

さらに斜面の南西から北東にかけて小規模な曲輪が段状に設けられている。また本曲輪の東側には幅約10ｍ、深さ約3ｍの大規模な堀切があり、さらにその東側にも土塁に囲まれた曲輪が存在する。

同城の築城年代や築城主などについて記録はなく一切不明だが、室町から戦国時代に水軍基地として海上交通の監視などのために築かれたのではないかと考えられる。土塁や堀切は、弱点である山の北から東側に敵が回り込んだ際の防御のために設けられたものであろう。（望月保宏）

1 曲輪南側土塁上から北側を望む　**2** 城の名称の由来となった井戸の跡　**3** 主郭東側の大堀切（写真右側）

城DATA

［所 在 地］賀茂郡南伊豆町石廊崎字鍋浦山
［築城時期］15世紀後半か
［主な城主］御簾氏？
［主な遺構］曲輪、土塁、堀切
［標　　高］51m
［アクセス］東名沼津ICから石廊崎漁港まで140分。伊豆急下田駅から東海バス石廊崎行き終点下車。漁港から山上（本曲輪）まで徒歩15分
［駐 車 場］あり（有料）

発掘調査で明らかになった早雲との激戦の跡

河《かわ》津《づ》城《じょう》

賀茂郡河津町

北条早雲に抵抗した土豪の山城か

城（別名・川津城）は、河津川左岸の河口近くにそびえる城山（大日山）の山頂周辺に築かれた山城である。その遺構は山頂部分を本曲輪（主郭）とし、一段下の南側に二の曲輪を設け、周囲に腰曲輪、帯曲輪となる小規模な曲輪を配す構造である。北側に3条の堀切を設けたほか、さらにその北側にも小曲輪や堀切を配すなど、特に北側の防御を重視した縄張となっている。

平成3年（1991）に河津町教育委員会が主要部分の発掘調査を行い、本曲輪・二の曲輪・四の曲輪の周辺から竪穴状遺構1基、集石遺構6基が検出された。竪穴状遺構の底部には被熱の跡が認められ、穀物粒など大量の炭化物が陶磁器などの遺物とともに出土した。陶磁器は15世紀後半～16世紀前半のものとみられ、北条早雲が伊豆に侵攻した際、この城をめぐる激しい戦いがくり広げられたことを物語っている。築城したのは、後世の文献や伝承などによれば、地元の土豪であった蔭山氏ではないかと言われているが確証に乏しく、今後のより詳細な調査が期待される。

（望月保宏）

城DATA

[所在地]	賀茂郡河津町笹原
[築城時期]	15世紀後半
[主な城主]	蔭山氏？
[主な遺構]	曲輪、虎口、堀切
[標高]	180m
[アクセス]	東名沼津ICから河津桜観光交流館駐車場まで80分。ここから登城口は徒歩15分。伊豆急行河津駅から徒歩10分で登城口。登城口から本曲輪まで徒歩20分
[駐車場]	あり（河津桜観光交流館）

1 主郭から見た二の曲輪。発掘調査の結果、地下から多くの遺物が出土した　2 南側から城山を望む　3 主郭北東の空堀。竪堀と横堀を組み合わせたようなV字形の平面形をしている

中部
central area

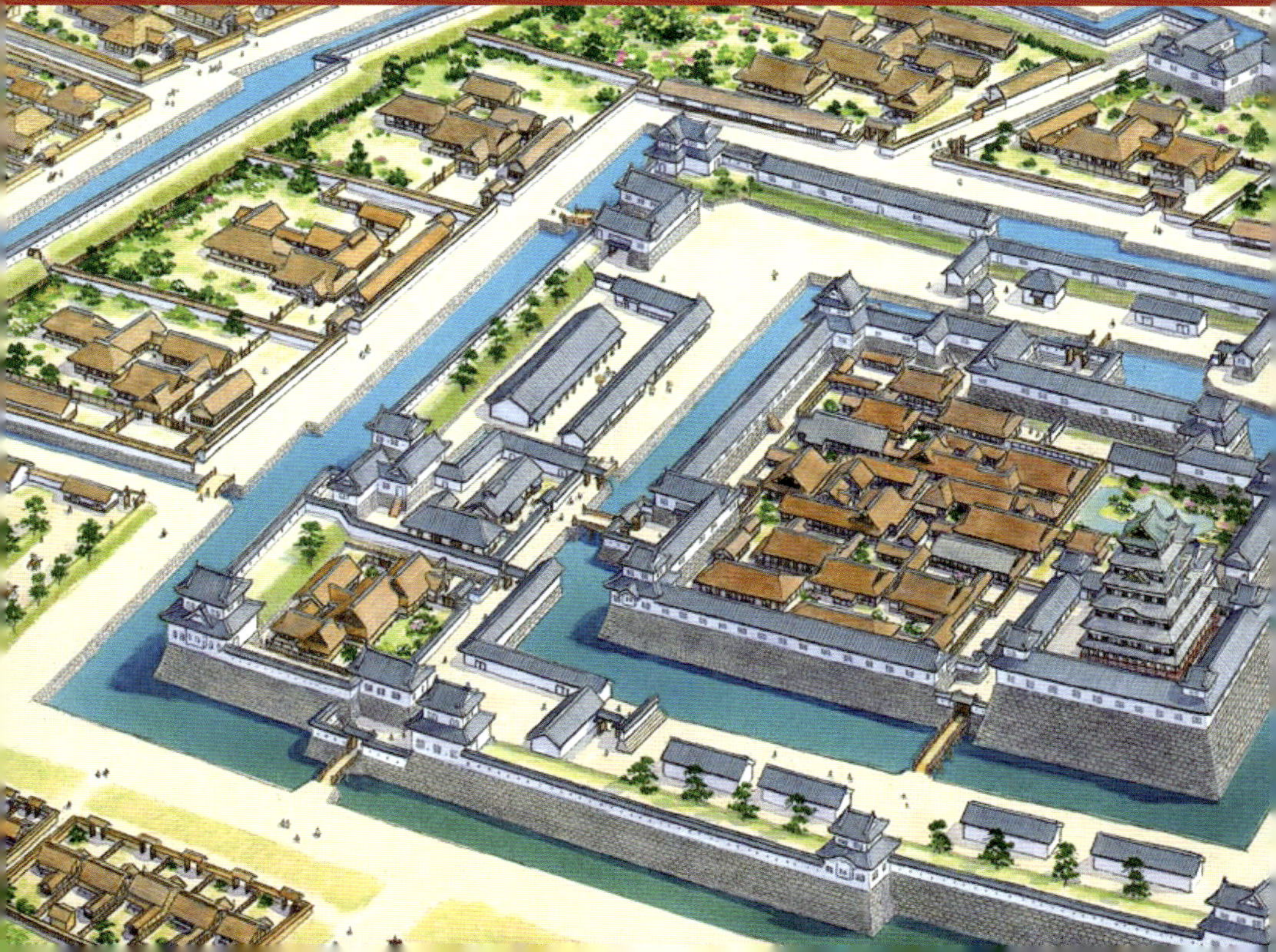

大御所家康が築いた富士山と覇を競う駿河の名城

駿《すん》府《ぷ》城《じょう》

静岡市葵区

鑑賞ポイント

1. 再び姿を現した史上最大の天守台
2. 往時の規模を彷彿させる中堀・外堀
3. 家康創建時の姿を残す二ノ丸 巽櫓《たつみやぐら》横の石垣

時代の変遷を今に伝える 雄大な堀跡と変化に富む石垣

駿府公園は、県庁所在地の真ん中に位置するオアシスで、市民の憩いの場となっている。春ともなると、満開の桜に誘われ、多くの人々で賑わい、大御所時代の城下の姿が彷彿される。

城は、三の丸こそ市街地化の波に飲み込まれ、姿を消したが、二の丸・本丸は往時の姿をよく留めている。街中に今も残る堀跡が、この城最大の見所で、その規模の雄大さが実感されよう。大外を廻っている堀が三ノ丸堀（外堀）、その中に二ノ丸堀（中堀）と本丸堀（内堀）が廻っていたが、本丸堀は連隊の駐屯地になった折に埋め立てられ、今は一部を除き

本丸に建つ徳川家康像

二ノ丸巽櫓と東御門。巽櫓は平面Ｌ字を呈す二重櫓（内部３階）で、徳川幕府お得意の省力型櫓の典型。東御門は内枡形と外枡形の折衷形で、３分の１ほどを石垣より突出。この形式も幕府系城郭によく見られる

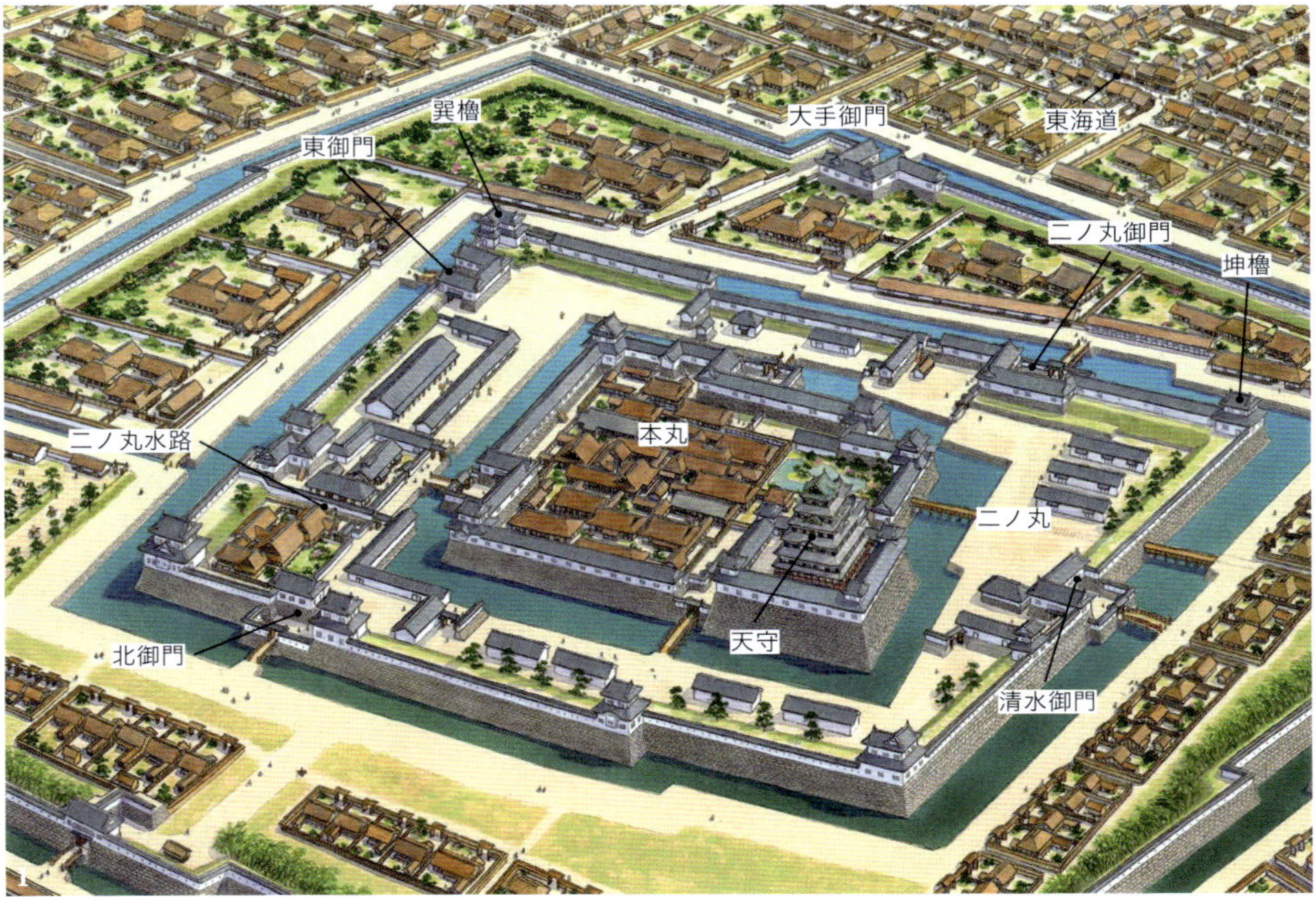

見ることができない。

外堀は完存するが、東南角から東側にかけては、商店街が建ち並び、ここのみ見えない。だが一周すると、様々な防御の工夫と城の高低差が判明する。外郭ラインは、折れ（屈曲部）を幾度も設け視角を無くし、横矢の効果をねらっていた。また、随所で堀を堰き止め、水量を調整している。西側は、様々な時代に積み直しを受けており、打込《うちこみ》ハギ、切込《きりこみ》ハギ、また近代の積み直し部分とバラエティーにとんだ石垣になる。西南隅には、三ノ丸堀最大の櫓台状の石垣がそびえ、江戸期に櫓は無かったが、当初期の巨大櫓が推定され圧巻だ。

1 大御所時代の駿府城推定復元鳥瞰図（考証：加藤理文、画：香川元太郎／学研プラス『歴史群像』より）。大御所の権威を知らしめた天守は、わが国初の金属瓦葺きで輝きを放った　**2** 三ノ丸南西側の石垣と堀。三ノ丸の石垣と堀は、東側を除く三方がほぼ現存
3 三ノ丸北西隅櫓台。現残する中で最も旧状を伝える櫓台。仮に櫓があったとすれば三重の巨大な姿が想定される

4 二ノ丸坤櫓。二重三階で七間四方の規模を持つ巨大櫓　**5** 外から見た大手御門枡形の石垣。三ノ丸堀を土橋で渡り右折すると大手御門（櫓門）があった　**6** 東御門一の門（櫓門）。二ノ丸南東の出入口。主に重臣の通用門だ　**7** 堀底で発見された青銅製鯱。現存するものでは最古級

かつての威容を示す木造建築の建物群

　中堀は江戸期の姿を最も良く伝え、復元された巽櫓《たつみやぐら》と東御門、坤櫓《ひつじさるやぐら》の威容が垣間見られる。白亜の建物が復元されたことで、城跡らしさが一気に増した。

　復元された東御門は、多門櫓と土塀で囲まれ、正面に小型の高麗門、右に折れると大型の櫓門が位置する。こうした形式の門を枡形門と呼ぶが、駿府城の門のほとんどがこの形式であった。枡形空間に入った敵兵は、周囲から一斉射撃を受けてしまう、最も防御強化が図られた門になる。堀際は、本来総石垣であったが、後世に土盛りによって石垣を覆ってしまった部分が多く、土塁のようにも見えるが、石垣は地中に残存している。

　東御門から二ノ丸へ入ると、西側にわずかに見られるのが、発掘調査で検出され整備された本丸堀の一部である。本丸堀の埋め立てにより、本丸と二の丸が一つの敷地となったため広大に感じられるが、本来の二ノ丸は決して広い曲輪ではなかった。

　平成8年（1996）に復元された東御門と巽櫓は内部が見学可能で、江戸期の櫓の構造を間近に体感できる。発掘調査で出土した我が国最古の青銅製のシャチや遺物、天守模型が展示されている。見逃してはならない展示物が、江戸時代の駿府城復元模型だ。天守こそ無いが、盛期の様子を確認できる。今の町の姿と比較してみると、本来の城の大きさが実感されよう。

　平成26年には、坤櫓も木造復元された。外見は二重櫓だが、初重内部は2階建てであったため、内部は3階になる。巽櫓は平面L字で、外からは巨大な方形櫓に見えるが、隅角を欠く建物で、やはり外観二重・内部三階になる。名古

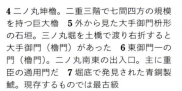

8 草深御門跡。南正面の大手に対する搦手門。「不明」と記す絵図も残り通常使われなかった　**9** 三ノ丸北西部の水門。駿府城は南西（市立病院側）が高く北東が低いため堀内に水位調整施設があった。写真の堤防は近代のもの

屋城に現存する二基の本丸櫓も同様の構造で、外観二重・内部三階であった。これらは、幕府系の城に良く見られる特徴で、省力化を図るための方策である。

10 外堀北面西側の折れ。外堀は北側を中心に塁線が複雑な折れを持つ。横矢を掛けると同時に、水の流れを弱める目的があった　**11** 紅葉山庭園の州浜と築山。今川館には富士山を借景に三保の松原、富士川を模した庭があり「駿河づくし」といわれた

発掘調査で検出された巨大な二つの天守台

本丸跡は、公園となり天守があった場所近くに、鷹狩姿の家康像が建っている。脇に残る家康手植えのミカンは、県指定の天然記念物で、紀州より献上された鉢植えを天守下の本丸に移植したものと伝わる。令和２年（２０２０）まで行われた天守台跡地の発掘調査によって、慶長期（第二期駿府城）の天守台と石垣の残存状況が確認された。陸軍歩兵三四連隊の兵営設置により概ね半分以上が破壊を受けている。法面等から天守

知っ得 おも城 豆知識

静岡みかんの起源を伝える貴重な「徳川家康手植の蜜柑」の木

駿府に隠居した家康に、紀州から鉢植えの蜜柑が献上された。家康手ずから天守直下の本丸に移植したのが現在の蜜柑と伝わる。蜜柑は「ほんみかん」と言われ、鎌倉時代に中国から入った紀州蜜柑（コミカン）の一種で、香りが強く、種のある小さな実を結ぶ。現在ＪＡ静岡経済連が管理しており、収穫した蜜柑は駿府公園や静岡駅で、市民に配られている。

台を復元すれば、ほぼ50×48mと実測図通りで、我が国最大を誇る規模が確定された。さらに、この時家康が築いた天守台の地下から、前時代の天守台が検出された。検出された石垣は、大型の巨石（最大長3m）を積み上げた天守台と、中型石材主体のその他の石垣に大別される。天守台は、1mを優に超える巨大な石材が多く、自然石と大まかに粗割した石材とが混在する。大きさは不揃いだが、方形の石材を選び、長辺側を横位置に置いて積み上げていた。巨石を積み上げた部分を見れば、天正末～文禄期頃の特徴を示し、間詰が充填された箇所を見るなら、天正後半まで遡るようにも見える。いずれにしろ、中村氏か徳川氏段階であることは間違いないが、豊臣政権による強い関与があったことを示す石垣である。静岡市は、今後2つの天守台が見学できる整備を計画している。

最後に、県庁別館21階の展望ロビーに登っておきたい。静岡市内中心部はおろか、遠く富士山・駿河湾まで一望でき、眼下に駿府城が俯瞰される。三ノ丸堀のずれや、堀に囲まれた城の様子がよくわかる。

（加藤理文）

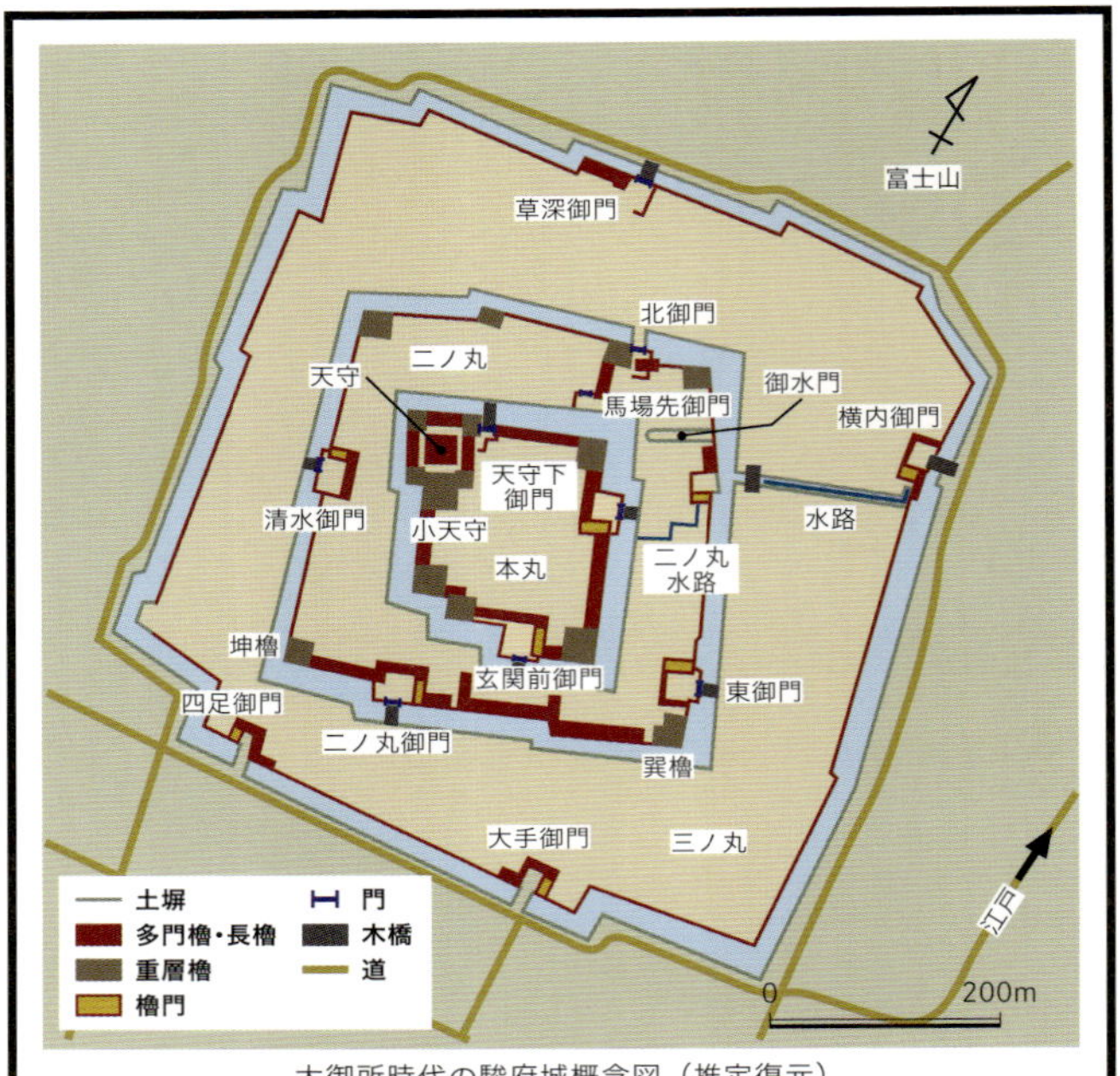

大御所時代の駿府城概念図（推定復元）

12 二ノ丸水路。4つの折れを持つ全国的にも特異な水路 **13** 天守台西面。「打込ハギ」の石垣で石は比較的大きく目地を通すように積まれていた。石材の割れと間詰石の欠落が目立つ

14

城 DATA

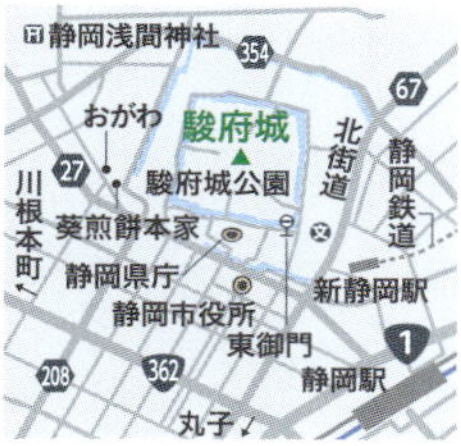

［所 在 地］	静岡市葵区駿府公園
［築城時期］	天正 13 年（1585）
［主な城主］	徳川氏
［主な遺構］	堀、石垣、復元建物（櫓・門）
［標　　高］	24m
［アクセス］	ＪＲ静岡駅から徒歩約 10 分
［駐 車 場］	なし、周辺の有料Ｐ使用

14 県庁別館展望ロビーからの眺め。手前右下の水堀が内堀の南東隅部分。左上のシートの部分が発掘された天守台

15 二ノ丸北西側から。今川館の庭園がこの辺りにあれば富士山が借景となる

15

寄り道スポット

食べる

おがわ

創業から 60 年以上、門前通りで地元民に愛され続けている。看板商品は牛すじでだしを取る静岡おでんだが焼きそばやおにぎり、夏場はかき氷も人気。

住：静岡市静岡市葵区馬場町 38
☎：054-252-2548
休：水曜（祝日は営業）

買う

葵煎餅本家《あおいせんべいほんけ》

創業明治 2 年の老舗。徳川家ゆかりの「葵の御紋」が入った味噌煎餅は昔ながらの製法で作られた素朴な味が好評。年末年始は干支柄の瓦煎餅も登場する。

住：静岡市葵区馬場町 20
☎：054-252-6260
休：無休

見る

静岡浅間神社《しずおかせんげんじんじゃ》

社殿群は文化元年（1804）から 60 年の歳月と約 10 万両の巨費を投じて建造された。3 層 2 階建の大拝殿は国指定重要文化財で日本一の高さ（25m）を誇る。

住：静岡市葵区宮ケ崎町 102-1
☎：054-245-1820

宇津ノ谷《うつのや》越えを押さえる駿府の西の要

丸子城《まりこじょう》

静岡市駿河区

鑑賞ポイント

❶ 東西虎口に設けられた丸馬出と三日月堀
❷ 西側斜面を区切る総延長150mの横堀
❸ 敵の斜面移動を阻む大小の竪堀

保存状態の良い遺構の数々 城好き必見の城

駿府中心部から西へ6㎞ほど離れた標高約140mの通称・三角山の尾根先端に位置し、宇津ノ谷峠越えで駿府に侵入する敵を阻むための防衛拠点であった。

今川氏駿府入封直後に築かれたと考えられ、永禄11年(1568)、武田信玄が駿府に入ると、直ちに重臣・山県昌景《やまがたまさかげ》に陣域を構えさせ、西駿河の今川方諸城に対する守りとした。天正10年(1582)、武田氏滅亡後、駿府に入った徳川家康は駿府防備のために松平備後守を丸子城に駐留させる。丸子城の記録はこれが最後で、以後見ることはできない。同18年、家康の関東移封と共に、城は廃城になったとされる。

城は、駿府匠宿《たくみしゅく》の西上の尾根先端上に築かれ、東西は大きな谷、南に丸子川を控える要害の地に位置している。逆L字状の尾根筋南西端に本曲輪を置き、堀切や竪堀を東西に巧みに配して直進を防ぎ、横堀を巡らし、二の曲輪、三

1

1 西丸馬出の三日月堀。西側斜面から迫る敵に対し堡塁を設け、前面に三日月堀を配すだけでなく左右に竪堀を結合させている　2 大手口の三日月堀。大手口馬出前面には城内最大の三日月堀を配し敵を待ち受けた　3 大手土橋。三日月堀の最南端部を掘り残し、土塁から続く土橋とした　4 大手口から見た北曲輪。大手口から階段状に曲輪を配し、門や土塁で奥への侵入を阻む構造　5 本曲輪南東虎口。本曲輪の正面口で左右の土塁を割って門を建てたと推定される

の曲輪、北曲輪が一列に連なる弱点を補っている。

三日月堀、曲輪間の堀切、斜面の竪堀が防御を固める

尾根上東端に外曲輪と呼ばれる平坦部があり、現在は稲荷神社が鎮座する。ここを西に進むと、目の前に侵入を阻むように三日月堀が横たわる。ここが東側の虎口・大手馬出になる。最南端に土橋を設け、土橋北側に三日月状の空堀と土塁、南側に竪堀を配し、尾根筋を完全に遮断。馬出内部は東側から北側に逆L字の土塁が巡り、さらに西奥に枡形状の土塁囲みの平坦面が残る。土塁を開口し割った部分に門を築き、虎口空間を重ねることで強固な防備を持つ大手としたのだ。

この奥が北曲輪で、北下に尾根筋を断ち切る巨大な堀切を設けている。東側は土塁で規制し虎口を設け、南側は堀切と竪堀で遮断する。北曲輪と二の曲輪の間に、階段状に配された方形の小曲輪は、北曲輪と二の曲輪の間の虎口空間として機能を果たしていた。

二の曲輪は、西側に土塁が見られる。南側本曲輪との間に設けられた幅約20mの堀切は、西端が土塁状に高まり、東は巨大な竪堀となって崖まで50mほど落ち込んでいる。

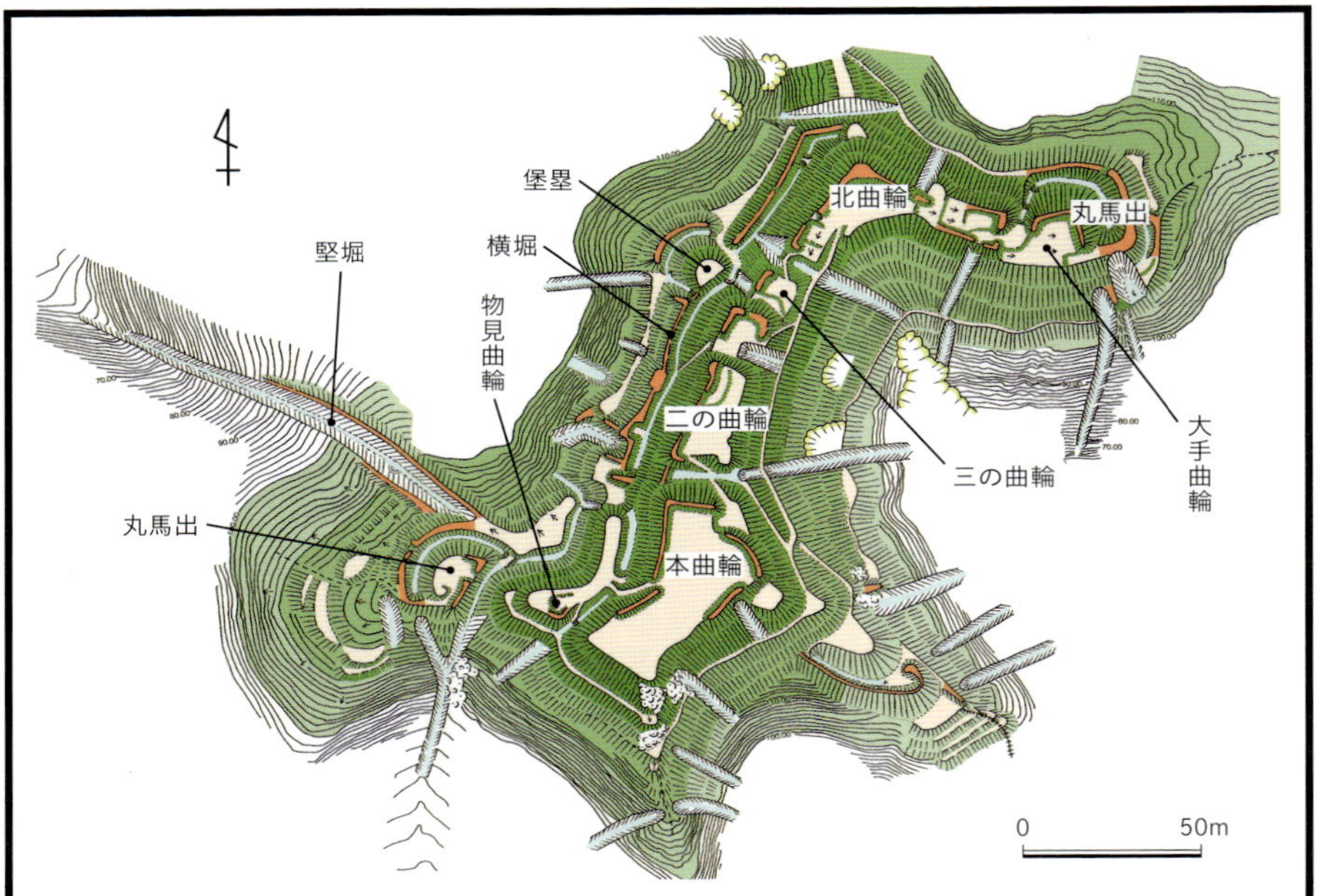

丸子城概念図（作図：中井均）

長大な横堀は全国屈指！ 竪堀、堡塁も圧巻

城内最大規模の本曲輪は、南から南東端を除き、現在も土塁が確認できる。虎口は3カ所で、北東端に二の曲輪から木橋が架けられていた。西側中央部の虎口は一段下の物見曲輪への通路で、土塁を喰い違いさせただけの単純なもので、城内兵の移動のみに使われたと思われる。南虎口もまた単純な平虎口だ。東側と南側の斜面は急傾斜の崖地形で、獣すら駆け上がれない天嶮である。

本曲輪の西側尾根筋には、幅30mほどの半円形を呈す丸馬出と、長さ100mにも及ぶ大竪堀がある。尾根筋を完全に遮断し防備強化が図られ、戦闘正面が想定された造りである。

本曲輪西下から北曲輪西下までの斜面には、総延長約150mにも及ぶ横堀が配された。この横

6本曲輪の内部。虎口のほか櫓台が1カ所残る **7**西丸馬出北東側の竪堀。総延長100mもの竪堀と竪土塁を設け、丸馬出に付設した強固な防備網

堀は遮断線であると同時に、堀底道の機能も備えていた。また防備強化のために横堀中央部に突出するような半円形の堡塁《ほるい》を付設し、その前面に三日月堀と土塁を構えてもいる。この城最大の見所かつ全国的にも稀有な遺構で、これほど強固で厳重な構えをした横堀を他城で見出すことはできない。対豊臣を想定した家康が、駿府移城を機に大改修し、今日見られる強固な構造を完成させ、駿府防衛の一翼としたのである。

（加藤理文）

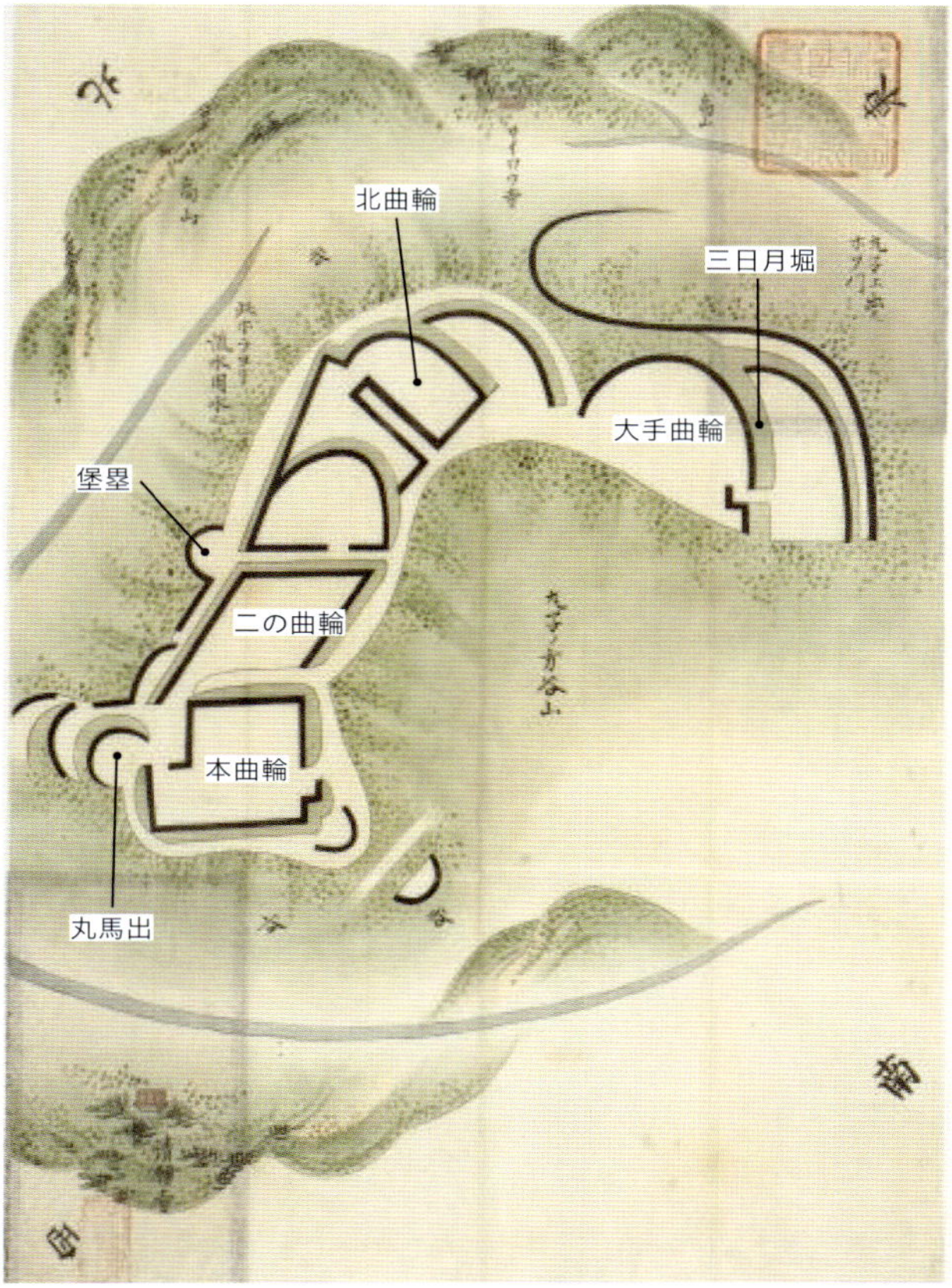

『諸国古城之図』より「駿河 丸子」（広島市立中央図書館所蔵）。曲輪などの配置は概ね正しいが細部は精密さに欠ける。絵図としては不完全だが唯一の資料として貴重

8 北西側斜面に続く横堀は総延長約150m。堀底は射撃陣地としても利用された　**9** 横堀内に付設された方形の小型陣地。2カ所に見られ有事にはここから射撃したと考えられる
10 横堀に付設する堡塁と三日月堀。南西端の丸馬出とセットのように北東側に配置され構造もほぼ同様。死角が無く射撃の拠点になった

城DATA

［所在地］	静岡市駿河区丸子字泉ヶ谷
［築城時期］	15世紀代か
［主な城主］	今川氏、武田氏、徳川氏
［主な遺構］	曲輪、土塁、竪堀、横堀、丸馬出
［標高］	140m
［アクセス］	東名静岡ICから15分。JR静岡駅からバスで30分「吐月峰入口」下車徒歩20分
［駐車場］	なし（駿府匠宿駐車場を使用）

諸大名が注目した武田・北条の対峙。その舞台となった城

横《よこ》山《やま》城《じょう》

静岡市清水区

鑑賞ポイント

❶ 山上の曲輪群と麓の居館跡のセット関係
❷ 今も歩ける切り通しの甲州街道

小城ながらも武田氏の生命線だった城

横山城は、旧東海道の興津《おきつ》川河口付近を起点とする国道52号線（甲州街道）を3㎞ほど北上した地点に位置し、川岸まで延びた谷津山の尾根を断ち切って独立させた小山と、麓の根小屋（居館施設）から構成されていた。往時の甲州街道は、城の脇の切通しを抜けていたので、まさしく甲斐との往還道を押さえる城であり、また東海道の押さえの城であった。

今川氏親の時代、この辺りは今川家の重臣である興津氏の所領で、大永5年（1525）、領主だった興津正信を訪ねた連歌師・柴屋軒宗長《さいおくけんそうちょう》が城の山水庭園を題材に句を作ったことが確認される。しかしこの城が戦国武将たちから注目されたのは、皮肉にも今川家滅亡時であった。永禄11年（1568）12月13日、武田信玄は駿府攻略に成功したものの、北条氏政が送った今川氏真救援部隊によって薩埵《さった》峠以東を押さえられてしまい、武田勢は駿府とその周

横山城跡遠景。中央が城山で手前が興津川。北条軍は手前の山に陣取り、興津川を挟んで対峙した

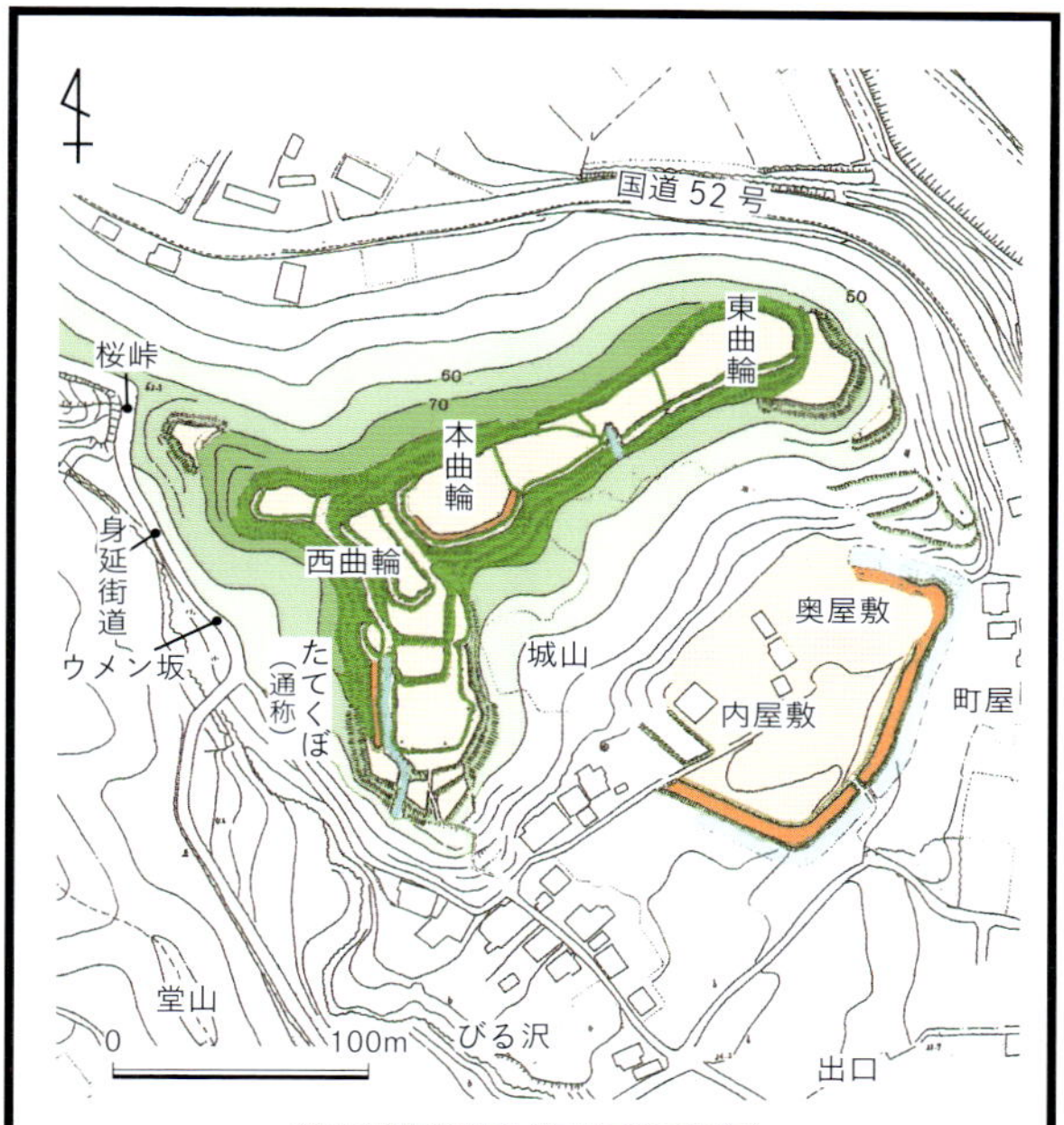

横山城跡概要図（作図：関口宏行）

1 興津川河口付近から望む。中央の小山が城山。「横山城」は今川・武田氏による呼称。北条氏は「興津城」と呼んだ　**2** 城の脇を通る甲州街道　**3** 城址碑が建つ城跡の登り口

城DATA

［所 在 地］ 静岡市清水区谷津字城山
［築城時期］ 不詳
［主な城主］ 興津氏、武田氏
［主な遺構］ 曲輪、土塁、堀切
［標　　高］ 100m
［アクセス］ 東名清水ICから国道1号を東進、国道52号を北上20分。JR興津駅から但沼車庫行きバス「承元寺入口」下車。現在城山は薮化が激しく、登山は困難
［駐 車 場］ なし

辺に封じ込められてしまった。このため信玄は、唯一残された甲斐への退路を確保するために、横山城の改修を急いだ。しかしこれを見下ろすように興津川を隔てた対岸の薩埵山《さったやま》一帯は北条勢によって固められ、武田勢は釘づけにされてしまった。信玄は翌年に辛くも甲府に逃れ、横山城は穴山梅雪が死守した。興津川を挟んでの武田・北条の対峙は、暮れに再び信玄が駿府に進攻するまでの丸一年にも及んだ。やがて武田氏が駿河一国を領有化すると、横山城が表舞台に出ることはなかった。

城跡は農地となってよく保存されているが、現在は放置されて荒廃している。このため城山への登り口付近以外は見学が困難な状況にある。

（前田利久）

江戸中期の大名陣屋の構造が分かる貴重な平山城

小《お》島《じま》陣《じん》屋《や》

静岡市清水区

鑑賞ポイント

❶ 見事な大手の切込ハギの石垣

❷ 現存する貴重な陣屋書院の遺構

江戸中期に築かれた滝脇松平家の陣屋

小島陣屋は東海道興津宿から北へ約3・5㎞、街道から西にやや奥まった標高約60ｍの地点にある。興津川から分かれた別当沢への谷を堀として利用し、小島の町並みを一望できる。平成18年（2006）に国指定史跡に指定された。陣屋とは石高一万石以下の大名の居館を指す。

小島藩は宝永元年（1704）に松平信治がこの地に陣屋を築いたことに始まる。以後、幕末まで藩政を行い、明治元年（1868）の徳川家達駿府移封に伴って上総国桜井へ転封となった。書院が小学校の一部として活用されたが学校移転に伴い移築され、地区集会所や資料館となり、市の指定建造物となっている。

規模は東西約150ｍ、南北約200ｍ。大正時代に記録された『福島氏覚書』によると、大手口から坂を登った所に大手門が描かれており、門を入って西側に御殿が存在していたようだ。御殿の北側から北東にかけては士分の屋敷地が存在し、北東奥には厩や倉庫などがあった。南側や西側の一段下の部分にも士分の屋敷地が広がる。東側の土手下には70間の馬場が存在したようだが、今では住宅が一列に建ち並んでいる。

1 小島陣屋跡全景。中央部が御殿跡　**2** 大手枡形周辺（1・2とも静岡市教育委員会提供）

周囲に石垣を多用した城郭のような造り

最大の特徴は、緩斜面に石垣を多用した3段の曲輪を持ち、総石垣の城郭様の造りであることだ。

曲輪の西から南の縁辺に巡らした石垣の高さは大半が2m以下だが、大手付近の一部では4mに達する所もある。大手に通じる坂道付近や御殿南側は、比較的大きな石を用い、いわゆる切込ハギにより積まれている。表面も丁寧な仕上げであることから、陣屋築造当初の石垣だと考えられる。この他の場所では、比較的大きな石は用いているが、荒加工をした石で斜め積みを多用していることから、安政地震（1854）後の修理で詰まれた部分もあると推測できる。石材は大半が砂岩で、別当沢周辺の沢筋から産出したものと思われる。（山本宏司）

3 大手付近の石垣。石垣は曲輪の各所に見られる　**4** 旧書院の建物。国道 52 号線沿いに移築されている

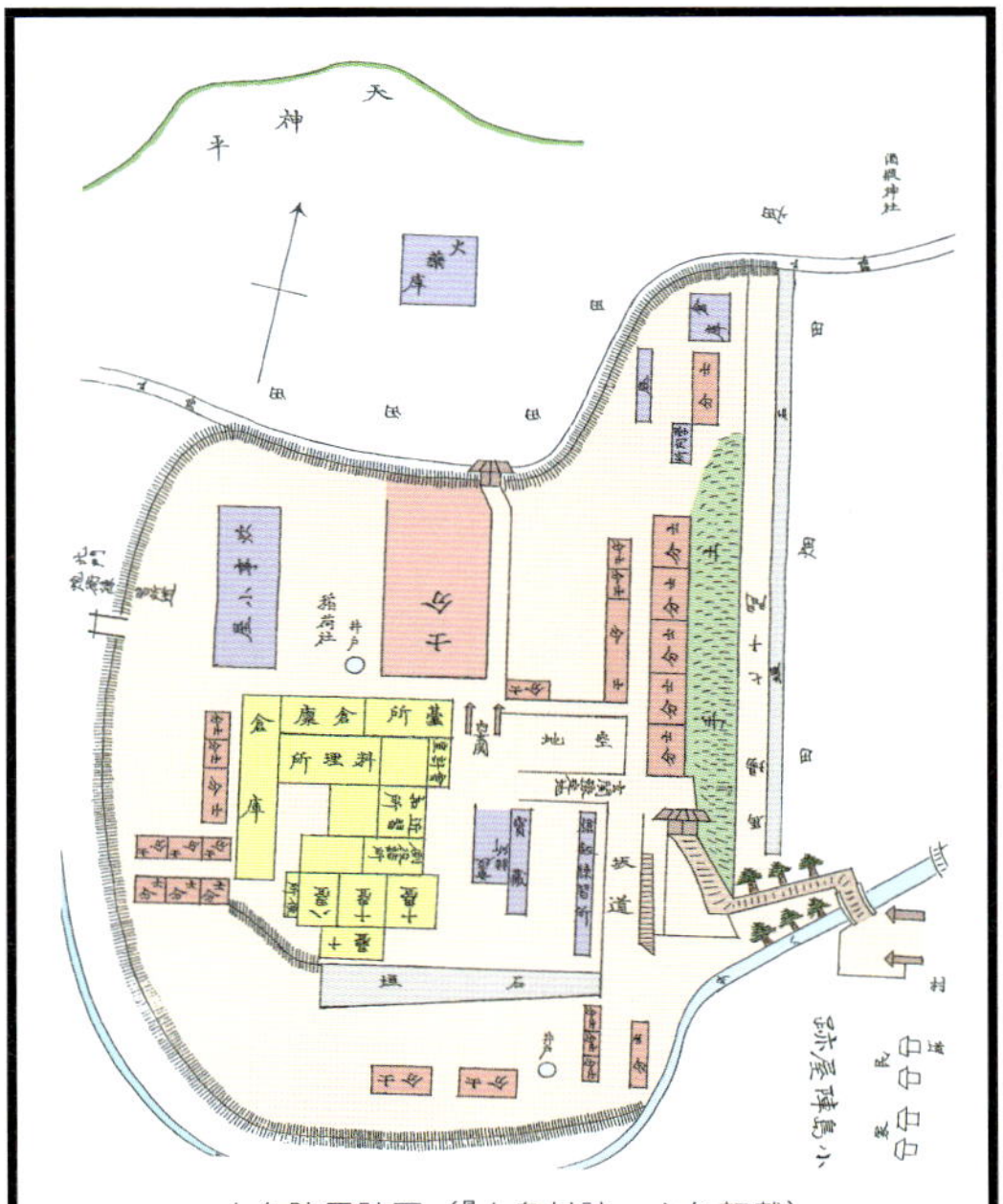

小島陣屋跡図（『小島村誌』より転載）

城DATA

[所在地] 静岡市清水区小島本町字構内
[築城時期] 宝永元年（1704）
[主な城主] 松平氏
[主な遺構] 書院建物（移築）、石垣、石塁、枡形、井戸跡
[標高] 60m
[アクセス] 東名清水 IC から静清バイパス、国道 52 号経由で 12 分。JR 興津駅から三保山の手線バス「栗原」下車徒歩 7 分
[駐車場] なし

今川・北条・武田による激しい攻防戦で知られる城

蒲《かん》原《ばら》城《じょう》

静岡市清水区

鑑賞ポイント

❶ 要衝の城が実感できる、見事な眺望

❷ 岩盤を深く掘り込んで造られた大堀切

武田信玄が「海道一」と称賛 春は桜も見事な絶景の城

駿河国のほぼ中央に位置し、富士川を境に東西の勢力が衝突する場所にあった蒲原城は、海沿いに延びる東海道が真下に見えるため、駿河湾と東海道の両方を押さえる要衝だった。このため戦国時代には、今川・北条・武田の三氏による攻防の舞台となった。

「河東一乱《かとういちらん》」と呼ばれた天文6年（1537）から断続的に続いた今川と北条の富士川以東をめぐる抗争時には、今川方の最前線の城として遠江の武将が配置された。永禄11年（1568）12月の武田信玄による駿河侵攻時には、今川氏真の家臣たちが籠城していたが、そこに北条氏政が派遣した援軍が入って実質的には北条氏の城となった。翌年暮れに信玄は総攻撃を実施、城主の北条氏信をはじめ主立った武将が討ち死にし、城は落城した。この時信玄は、手に入れた蒲原城を「海道一の嶮難の地」「海道第一の地」と絶賛して戦勝を誇った上、しばらく在城

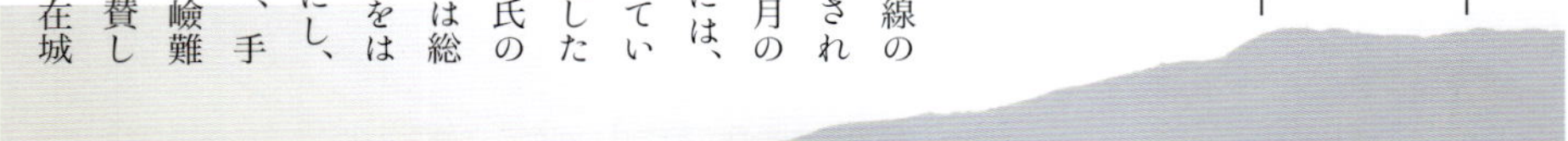

1 本曲輪跡からは駿河湾の絶景と東海道が見える。向こうの山が浜石岳。その先端が東海道の難所・薩埵峠
2 本曲輪から善福寺曲輪を望む。現在、模擬物見櫓が建てられている
3 南側から見た蒲原城の中心部

して北条氏に備えた改修に入った。しかし武田氏が駿河一国を手に入れると、強化すべき境目の城は駿東地域へと移ったため、以後表立った動きのないまま歴史から消えた。蒲原城は支配者が替わる度に改修・拡張が行われたため、城域が広がり多くの曲輪を配する城となった。標高138mほどの最高所に本曲輪、北側の大堀切を隔てて善福寺曲輪（北曲輪）、その北東に大空堀が配置され、南側には階段状に二ノ曲輪、西へ150mの所に三ノ曲輪がある。さらに二ノ曲輪の南側、標高74mの位置に幅20～40mの砦が東海道に沿うように200m続いていたが、東名高速の建設で消滅してしまった。城跡の約650m東側には標高約164mの御殿山があり、山頂は「狼煙場《のろしば》」と呼ばれている。

（前田利久）

4 本曲輪、善福寺曲輪間の大堀切　**5** 本曲輪跡に残る北条新三郎（氏信）を祀る八幡神社の石鳥居と石碑　**6** 善福寺曲輪北側の帯曲輪　**7** 本曲輪南側の切岸

城DATA

［所在地］静岡市清水区蒲原城山
［築城時期］不詳
［主な城主］今川氏、北条氏、武田氏
［主な遺構］曲輪、土塁、空堀、堀切
［標　高］138m
［アクセス］東名富士ICから30分。JR新蒲原駅から徒歩25分
［駐車場］あり（城山配水場の先）

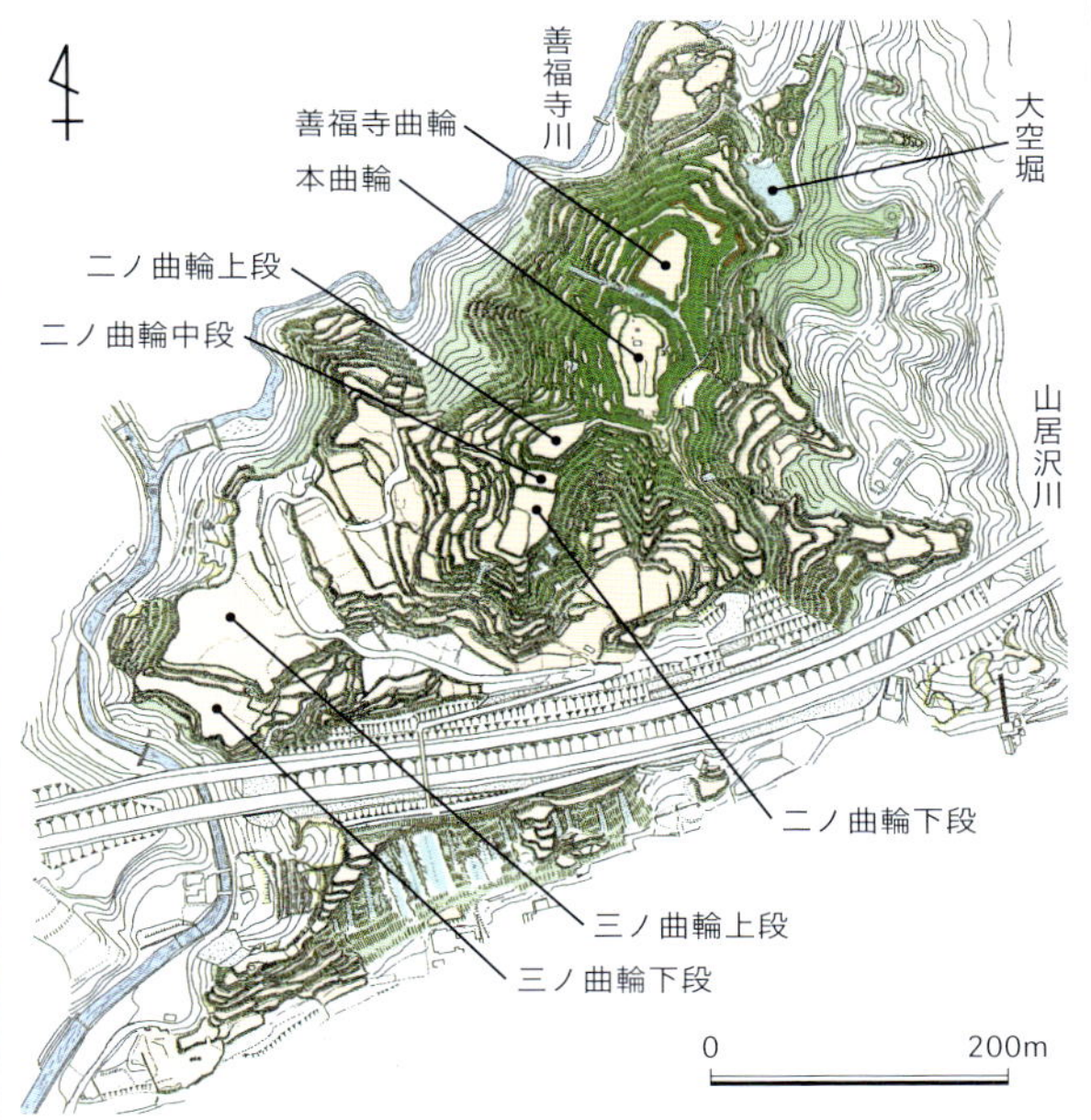

蒲原城跡概要図（作図：関口宏行）

特異な「円郭式縄張」を持った城

田中城《たなかじょう》

藤枝市

鑑賞ポイント

❶ 近世城郭ながら戦国の名残をとどめる堀や土塁

❷ 城ゆかりの施設を集めた「史跡田中城下屋敷」

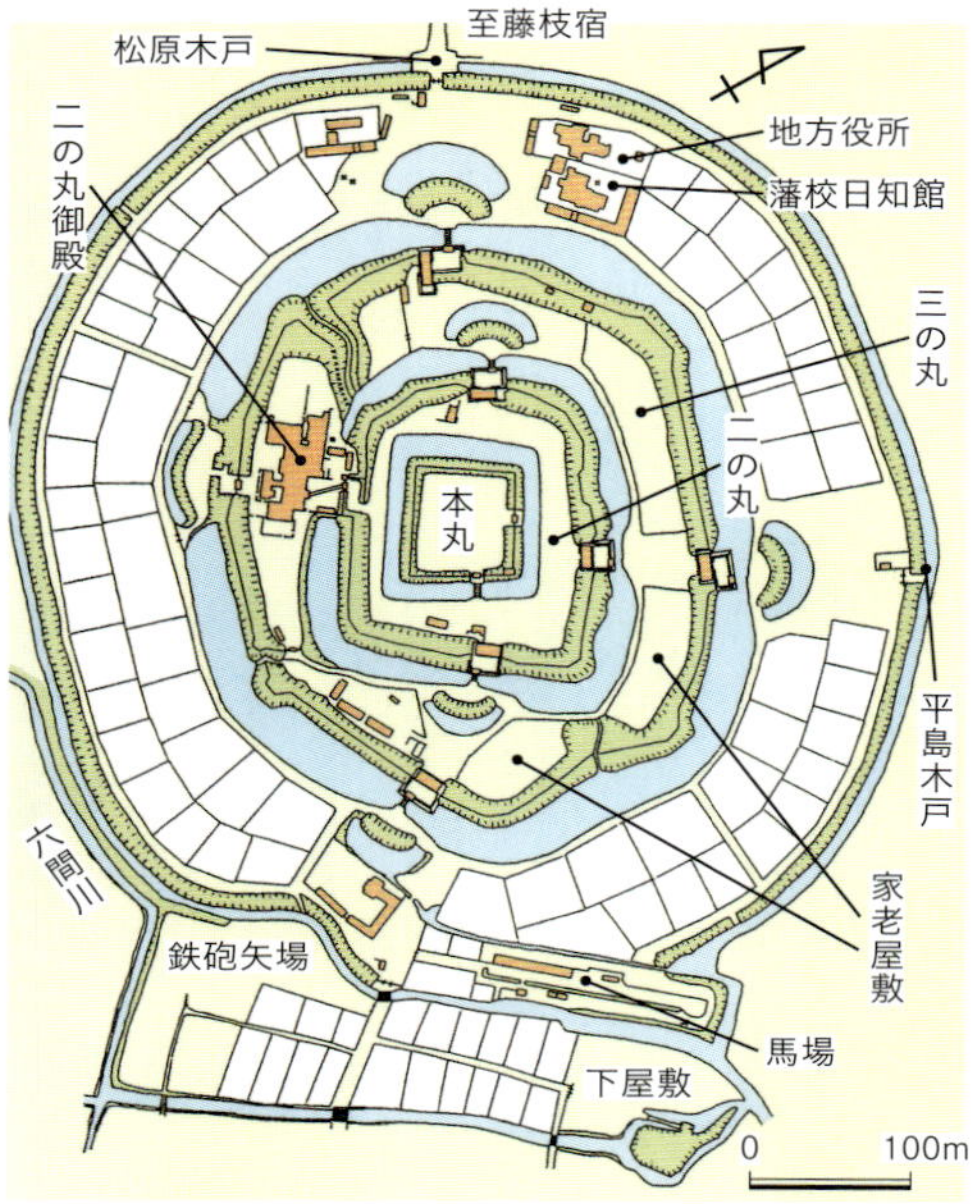

幕末の田中城配置図（作図：前田利久）

武田信玄も「堅固の地」と称賛

田中城は、本丸を中心に四重の堀を同心円状に巡らせた唯一の「円郭式縄張《えんかくしきなわばり》」の城として、また武田氏の城に代表される丸馬出（三日月堀）を城門の外に6カ所も設けた城として知られる。戦国期に築かれた城には珍しい平城だが、これは周囲を湿地帯で囲まれた微高地であることと、六間《ろっけん》川や瀬戸川の水運と豊富な伏流水といった地の利を活かしたからである。

史料上初めて田中城が現れるのは、永禄13年（1570）正月に武田信玄が開城させた時の記述で、当時は「徳一色《とくいっしき》城」と呼ばれていた。信玄はこの城を「元来堅固の地に候」と称え、遠江侵攻の拠点とした。武田氏の城となってから「田中城」と改称され、天正3年（1575）の長篠合戦以後は、徳川家康に対する駿河の防衛拠点となり、武田勝頼の命で改修が行われた。徳川軍による度重なる包囲・攻撃を受けながらもよく持ちこたえたが、同10年、武田氏滅亡の直前に開城した。

同18年の家康関東移封後は、豊臣秀吉の家臣・中村一氏の家老、横田村詮《むらあきら》が入城した。

1 史跡田中城下屋敷。田中城の遺構は住宅地などに散在するので最初にここを訪ねて情報を得よう
2 二の堀。橋の手前に三日月堀、渡った所に大手二の門があった

幕末の田中城推定復元鳥瞰図（作図：前田利久）

家康のために建てられた本丸御殿は、将軍専用施設として「御殿」と呼ばれた。このため藩主の居館は二の丸御殿となり「御館（おやかた）」と呼ばれた。豪華さを誇った本丸御殿だが焼失後は再建されず、本丸はそのまま空き地となった。

「田中御殿」としての栄華

慶長6年（1601）に酒井忠利が入って円形の外曲輪を設け、城の面積は3倍に広がった。同12年に家康が駿府に隠居すると、家康や将軍の宿泊施設「田中御殿」として整備された。その後、駿府藩領や幕領となるが寛永10年（1633）の松平忠重入城後は譜代大名が次々と入れ替わり、享保15年（1730）の本多正矩《まさのり》の入城後は、本多氏4万石の城として存続した。現在、城跡は堀や土塁の一部が点在するだけだが、下屋敷跡に整備された「史跡田中城下屋敷」には、本丸にあった御亭《おちん》など、ゆかりの建物が移築保存されている。

（前田利久）

3 僅かだが土塁とセットで残る三の堀。田中城は基本的に戦国期の城を取り込み近世城郭としたため天守がなく櫓門のある枡形以外は石垣も築かず、土塁を巡らした地味な城だった

城DATA

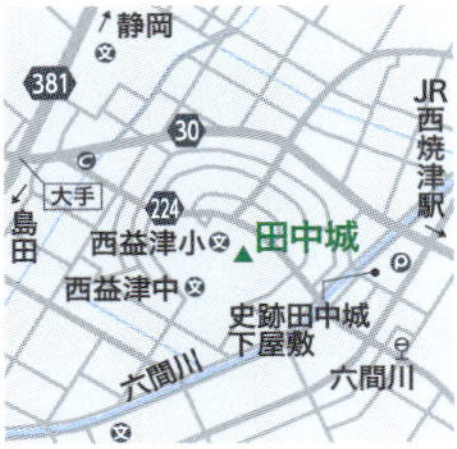

［所在地］藤枝市田中
［築城時期］不詳
［主な城主］今川氏、武田氏、徳川氏、松平氏、本多氏他
［主な遺構］土塁、堀、御亭
［標　高］5m
［アクセス］東名焼津ICから県道81号線平島団地経由10分。JR西焼津駅北口から徒歩20分。五十海大住線清里行きバスで「六間川」下車
［駐車場］あり（史跡田中城下屋敷）

今川家の家督争い「花蔵の乱」の舞台となった城

花倉城《はなぐらじょう》

藤枝市

鑑賞ポイント

❶ 志太平野から駿河湾まで見渡せる立地

❷ 小城ながら曲輪を仕切る大きな二本の堀切

今川氏の歴史を秘めた城

旧藤枝宿から北西へ6・2㎞ほどの葉梨《はなし》地区にある山城である。

城跡から南側の平野部を中心に、東から北側にかけて中世の城下集落を連想させる小字名や寺院が散在し、今川氏の居館跡や家臣の屋敷跡の伝承地が残る。このため、この地域が南北朝期に今川氏が初めて駿河に守護所を置いた場所で、花倉城は今川氏の詰城《つめじろ》として築かれたとされている。

花倉城を最も有名にしたのが、戦国期に起こった今川家の家督争い「花蔵の乱」だ。天文5年（1536）に今川氏輝が急死したことで今川家中は二つに割れた。当時出家していた今川義元と、異母兄の玄広恵探《げんこうえたん》がそれぞれ擁立された。恵探は花倉の遍照光寺《へんじょうこうじ》の僧侶だったため「花蔵殿」と呼ばれていた。武力で解決を図った恵探擁立派だが各地で敗れ、花倉城に拠っていた恵探は背後の瀬戸谷《せとや》に逃れて自刃した。

城跡から志太平野を望む

戦国期の小城郭の姿を残す

花倉城は東に約40m、西に約30m延びた大堀切で仕切られた本曲輪と二の曲輪で構成される。

本曲輪の東側にはこの堀切に沿って竪堀が配され、二の曲輪の南側にはもう一条大きな堀切が延びている。さらに三方に延びる尾根にも堀切が設けられている。南に面した二の曲輪は眺望が利き、志太平野から駿河湾まで一望できる。

近年、藤枝市が行った測量調査によると、花倉城は既存の施設に2度、手を加えた可能性があるという。最後の改修が本曲輪・二の曲輪周辺の堀切と判断されたが、その時期を規模から察すれば、武田勝頼が駿河防衛のために諸将に城の改修を急がせた天正9年（1581）頃が考えられる。

（前田利久）

1 本曲輪と二の曲輪間の堀切
2 本曲輪と二の曲輪間の竪堀
3 南東から見た本曲輪。北端は、一番高くなり物見台跡が推定される　**4** 二の曲輪北東側の土塁。南側を除く三方に土塁の痕跡が残る

城 DATA

［所在地］藤枝市花倉
［築城時期］14世紀後半・戦国時代
［主な城主］今川氏
［主な遺構］曲輪、土塁、堀切
［標高］297m
［アクセス］東名焼津ICから藤枝バイパス薮田西IC経由20分。JR西焼津駅から葉梨線バス「山寺入口」下車徒歩60分
［駐車場］なし

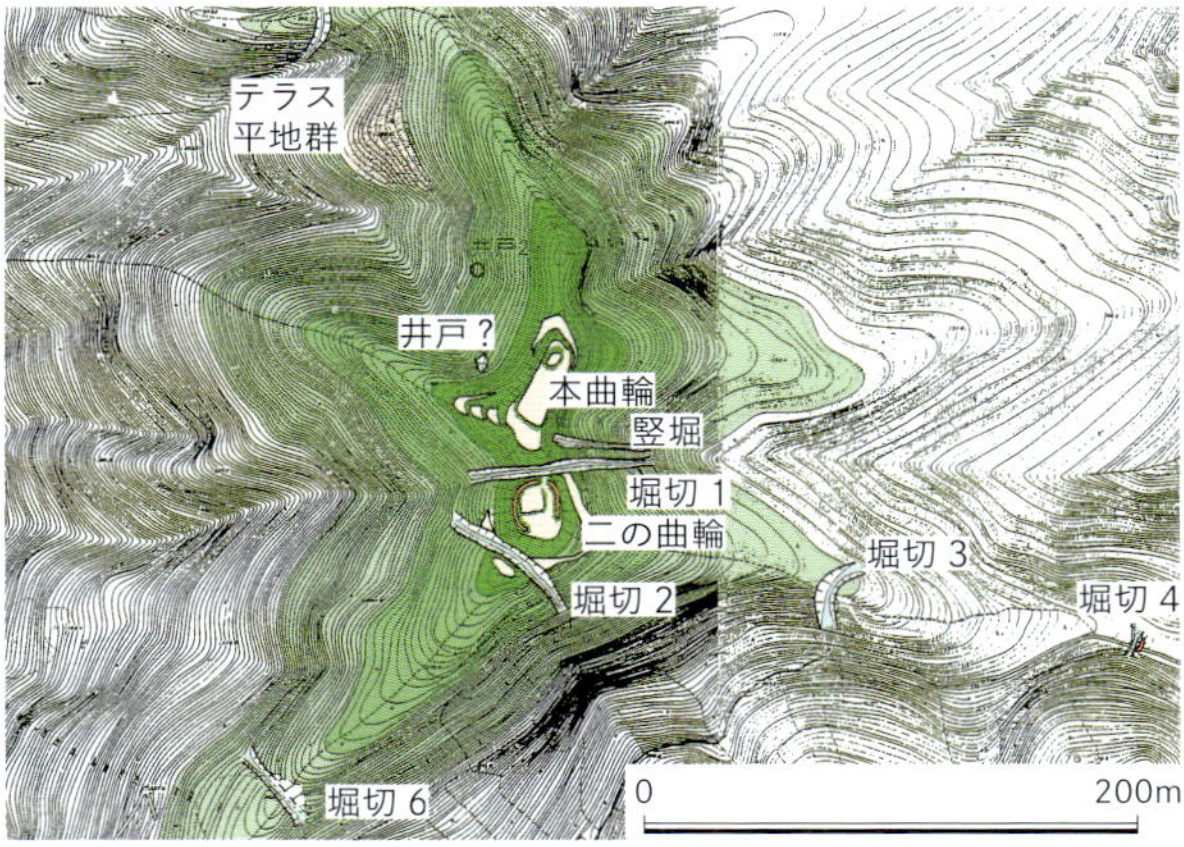

花倉城跡概要図（作図：篠原和大）

巨大な丸馬出で防御を固めた牧之原台地上の城

諏訪原城《すわはらじょう》

島田市

鑑賞ポイント

❶ 二の丸前面に残る5カ所の丸馬出

❷ 曲輪を取り囲む広大な規模の空堀

❸ 本曲輪・二の曲輪に残る巨大な土塁

徳川領遠江攻略の出城として武田軍が築城

天正元年（1573）遠江侵攻をめざす武田勝頼は、前線基地とするため、大井川西岸の牧ノ原台地上に城を築きあげた。築城にあたったのは、武田信玄の重臣で築城の名手といわれた馬場美濃守信房（信春）である。中遠の要衝・高天神城攻略に成功した勝頼は、ここに兵站基地の役割を持たせることになる。天正3年、武田軍は、長篠の戦いで壊滅的敗戦を喫した。すぐさま軍を起こした徳川家康は遠江全域奪還に向け動き出すと、諏訪原城を取り囲み猛攻を仕掛け、遂に開城に追い込んだ。諏訪原城を手中に収めた家康は、直ちに大改修を実施し、駿河侵攻の前線基地としたのである。

駿河国境に接する牧之原台地の舌状台地の先端部に位置し、東側は大井川が形成した河岸段丘によって急峻な崖地形となり、西側は台地平坦部が大きく広がる。城の南直下を東海道が通り、東は金谷坂を下ると大井川の渡河地点

手前が二の曲輪中馬出、左奥に重ね馬出となる二の曲輪北馬出、発掘調査で検出された二の曲輪北馬出の門が平成28年度に復元された

に、西は菊川坂を下ると小夜《さよ》の中山を経由して掛川へと続く。小山城、高天神城へは、南側台地上を進む道が続いている。

巨大な堀と土塁で守りを固めた「後堅固《うしろけんご》の城」

丸馬出《まるうまだし》を多用した武田氏の典型として評価されてきたが、近年の発掘調査の進展により、徳川による大改修によって巨大な堀や丸馬出が設けられたことが確実な状況となっている。城は、大井川を背にする台地先端に二条の巨大な空堀を配し、その内側に本曲輪、外側に二の曲輪を置く「後堅固の城」の典型でもある。本曲輪前面の内堀が、南側へと接続する谷地形を含み長さ約250m、二の曲輪外側の外堀総延長が約400m、堀幅は共に約15〜25m、深さ約7〜8mと圧倒的なスケールの遮断線によって城を守備する。二の曲輪と外側を繋ぐ2ヶ所の土橋前面には、巨大な三日月堀を廻らせた丸馬出を配し、防備強化が図られた。三日月堀は、現状で長さ約100m・幅20m・深さ9mにも

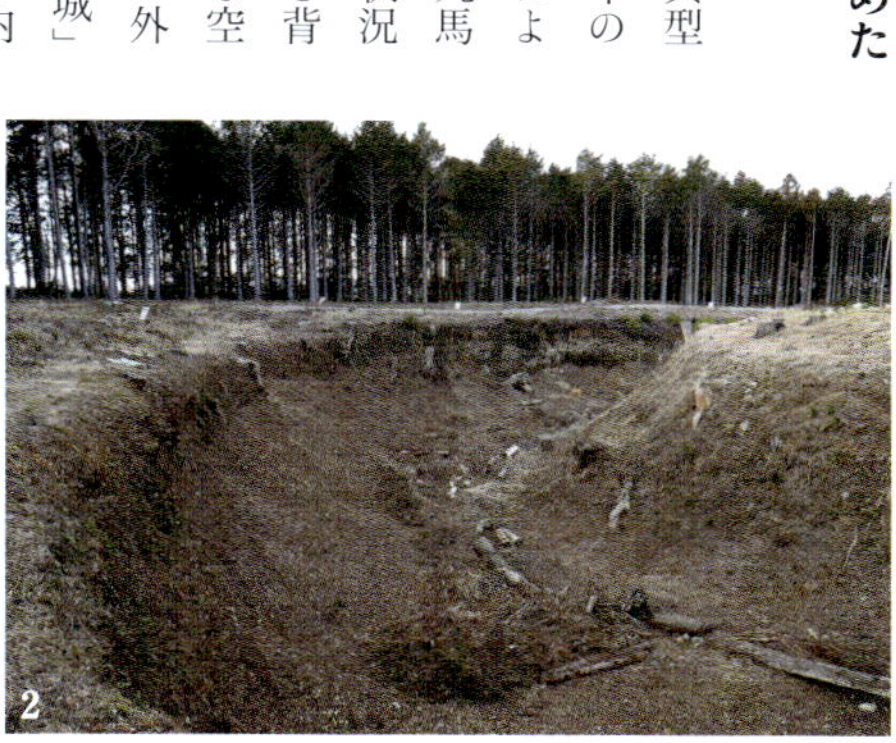

1 二の曲輪大手馬出の三日月堀。幅20m、深さ9mの規模を誇る日本最大級の丸馬出。二の曲輪前面の南北2カ所に同規模の丸馬出を配置。牧之原台地からの侵入に備えた
2 二の曲輪中馬出。大手馬出と同規模で、北馬出と土橋で接続する。樹木が伐採され圧倒的なスケールが実感できる

なる。さらに、北側馬出から細長い土橋が延び、小規模な馬出が設けられている。馬出のより強固な防備を目指した工夫で、重ね馬出と呼ばれる。南側も3ヶ所の小規模な馬出が折り重なり、極めて高い防御構造となる。平坦に広がる台地続きを押さえるために、こうした馬出を多用した防御が工夫されたのであろう。

南側にもコ字状に囲まれた土塁と堀を設け、その前面にも丸馬出が配されていた。茶園と道路によって、一部破壊を受けてはいるが、現状でも空堀が確認される。ここだけ構造が大きく異なるため、後世の付設が確実である。小牧・長久手合戦後の対豊臣に備えた改修の可能性が高く、駿府防備の一環であった。

5二の曲輪東内馬出の三日月堀　6土橋から見た外堀南側。幅約20m、総延長400mにも及ぶ空堀が二の曲輪前面にあった

3 二の曲輪東外馬出三日月堀の断面。深さは土塁上面から10mに及び断面はV字を呈す薬研堀
4 二の曲輪東内馬出を見る。二の曲輪最南端の小型馬出で、二の曲輪との間に堀切が配される。発掘調査で、武田時代の薬研堀を徳川時代に箱堀に改修したことが判明

発掘調査で明らかになった徳川氏による大改修

最東端に位置する本丸は、四方を広大な規模の土塁で取り囲み、西側を除く三方が崖地形となる。西側には巨大な堀切を配し二の丸と区画し、北から東、南まで中腹に横堀を廻らせ、斜面からの侵入を防いでいる。西側に土橋を持つ正面口、南側に斜面を斜めに降りる搦手口が配され、南東隅に物見櫓が推定される。近年の伐採により、本丸からの眺望が開け、眼下を流れる大井川、遠く富士山や駿河湾まで見渡せるようになった。

発掘調査によって、本曲輪と南馬出周辺部のみで2回の整地面が確認され、武田段階の城が小規模な構造であったことが確実視されている。『家忠日記』にあるように徳川段階で大改修が施され、駿河侵攻に備えた前線基地としての体裁が整えられ、名も「牧野城」へと改められた。小規模であった武田段階の城は、拡張工事によって倍を越える堀幅となり、堀を掘った残土は内側に盛られて巨大な土塁となったことで、今ある姿が完成した。特筆されるのは、大手曲輪を含めて四基の礎石城門が検出されたことで、空堀と土塁の

7 周囲を巨大な土塁で囲まれた本曲輪。発掘調査で、二時期の遺構が検出された　**8** 二の曲輪土橋を渡った虎口で確認された礎石城門

9 大手北外堀。内側に土塁を伴う
10 整備された外堀の北側。右が二の曲輪、左が二の曲輪北馬出、復元された薬医門形式の城門が見える

大規模化と共に虎口強化が図られたことが明白である。さらに二の曲輪前面に巨大な2ヶ所の馬出が付設され、台地上からの攻撃に十分対応できる規模と構造になった。さらに小牧長久手合戦後、豊臣軍東進の事態に備え、再び改修工事が実施された。西側に大手曲輪を付設し、さらなる防備強化が図られたのである。

史跡整備事業は今も継続実施中である。諏訪原城最大の見どころである国内最大規模の三日月堀を前面に配した丸馬出と空堀が、樹木伐採により往時の姿を取り戻し、見る者を圧倒する。本丸を囲む横堀も見事な姿を現し、強固な防備の一端が垣間見られるようになった。二の曲輪北馬出城門も復元され、その脇には模式的な土塀も造られた。ガイダンス施設では、城の歴史や構造が模型やパネルにより分かりやすく展示・案内されている。（加藤理文）

知っ得 おも城 豆知識

城内に神社を勧進した武田勝頼

6年に1度（7年目に1度）催される御柱祭で著名な諏訪大社の大祝を務めて来たのが諏訪氏で、勝頼の母の家系に当たる。諏訪郡を支配下に治めた武田信玄も、厚く諏訪大社を崇敬し、上社・下社の祭祀の再興を図ると共に、「南無諏訪南宮法性上下大明神」の旗印を先頭に諏訪法性兜をかぶって出陣したと伝えられる。こうした関係から、勝頼が城内に諏訪神社を勧進、城の名も諏訪の原城と呼ばれることになったという。

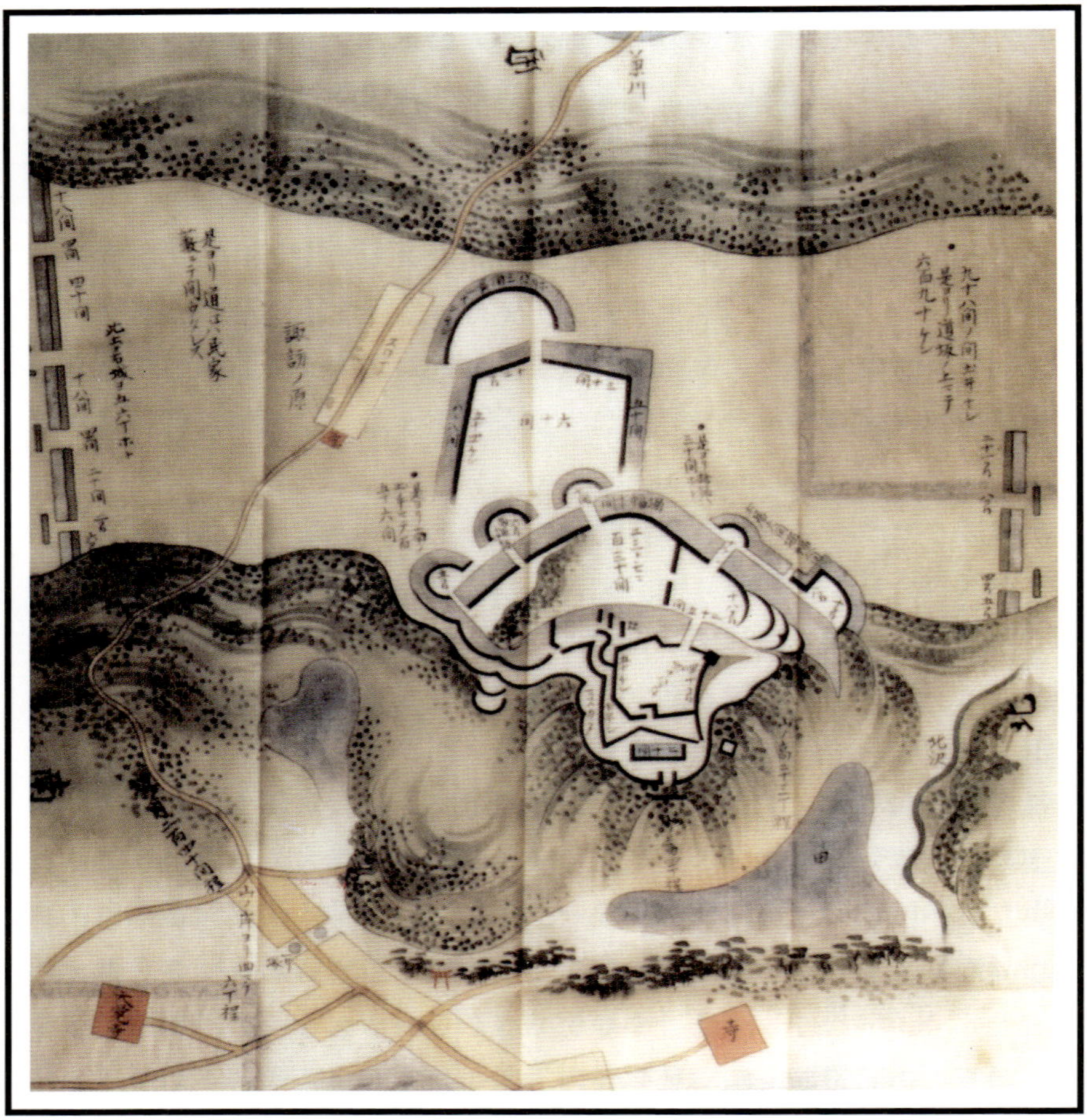

『諸国古城之図』より「遠江 諏訪原」(広島市立中央図書館所蔵)。城からはるか離れた南北に、敵の侵入を阻む堀と土塁で構築された直線の2条の防御施設がある。北側は東から台地中ほどで止まっているが、南側は完全に台地上を横断する強固な構造。南北からの侵入を防ぐ前線の遮断施設と考えられる

11 最前線の二の曲輪。前面に幅約20mの巨大な土塁を有している　**12** 復元された二の曲輪北馬出の薬医門と接続する転落防止施設としての仮土塀

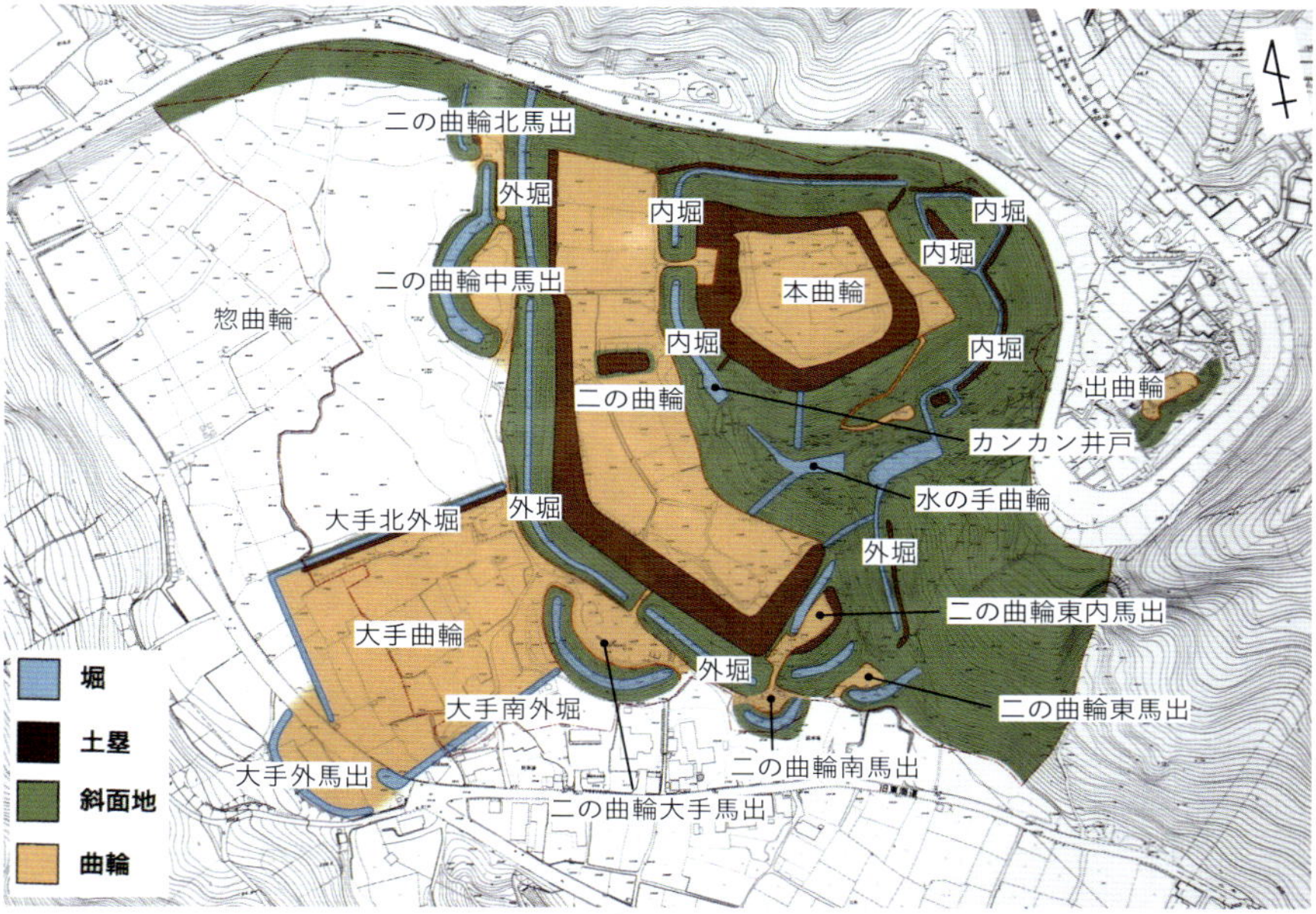

諏訪原城概念図（島田市教育委員会提供）

城DATA

［所在地］ 島田市菊川
［築城時期］ 天正元年（1573）
［主な城主］ 武田氏、徳川氏
［主な遺構］ 曲輪、空堀、土塁、丸馬出、井戸
［標高］ 220m
［アクセス］ ＪＲ金谷駅から徒歩約30分
［駐車場］ あり（2カ所）

13 本曲輪北下の横堀　**14** 二の曲輪南馬出の三日月堀

寄り道スポット

見る

大井川川越遺跡《おおいがわかわごしいせき》

江戸時代に「越すに越されぬ大井川」を渡るために設けられた料金所（川会所）や人足の待合所（番宿）などを一部再現。国指定史跡で島田市博物館に隣接する。

住：島田市河原1-5-50
☎：0547-37-1000（島田市博物館）

見る

旧東海道菊川坂石畳《きくがわざかいしだたみ》

発掘調査で江戸後期のものと確認された県指定文化財。近隣12カ村に割り当てられた助郷役の住民が敷設。一部破損はあるが長さ161m、最大幅4.3mが現存する。

住：島田市菊川1748-17地先
☎：0547-46-3446（島田市文化財係）

三重の堀で固めた武田氏の遠江攻略の前線基地

小山城《こやまじょう》

榛原郡吉田町

鑑賞ポイント

❶ 西側台地続きを遮断する巨大な三重の三日月堀

❷ 本曲輪西側に復元された堀と丸馬出

武田氏の拠点として本格的に築城

牧ノ原台地の南東端から大井川下流の沖積平野に張り出した舌状丘陵の末端を利用して築かれた城である。大井川の渡河点と海岸沿いの街道が交錯する交通の要衝だったための築城で、戦略的な拠点とすることが目的であった。後世流路は変わっているが、往時は城下北東側に大井川が流れていたとされ、この方面の堀として機能していたと見られる。

創築年代は明らかではないが、当初は砦程度の規模だったと推定。元亀2年（1571）に武田方の城となって以降、本格的な築城がなされたと考えられる。天正2年（1574）、武田勝頼は徳川方が守る東遠江の要衝・高天神城を攻略するが、翌年の長篠の合戦で武田軍が織田・徳川連合軍に敗れると、武田・徳川の遠江を巡る攻防は激化の一途を辿る。小山城は東遠江を押さえるための武田方の橋頭保だった。だが、天正9年（1581）に徳川軍の攻勢で高天神城が落城すると、遠江における武田方勢力は一掃され、翌天正10年には小山城も開城し、以後廃城になったと考えられる。

広大な曲輪を持つ拠点的城郭

小山城は広く取られた曲輪形状から、武田氏の物資や兵員の拠点だったことが遺構から窺える。丘陵の先端を利用した城域は先端部に本曲輪、堀によって区画された南西側に二の曲輪が置かれる。本曲輪は広大で、かつては土塁が周囲を巡っていたと考えられるが、現状では南側に一部残るのみである。南側下段には腰曲輪があり、南東側山麓の曲輪であった能満寺境内からの登城路となっていた。本曲輪と二の曲輪間の堀は馬出と

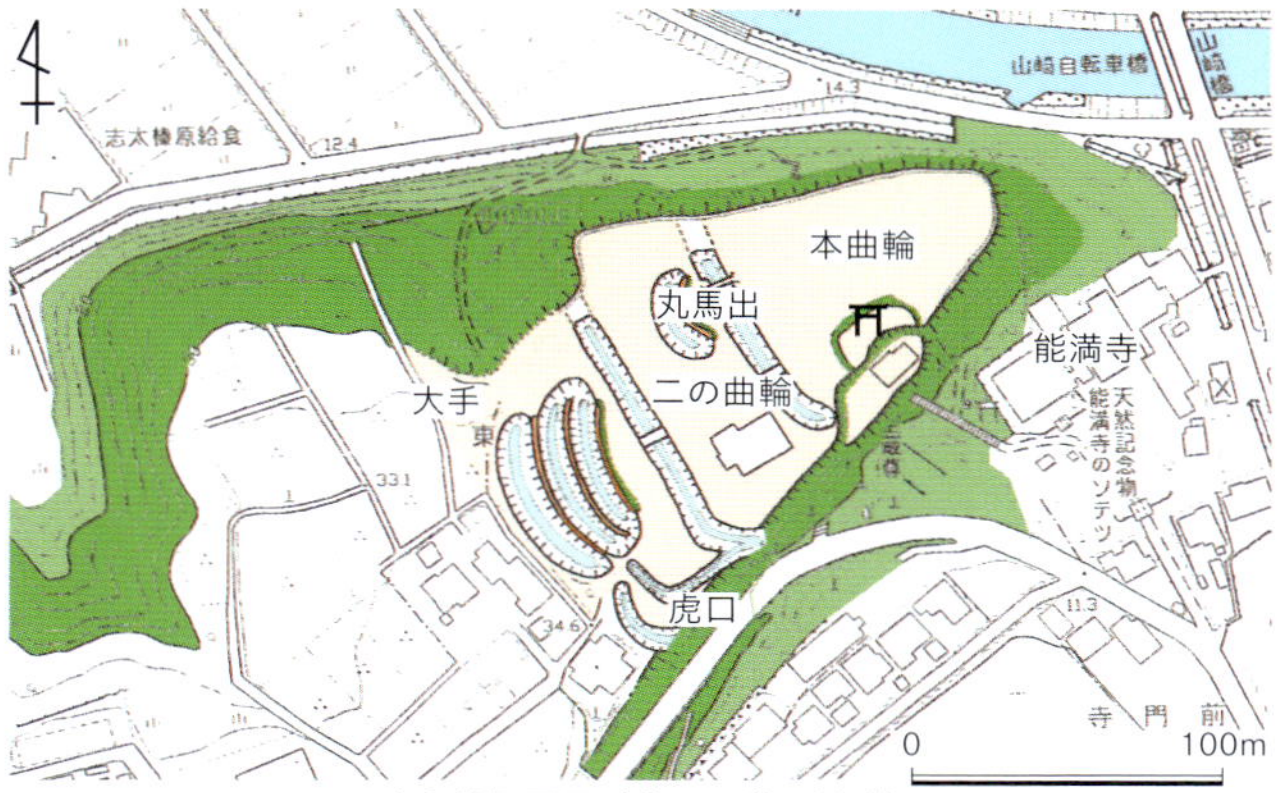

小山城概要図（作図：溝口彰啓）

1

2

1 模擬天守「展望台小山城」と復元された堀、馬出。実際の建物跡は不明である　2 本曲輪。丘陵先端にあり広大な本部　3 模擬大手門
4 二の曲輪西側の三重堀は城内最大の見どころ。他に類を見ない遺構

ともに発掘調査結果や絵図等を参考に、現在は復元されている。二の曲輪は南北に細長く、南側に模擬天守が建つ。尾根続きとなる二の曲輪の西側には三重の三日月堀が設けられ、北から伸びる堀との間には大手虎口があったとされるが、崩落によって旧状を留めていない。三重堀の南側はL字状の堀を重ねて馬出状とし、城の南側腰曲輪に接続していた可能性がある。（溝口彰啓）

城 DATA

[所在地]	榛原郡吉田町片岡
[築城時期]	元亀2年（1571）
[主な城主]	武田氏、大熊氏
[主な遺構]	曲輪、三重堀
[標高]	30m
[アクセス]	東名吉田ICから5分。能満寺裏登城口を登る。JR島田駅から静波海岸行きバスで「吉田高校前」下車徒歩5分
[駐車場]	あり

4

3

二つの異なる構造をもった戦国前期の城

勝《かつ》間《ま》田《た》城《じょう》

牧之原市

鑑賞ポイント

❶ 一城別郭、大堀切で分けられる縄張構造の違い

❷ 調査に基づく建物跡・水場遺構等の平面表示

鎌倉御家人の流れを汲む勝間田氏の居城

遠江を代表する中世武士、勝間田氏によって15世紀中頃に築かれた山城だ。勝間田氏は現在の牧之原市勝間田を本拠としながら、鎌倉・室町時代を通じて幕府中枢でも活躍。戦国時代には国人領主として在地支配を強化していった。15世紀後半、遠江守護の斯波氏と今川氏の対立が激化する中、横地氏とともに今川氏に対抗したが、文明8年（1476）、今川氏の猛攻に屈し、横地城とともに落城した記録が残る。

1 東側から二の曲輪を望む　**2** かなり広さがある三の曲輪に残る建物跡。発掘調査に基づき復元された土塁の大きさには目を見張る

戦国前期（文明8年）に廃城、戦国後期に改修されたのか？

牧之原台地から北東に延びた丘陵上にあり、丘陵南西端の最高所に本曲輪、大堀切、二の曲輪・三の曲輪などを構える。本曲輪には厚く堅固な土塁が巡り、本曲輪から派生した尾根上には、小規模な曲輪と複数の堀切による厳重な遮断線が設けられている。

本曲輪群の北東には城域を分断する幅約10mの大堀切があり、二の曲輪と三の曲輪が配置される。二の曲輪は土塁に囲まれ、西と北に虎口をもつ。広大な三の曲輪には、北側に巡る横堀と、さらに北東尾根上の二重堀切による重厚な防衛線が設けられている。

大堀切を境に小規模な曲輪からなる本曲輪群と、広い曲輪と横堀・二重堀切に堅守された二の曲輪・三の曲輪に分けられ、その構造の差異から「一城別郭」にも見える。

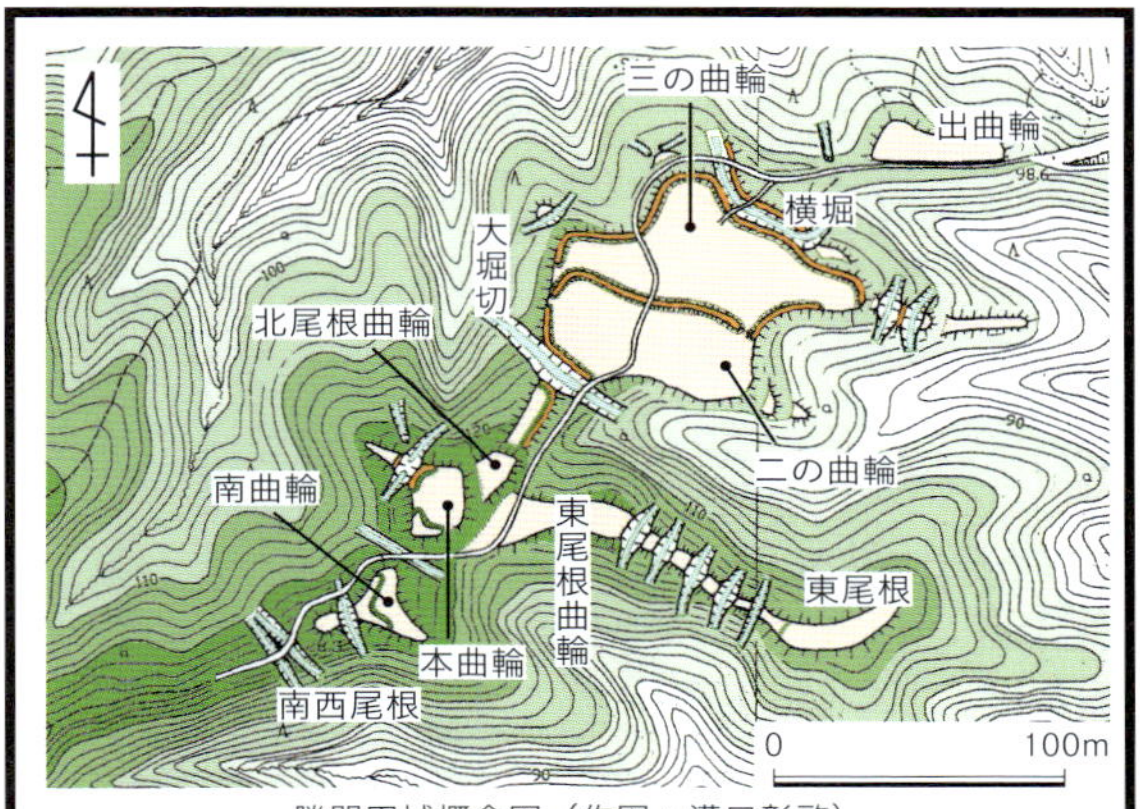

勝間田城概念図（作図：溝口彰啓）

3 二の曲輪から見た東尾根曲輪。本曲輪の東側にある出丸　**4** 北側から見た南曲輪　**5** 本曲輪群と二・三の曲輪を分断する幅10mにも及ぶ大堀切　**6** 二の曲輪、復元された北側土塁と建物跡

城DATA

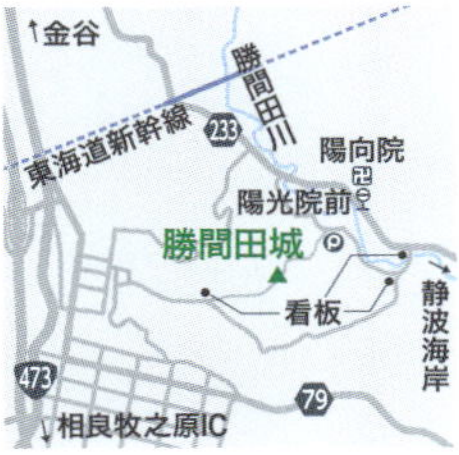

［所在地］牧之原市勝田
［築城時期］室町時代
［主な城主］勝間田氏
［主な遺構］曲輪、土塁、堀切、空堀、建物跡（平面復元）
［標高］130m
［アクセス］東名相良牧之原ICから15分。JR金谷駅から静波海岸行きバス「陽光院前」下車徒歩20分。麓の駐車場から農道を通って登城する
［駐車場］あり

本曲輪群は室町から南北朝期、二の曲輪・三の曲輪は戦国後期の改修によるものとされる。ところが発掘調査の結果、造営期間は15世紀中頃から後半に位置付けられ、史料に表れた廃城時期とも一致する。一方、縄張構造からは、廃城後に改修された可能性も否定できず、賛否が分かれる。

　二の曲輪・三の曲輪は、発掘調査に基づき土塁を復元。建物跡などが平面表示されるなど史跡公園として整備され、居住空間を持った山城の構造がよく理解できる。本曲輪周辺は未整備ながら、小規模な曲輪と狭い尾根上に堀切を駆使した室町から南北朝期の戦国前期の山城の構造がよく残っているので、両時代の比較も楽しめる。

（戸塚和美）

山間ルートの要衝を押さえる重ね馬出を有した堅城

小《こ》長《なが》谷《や》城《じょう》

榛原郡川根本町

鑑賞ポイント

❶ 重ね馬出と堀で防備された城域東側の遺構

❷ 曲輪の周囲を巡る大規模な堀と土塁

武田氏・徳川氏の攻防の中で完成した城

城は蛇行する大井川東岸の河岸段丘の先端に位置する。周辺は駿府に至る川根街道、またそこから北遠地域や甲斐方面へとつながる山間の街道が通じており、山間の交通の要衝を押さえる目的で築かれたことが分かる。

小長谷城（別名・小長井城）は、戦国期には城内にあった徳谷天王社《とくたにてんのうしゃ》に由来して、天王山城と呼ばれていたという。今川氏の家臣だった小長井氏が築いたとも言われるが、定かではない。

永禄11年（1568）、武田信玄は今川氏真を駿府より追い、翌年には駿河全域を手中に収めた。駿河から北遠、甲斐へとつながる街道を押さえるため、武田氏方の城として機能したと考えられ、駿河先方衆だった三浦氏が在番したとも言われる。信玄没後、武田家を継いだ勝頼は、徳川家康の支配下にあった東遠江の堅城・高天神城を落とすなど、遠江での勢力拡大にまい進するが、天正3

本曲輪南西虎口前面の丸馬出。南虎口に角馬出を重ねる。

年（1575）の長篠合戦で織田・徳川軍に敗れると、その勢いは衰えを見せ始める。天正9年（1581）家康が高天神城を奪還すると、遠江から武田氏の勢力は一掃され、勝頼は駿河への撤退を余儀なくされる。

このため、駿遠国境の防備が必要になったことから、小長谷城、小山城、田中城などが防衛ラインとして改修されたことが、この時期の書状などからもうかがえる。翌天正10年（1582）に武田氏が駿河から撤退すると、小長谷城は家康が支配することとなるが、その後の記録は乏しく、廃城年代は不明である。

1 本曲輪北東側土塁　**2** 本曲輪北西隅の土塁が張出し、西側本丸虎口に対する横矢掛りとなっていた　**3** 本曲輪東二重堀外側堀。本曲輪東側土塁の背後を防備する　**4** 本曲輪東二重堀内側。南側の馬出と連携することで敵に備えた

重ね馬出と大規模な堀にみる高い築城技術

城の北側から西側にかけては河岸段丘崖、南側には沢が入り込む三方を要害で囲まれた地形にあり、一辺が約80ｍの方形の本曲輪と学校建設等で失われた北側の二の曲輪で構成されていた。

本曲輪は東端に鎮座する徳谷神社から西側に向かって3段に区画される。本曲輪の周囲と各段は土塁を伴い、西側の南北隅は張り出しとなり、横矢を掛けていた。本曲輪下段西側正面は、一部が参道によって失われているが、L字状の土塁を延ばして内枡形虎口を設け、また各段の南端にも土塁を屈曲させた虎口が防備を固める。本曲輪の周囲は沢側となる南を除いて、幅10～15ｍの堀で囲まれている。今は道路になっている本曲輪北側もかつては堀で、二の曲輪との境をなしていた。本曲輪東側

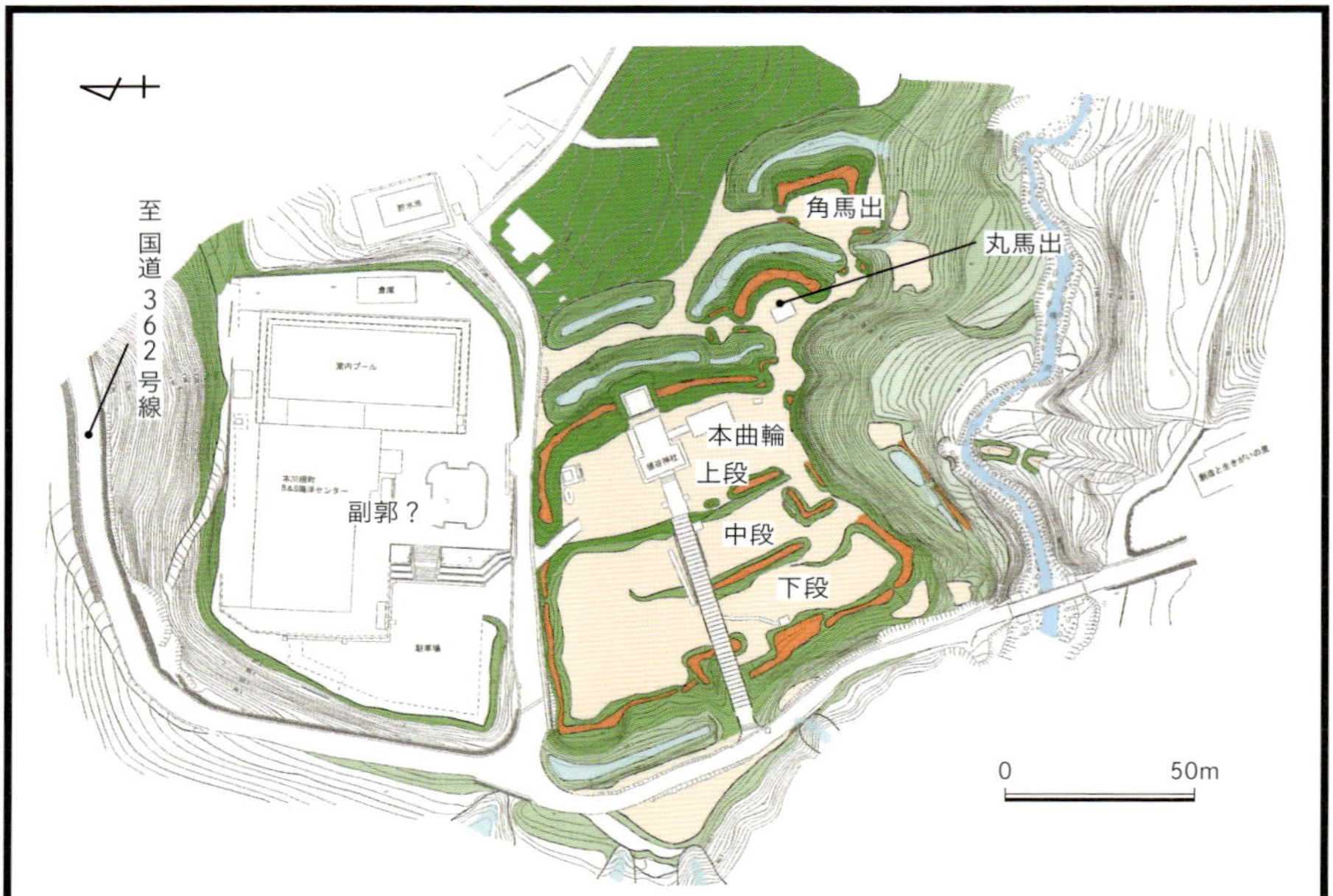

小長谷城地形図（『小長谷城址』より）

は段丘上段へと緩斜面が続く箇所で、城の要所であったため、本曲輪の南東隅に枡形虎口を設け、その前面に丸馬出を配する。丸馬出両端には小規模な外枡形虎口とともに、南側虎口にはさらに角馬出が付属する重ね馬出となっている。本曲輪北側の直線的な堀が重ねられた二重堀との相乗効果で、重ね馬出付近に集中する敵を連携して防ぐ効果を狙ったものと考えられる。虎口構造や重ね馬出、大規模な堀などで構成される城の構造は、天正10年までに武田氏が構築したものと考えられるが、規模こそ異なるが同様の構造を持つ諏訪原城の近年の調査状況から、徳川の手が入っていることも視野に入れるべきであろう。

（溝口彰啓）

城DATA

[所在地] 榛原郡川根本町東藤川
[築城時期] 戦国時代
[主な城主] 小長井氏、三浦氏
[主な遺構] 曲輪、土塁、堀、枡形虎口、馬出
[標高] 310m
[アクセス] 静岡方面からの場合は国道362号、島田市街からは県道64号、国道473号で80分。大井川鐵道千頭駅から徒歩30分
[駐車場] なし

7 角馬出。丸馬出の南側虎口に重ねられた　**8** 本曲輪下段西側枡形虎口

賤《しず》機《はた》山《やま》城《じょう》

静清平野が見渡せる、浅間山に築かれた城

静岡市葵区

1 西側から見た賤機山城　2 南側の堀切　3 本曲輪。周囲に土塁が存在する

駿府今川館背後の南北に広がる山城

静岡平野に突き出た浅間山の高所にあり、安倍川流域、静岡平野から駿河湾一帯を望める好適立地にある。創築年代は不明で、今川館の詰城との考えから今川範政《のりまさ》入府時が通説だが、それ以前の今川氏初代範国が建武年間に南北朝安倍城に対する押さえとして築かれた可能性や本格的な築城は今川氏親《うじちか》以後など諸説がある。

縄張りは高所に本曲輪を、その南北の尾根に曲輪を構えている。堀切は北側に1条、南側に2条、西側に1条確認でき、竪堀も3条ほど現存する。本曲輪には櫓台も存在し、北側には三方を土塁で囲んだ枡形も確認されている。

西の籠鼻《かごはな》砦は西支尾根末端部にあって、本城へ続く尾根の間は最大最深の堀切で切断しており、西側防衛の意図が見える構造だ。また東側の尾根上にも曲輪が確認されている。

遺構はすべて今川氏の本城であった時期の城郭遺構とされていたが、二ノ丸外側の大堀切と籠鼻砦の大堀切の規模、堀際の小曲輪の構え方などから、今川氏の築城より発達した構築法であり、武田氏による改修も指摘されている。

（山本宏司）

城DATA

［所在地］静岡市葵区大岩、籠上、昭府町
［築城時期］14世紀
［主な城主］今川氏
［主な遺構］曲輪、土塁、堀切
［標高］173m
［アクセス］東名静岡ICから30分。JR静岡駅から唐瀬営業所行きバスで「赤鳥居」下車。浅間神社石段を登り、ハイキングコース40分
［駐車場］なし

用《もち》宗《むね》城《じょう》

駿府の西の要・日本坂越えを守る重要拠点

静岡市駿河区

1 東側からの遠景　2 南北曲輪間の堀切　3 北側の曲輪

天然の良港を抱えた海に面した城

静岡市の西南、石部山先端部の駿河湾に面する標高約75mの山上に立地し、駿河湾や静岡平野が一望できる。持舟城とも言われ、築城年代は不明だが、静岡市西部の大崩道及び日本坂峠を押さえ、駿府防衛の重要な地点であることから、今川氏入府後に築城されたと考えられる。この地は、今川氏時代には日本坂峠を越えてくる人々にとって関所的役割を果たしたことが指摘されている。江戸時代の古絵図には、前面が海に接し、現用宗港付近は深い入江で天然の良港とされている。

遺構は大きく分けると北側と南側の2つの曲輪でしかない。北曲輪は南北25m、東西45mの広さで、南曲輪は、現在はミカン畑だが北曲輪より高く、階段上に曲輪を配置している。この2つの曲輪間を遮断する堀切は当城最大で、底部分に井戸と言われる素掘りの縦穴遺構が存在する。南側の大雲寺付近が「倉ヤシキ」と言われ、城の関係施設が存在したと伝えられる。JR用宗駅構内付近が水軍の舟溜りだったとの説もある。

（山本宏司）

城DATA

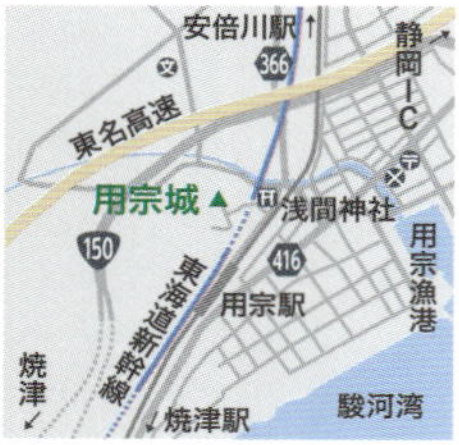

［所在地］静岡市駿河区用宗字城山
［築城時期］14世紀頃
［主な城主］関口氏、一宮氏、三浦氏、向井氏、朝比奈氏
［主な遺構］曲輪、堀切、井戸跡
［標高］75m
［アクセス］東名静岡ICから10分。JR用宗駅から徒歩10分で浅間神社横の農道登り口。ここから徒歩10分
［駐車場］なし

北朝今川氏に対抗した、南朝方の重要拠点

安倍城《あべじょう》

静岡市葵区

本城を中心に、尾根上に支城を配した南北朝の城跡

静岡市北西部の安倍川と藁科《わらしな》川に挟まれた、標高約435mの山上にあった安倍本城を中心に、周辺へと延びる尾根上に久住《くずみ》、千代《せんだい》、羽鳥《はとり》、西ヶ谷大代、内牧《うちまき》、水見色《みずみいろ》の支城を配した広大な城砦群だったと考えられている。創築年代は不明だが、南朝方の拠点になっていたと伝えられ、狩野介貞永の築城と言われている。狩野氏の本城については諸説あるが、尾根筋の拠点を移動しつつ、相手方に対応したものと考えられる。

城は北東から南西に走る尾根上に存在する、標高約430mの高所に約35m×約15~20m規模の主曲輪が存在し、一段下に二の丸と呼ばれる曲輪が存在する。現在は南側の尾根に1条、北側に2条の堀切が辛うじて確認できるが、昭和初期の沼館愛三氏の調査では、さらに2条の堀切が確認されたようだ。南西側の中腹尾根上には久住砦が存在している。

南北朝期の一般的な城の構造を考えると、堀切などの施設は考えにくいため、これらの堀切は後世の改修で築造された可能性が強い。だが、その時期を特定することは難しい。

（山本宏司）

1 賤機山城から安倍城を望む。南西側の峰には久住砦がある

2 本曲輪南下の土塁。わずかな高まりが残る

3 本曲輪。眼下に静岡市街が一望される

城 DATA

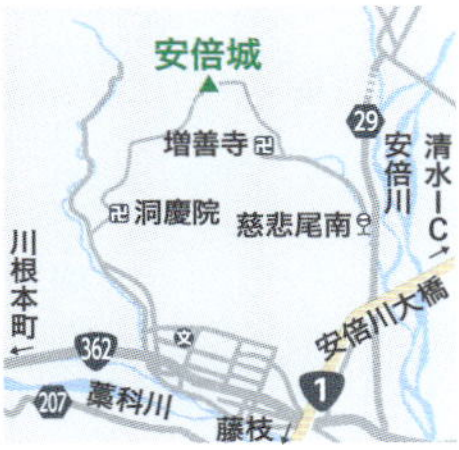

[所在地] 静岡市葵区内牧城山
[築城時期] 南北朝～室町時代
[主な城主] 狩野氏
[主な遺構] 堀切
[標高] 435m
[アクセス] 静清バイパス（国1）羽鳥ICから国道362号（藁科街道）へ。静鉄新静岡駅からバス藁科線「羽鳥」下車（または千代慈悲尾線「慈悲尾南」下車）後、いずれも徒歩105分
[駐車場] なし

崖に囲まれた駿河第一の天然の要害

久《く》能《のう》城《じょう》

静岡市駿河区

1 日本平から望んだ久能城遠景　**2** 伝勘介井戸　**3** 久能山東照宮一ノ門

中世山岳寺院を再利用し築かれた武田氏の城

静岡平野南側の有度山《うどやま》と呼ばれる丘陵の、海側先端部分に立地し、久能山城《くのうざんじょう》とも呼ばれる。周囲を垂直に近い崖面で囲まれた天然の要害だ。

現在は、中心部分に徳川家康公の廟所として久能山東照宮の建物群や博物館があるため、城としての遺構を確認できない。東照宮の西側斜面には、削平された平場が7段確認されるが、谷筋に築かれており久能城以前に存在した久能寺の遺構と考えられる。

南側のロープウエイ乗り場周辺にも平場があるが、ここは江戸時代の造成で、同時期の石垣や建物の存在が予想される。平場の西端で崖に面した部分には土塁が確認でき、縁辺部には久能城の遺構が残存している可能性がある。

一方、東側にも平地があるが、江戸時代には建物の存在が確認されているためこの時の造成と考えられる。東側平地の南には、土塁とその先端に築かれた櫓台らしき遺構が存在する。古くは中世山岳寺院の久能寺が存在していたため、寺院遺構と天然の要害をそのまま利用すれば、あえて城として改築する必要はなかったのであろう。

（山本宏司）

城DATA

[所在地]	静岡市駿河区根古屋
[築城時期]	永禄11年(1568)
[主な城主]	武田氏、徳川氏
[主な遺構]	曲輪(平場)、土塁、井戸跡
[標高]	210m
[アクセス]	日本平駐車場からロープウエイで5分。または海側の久能山東照宮参道駐車場（有料）から徒歩20分
[駐車場]	あり（日本平）

武田氏の威信にかけて築かれた駿河支配の拠点

江尻城《えじりじょう》

静岡市清水区

城のシンボル「観圀楼《かんこくろう》」

江尻城は巴川の本流と、蛇行が形成した三日月湖を巧みに利用した平城で、川岸に本曲輪を置き、ここを要として扇状に曲輪を展開させた縄張であった。

永禄13年（1570）に武田信玄が駿河支配の拠点として創築したものと思われるが、大改修を行ったのは武田勝頼の命を受けた穴山信君《あなやまのぶただ》であった。これは武田領国を挙げての大普請で、天正7年（1579）、ここで信玄の7回忌を挙行し、軍神の勝軍地蔵と毘沙門天像を楼閣に安置した。

さらに特筆すべきは、「観圀楼」という大鐘を掛けた高さ「百尺（約30m）」もの鐘楼の存在である。数字に誇張はあろうが、命名したのは最後の大明国大使を務めた彦策周良《さくげんしゅうりょう》で、彼の筆による「観圀」の額が掲げられた格調高い建造物はシンボル的な存在であった。現在は市街地化で遺構は完全に消滅してしまったが周辺には当時を偲ぶ「大手町」「二の丸町」などの地名が残る。（前田利久）

本丸跡は現在の静岡市立清水江尻小学校。江尻城は慶長6年(1601)に廃城になるがすぐには破却されず、家康が駿府城を築く際に宿所として使われたようだ

城DATA

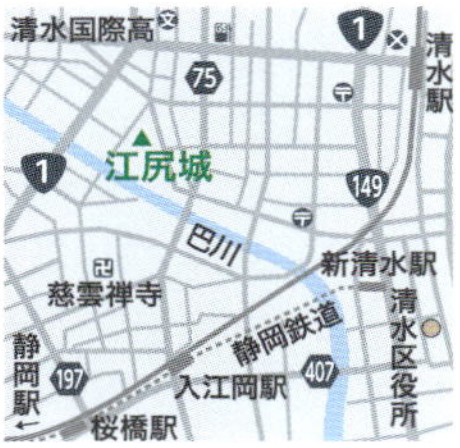

[所在地] 静岡市清水区江尻町
[築城時期] 永禄13年(1570)
[主な城主] 山県氏、穴山氏、徳川氏
[主な遺構] なし（説明版のみ）
[標高] 3m
[アクセス] 東名清水ICから県道54号経由9分。JR清水駅から徒歩13分
[駐車場] なし

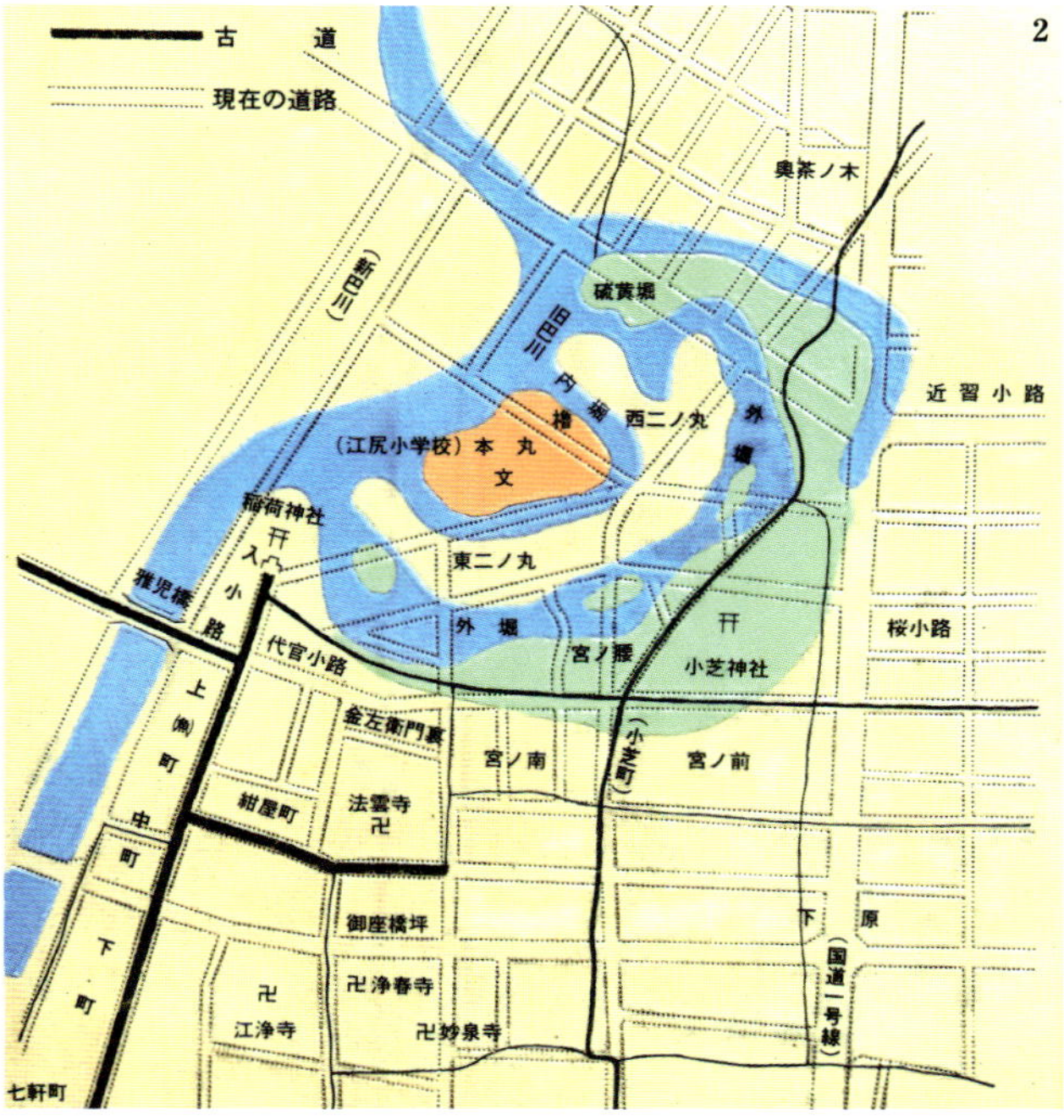

小川湊を支配した「有徳人」の居城

小《こ》川《がわ》城《じょう》

焼津市

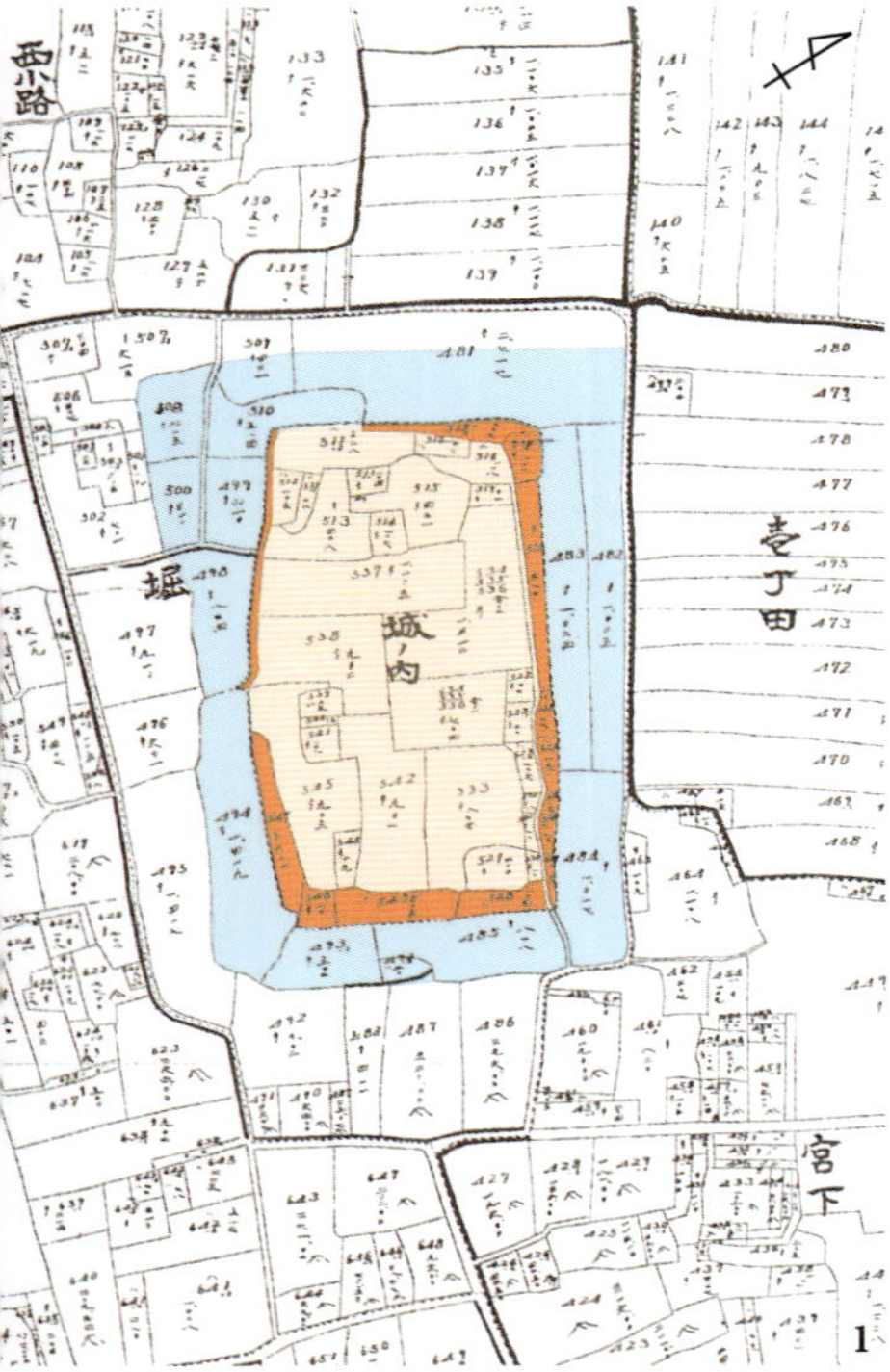

城下集落を有する大規模城郭

城はかつて今川氏の有力な湊として栄えた小川湊近くに構えられた平地城館で、居館でもあり物流拠点でもあった。現在は、住宅地が広がり、かつての城の面影は全く失われている。

城主の長谷川氏は家督争いで一時、駿府を追われた今川氏親を庇護するなど今川家中でも重要な被官で、小川湊の代官として「有徳人」とも呼ばれた。城の創築は明らかではないが、永禄11年（1568）に武田信玄が駿河に侵攻した時に焼き払われて放棄されたと見られる。

発掘調査で明らかになった城の構造は、長辺約150m、短辺約80mの平面が長方形となる形態で、幅13～15mの水堀と幅約8mの土塁に囲まれていた。内部には城主が居住する主殿や会所を備えた屋敷が建つ中枢地区、倉庫群と見られる建物が複数あった地区など、溝や塀などで複数の区画に分けられていた。館周辺に集落域が確認され、小川城を中心に城下集落を形成したものと考えられる。

（溝口彰啓）

城DATA

[所在地] 焼津市西小川
[築城時期] 15世紀前半
[主な城主] 長谷川氏
[主な遺構] 現存しない。解説板と石碑のみ
[標高] 5m
[アクセス] 東名焼津ICから15分。JR焼津駅からバス焼津大島線で5分「小川宿」下車徒歩5分
[駐車場] なし

1 小川城地籍図　2 小川城の堀跡　3 中心部の建物跡（1～3『焼津市史考古資料調査報告書　小川城』より）　4 館の中心付近に建つ解説板

岡部氏発祥の地に残る城跡

朝日山城《あさひやまじょう》

藤枝市

1 東側から朝日山を望む　2 本曲輪に残る土塁　3 北側から見た潮山。左端に丸く突き出ているのが朝日山

岡部氏ゆかりの旧跡に囲まれた城跡

志太平野を見下ろす潮山《うしおやま》の最北端にある朝日山。その形状から牛伏《うしぶせ》山とも呼ばれるこの山の山頂に築かれたのが朝日山城だ。周囲にはこの付近を発祥の地とする岡部氏ゆかりの寺院や神社が分布している。

朝日山城は麓に居館を構えていたとされる岡部氏の本城と伝えられている。現在城跡には朝日稲荷神社が祀られており、本殿背後の本曲輪跡には南から西にかけて土塁が残り、また北西部には1mほど高い基壇状の遺構も確認できる。しかし本曲輪跡以外は後世の改変が著しくて全体像がつかみにくいため、築城の時期も明らかでない。本曲輪が小規模であること、巨大な「竪堀」が自然の谷地形とも考えられること、戦国期の岡部氏は今川家の重臣として駿府に屋敷を構えていたことなどから、現在の遺構を室町初期のものとする説もあるが、徳川・武田の攻防時に砦の一つとして使用された可能性もあり、今後のくわしい調査が待たれる。

（前田利久）

城DATA

［所 在 地］藤枝市仮宿字堤ノ坪
［築城時期］室町時代
［主な城主］岡部氏
［主な遺構］曲輪、櫓台、土塁
［標　　高］103m
［アクセス］東名焼津ICから県道81号経由13分。JR藤枝駅から静鉄バス中部国道線「法の橋」下車徒歩25分
［駐 車 場］あり（朝日山稲荷神社無料駐車場）

武田方による高天神城後方支援の城

滝《たき》堺《さかい》城《じょう》

牧之原市

兵站地に留まらない二重堀切と横堀による迎撃的な造り

元亀3年（1572）、武田信玄は遠江・三河への本格的な侵攻を開始し、遠江では高天神城を巡って徳川家康との攻防が繰り返されていた。滝堺城は、高天神城争奪における武田方の兵站《へいたん》基地（兵や物資の中継地）として築かれた。海岸に程近い牧之原台地の南端に位置し、東西南は険しい崖という天然の要害だった。

丘陵とはいえ、比較的広い平坦地に大小4つほどの曲輪を直列させ、各曲輪は堀切で区切られる。最も広い曲輪が本曲輪で、中央には広大な曲輪を仕切る堀らしき窪みが見られ、大兵力の駐屯が可能だったと考えられる。

比較的シンプルな造りだが、本曲輪の南西斜面には土塁を伴う横堀、本曲輪から北側の曲輪の間には堀切に囲まれた馬出状の小曲輪を設けるなど、迎撃的な構造にも注目したい。さらに、地続きとなる北側を二重堀切で遮断し、北東端の曲輪がその防備を補完するなど大手方面はかなり重厚な造りとなっている。

また、南端の曲輪では切岸を造り出し、さらに先端に二重堀切を設けるなど、天然の要害に効果的なパーツを組み合わせている。

広大な曲輪の確保は、兵站を主たる目的とした城郭であることをよくうかがわせているが、横堀、二重堀切、さらに馬出状の小曲輪を駆使した大手方面の構造は、兵站基地に留まらない積極的な迎撃、攻撃を意識した城郭と言える。

（戸塚和美）

1 武田勝頼の高天神城攻めで大きな役割を果たした滝堺城跡　**2** 本曲輪の横堀北端。小規模ながら堅固な守りとなっている　**3** 城の北側にある二重堀切。堀切を駆使した曲輪は馬出状をなす

城DATA

［所在地］	牧之原市片浜
［築城時期］	元亀2年（1571）
［主な城主］	武田氏
［主な遺構］	曲輪、堀切、空堀
［標高］	70m
［アクセス］	東名相良牧之原ICから国道473号経由25分。JR藤枝駅から相良営業所行きバス「片浜」下車徒歩15分。看板を目印に若宮神社脇から農道を通り登城
［駐車場］	なし

幕政再建の立役者・田沼意次《おきつぐ》の居城

相良城《さがらじょう》

牧之原市

出世の象徴「三重天守」と失脚後の徹底破壊

10代将軍・徳川家治《いえはる》のもと、幕府の財政再建に尽力した老中・田沼意次《おきつぐ》が明和5年（1768）から安永9年（1780）にかけて築城した。その歴史は戦国期に武田氏が高天神城への兵站補給基地として相良古城を築いたことに始まる。古城廃城後、徳川家康の鷹狩りに伴う相良御殿が築かれた。

絵図によれば萩間川と天の川を天然の堀とし、本丸を中心に二の丸、三の丸、荒神曲輪、さらに馬場や帯曲輪などが取り囲んだ約7万坪にも及ぶ広さを誇る。本丸には三重天守、6基の櫓が建ち並び、権勢を誇った老中にふさわしい居城であった。嫡男・意知の死、後ろ盾であった家治の死によって意次の権勢は衰退、さらに政敵の松平定信により田沼家は陸奥下村藩へ転封。天明8年（1788）、相良城は破壊された。文政6年（1823）、田沼家は相良藩に復帰するも城の再建は許されず陣屋が築かれた。徹底した破脚と後世の市街地化で遺構はほとんど残っていないが仙台河岸と呼ばれる船着場の石垣と、二の丸（陣屋）の松並木を伴う土手は土塁跡と言われ、往事をしのぶ貴重な遺構だ。

本丸跡には相良城関連の資料を基に歴史がコンパクトにまとめられた史料館がある。（戸塚和美）

城 DATA

[所 在 地] 牧之原市相良
[築城時期] 明和5年（1768）
[主な城主] 田沼意次
[主な遺構] 石垣
[標　　高] 4m
[アクセス] 東名相良牧之原ICから17分。しずてつジャストラインバス相良営業所から東に徒歩10分。牧之原市役所相良庁舎付近
[駐 車 場] あり

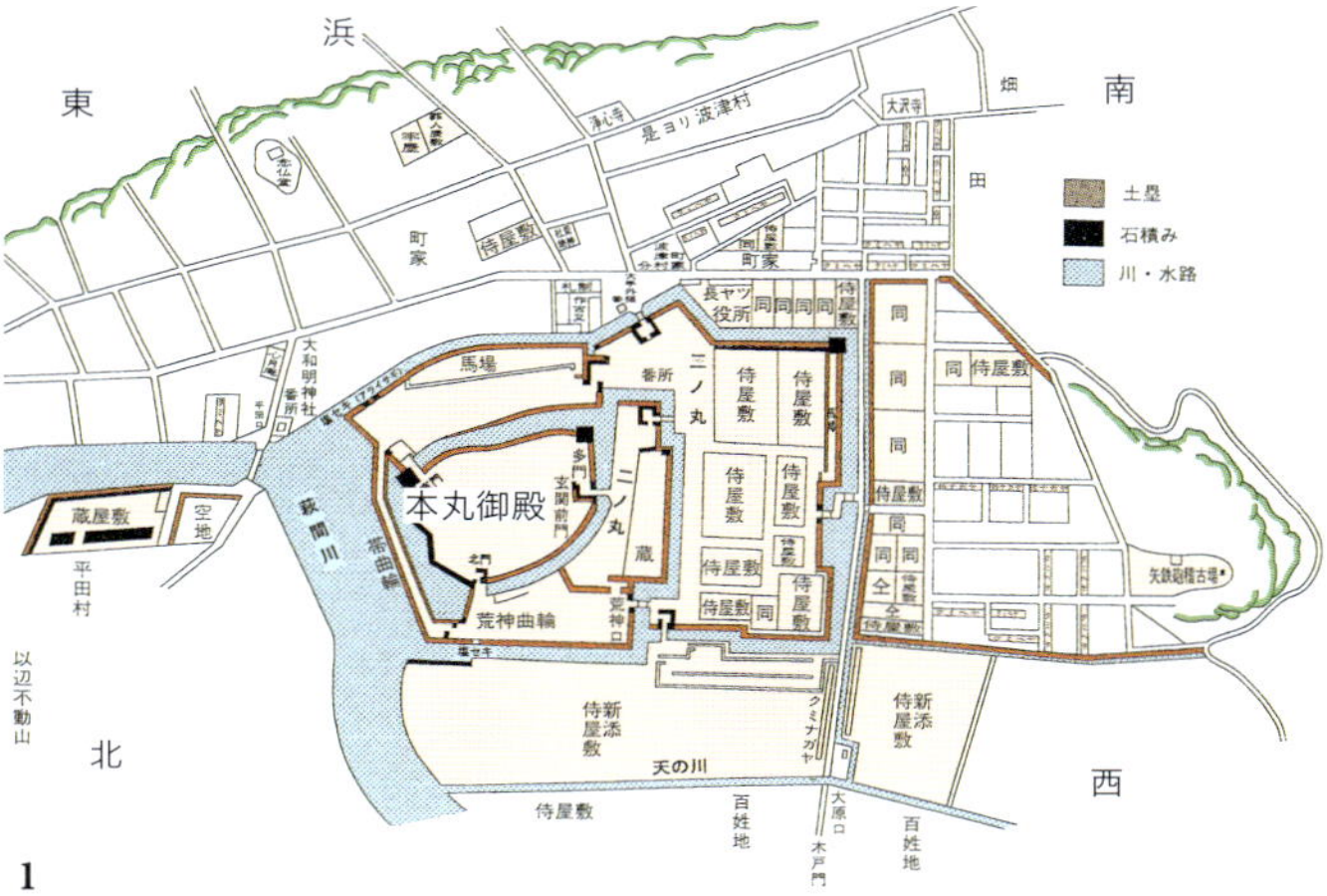

1

4

2

3

1 相良城城下割概図（作図：松下善和） 2・3 かつての船着き場の石垣 4 二の丸土塁の跡

八《はち》幡《まん》平《だいら》の《の》城《しろ》

二重堀切と横堀で防備された、牧ノ原台地末端の城

御前崎市

1 北端の二重堀切。尾根筋を強力に遮断する　2 本曲輪南東の横堀　3 本曲輪（八幡平）。各曲輪は地元保存会に手入れされ、見学しやすくなっている

本領防衛のために新野氏が築いた城

八幡平の城（別名・新野古城《にいのこじょう》）は開析《かいせき》によって狭い谷戸地形が端部に向かって広がる牧ノ原台地の末端、新野《にいの》地区に延びた丘陵上に立地する。城の周辺からは新野原を経て相良・榛原方面にも通じる。

この地域を本領とし、今川一族でもある有力氏族、新野氏が本城と伝わる新野新城（舟ヶ谷城）とともに築いたとされるが築城年代は明らかではない。今川氏が衰退すると遠江は武田氏と徳川氏が争う地となり、新野城はその拠点の一つとして改修され、使用された可能性がある。

城は南の本曲輪と北の二の曲輪が主要曲輪となる。本曲輪は不整形ではあるが、南北約１００m、東西約40mの八幡平と呼ばれる広大な曲輪である。特に東側斜面は土塁を伴う二重の横堀が強力に攻め手を阻む。二の曲輪は自然地形を残すものの、やはり広大で東側の一部には横堀が存在する。曲輪間、また城域から尾根続きとなる部分には二重堀切を含む大規模な堀切が多数設けられ、厳重に遮断線を設けている。（溝口彰啓）

城DATA

［所在地］御前崎市新野字篠ヶ谷
［築城時期］室町時代初期か
［主な城主］新野氏
［主な遺構］横堀、堀切
［標　高］106m
［アクセス］東名菊川ICから30分。JR菊川駅から菊川浜岡線バスで30分「新野」下車徒歩20分
［駐車場］なし（想慈院駐車場を借りる）

西部

western area

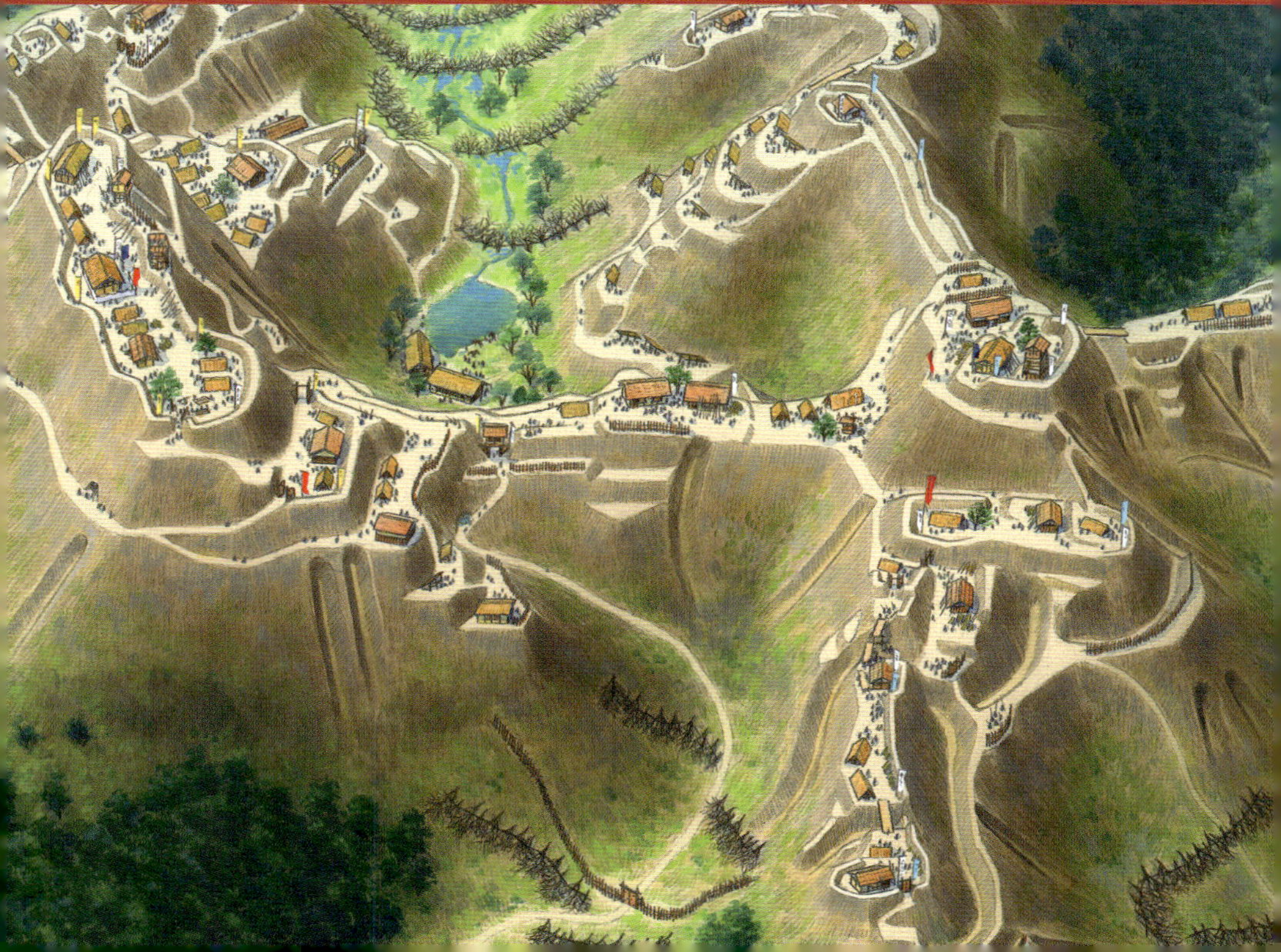

若き家康の活躍を支えた遠江の要衝

浜《はま》松《まつ》城《じょう》

浜松市中区

鑑賞ポイント

❶ 県内に残る最古級の天守台
❷ 天守曲輪を囲む折れを持つ堀尾期の石垣
❸ 天守門左右に配された見せるための鏡石（巨石）

三方原台地の東南端に築いた遠江経営の拠点

元亀元年（1570）遠江を支配下に置いた徳川家康は、旧曳馬《ひくま》城の西対岸の丘陵部に中心域を移し、南へと拡張工事を実施した。さらに旧城も東の備えとして城域に取り込み、浜松城を築き上げた。現在の馬込川の川筋を流れていた小天竜を自然の堀とし、城の北に犀ヶ崖《さいががけ》へと続く溺れ谷となった断崖地形、東から南にかけて低湿地が広がる要害の地を巧みに利用した土の城であった。武田氏の築城術である横堀を採用したことで、その後の北側「作左《さくざ》曲輪」や南側出丸の取り込みを可能にした。中枢部を囲む堀幅をより広くし、防御構造を高くすることにも成功し、居城としての体裁が整った。

天正18年（1590）豊臣大名堀尾吉晴が入城すると、大規模な改修工事を実施。石垣、天守を持つ、現在の城の基礎を築き上げた。石垣石材は、浜名湖畔の大草山や知波田で産出する珪岩で、水運を利用し運び込まれた。天守曲

南東から天守曲輪を望む

1天守門へ続く通路脇の巨石群。本丸から天守曲輪へ続く登城路の脇には巨石群を利用した石垣が残る　2天守門左右の鏡石。城内屈指の見せるための巨石は堀尾時代に据えられた　3天守台地下（穴蔵）の井戸。堀尾吉晴は転封先の松江城天守地階にも井戸を設けた　4本丸に立つ若き日の家康像

輪へと至る通路及び天守門左右に配された巨石は、圧倒的な規模を誇り、豊臣政権の力を見せ付けている。この時期の瓦も出土しており、天守が築かれた可能性は高い。だが、記録にはまったく残されていないため、その姿形ははっきりしない。残された天守台は、穴蔵構造で、地階中央部に石組井戸も存在する。同時期の天守に共通する構造で、その規模から、二階建ての櫓の上に、望楼を載せた漆黒の四重天守が想定される。浜松城絵図は数点が存在するが、いずれも天守台のみで天守は描かれていない。正保年間（1645～48）にはすでに失われており、短命天守であった。

　関ヶ原合戦後、一時徳川頼宣領となるが、その後譜代大名が入れ替わり城主を務めている。藩政約260年の間に、25人が城主となったが、老中5人、大坂城代2人、京都所司代2人、寺社奉行4人を輩出することになる。中でも、天保の改革で有名な水野忠邦は、家康にあやかりたいと自ら浜松城主になったとも伝わる。このように、浜松城在職中に幕府の要職に就いた例が多いため、「出世城」と呼ばれるようになったと言われるが、家康が将軍就任の基礎を築いたのが、この城であったことを忘れてはならない。

木造再建された天守門と見事な野面積みの石垣

　現在、浜松城公園として整備が進んでいるが、天守曲輪と二の丸、本丸の一部が残されているに過ぎない。多くは近年の市街地化の波によって消えてしまったが、残された石垣は県内最古級

5 天守曲輪。春には桜が彩りを添える
6 天守曲輪の西面の石垣は、横矢を掛けるための「屏風折れ」。石垣そのものを屏風折れにするのは極めて珍しい
7 天守台南面石垣。自然石を横目地が通るように積んだ「野面積」。堀尾期の特徴を表す

のもので最大の見所だ。昭和33年（1958）に復興された天守は、予算の関係で天守台いっぱいの建物ではない。実際は、岡崎城天守にひけを取らない規模の天守が建っていた可能性が高い。平成26年（2014）には、木造の天守門と土塀の一部が復元され、天守曲輪を中心に往時の姿が甦りつつある。城跡を覆っていた樹木も順次伐採・剪定され、屏風折れの石垣や野面積みの石垣が姿を現した。

近年の発掘調査によって、天守曲輪内部の土塁が、本来は高さ３m強の石塁であったことが判明。また、天守曲輪南東隅に隅櫓（辰巳櫓）が建っていたことも確実だ。堀尾時代の生活面は現在の地表面から２・５m下にあり、周囲は石塁に取り囲まれていた。従って、本来の天守台石垣は、高さが８・５mと周囲を圧倒する規模であった。

（加藤理文）

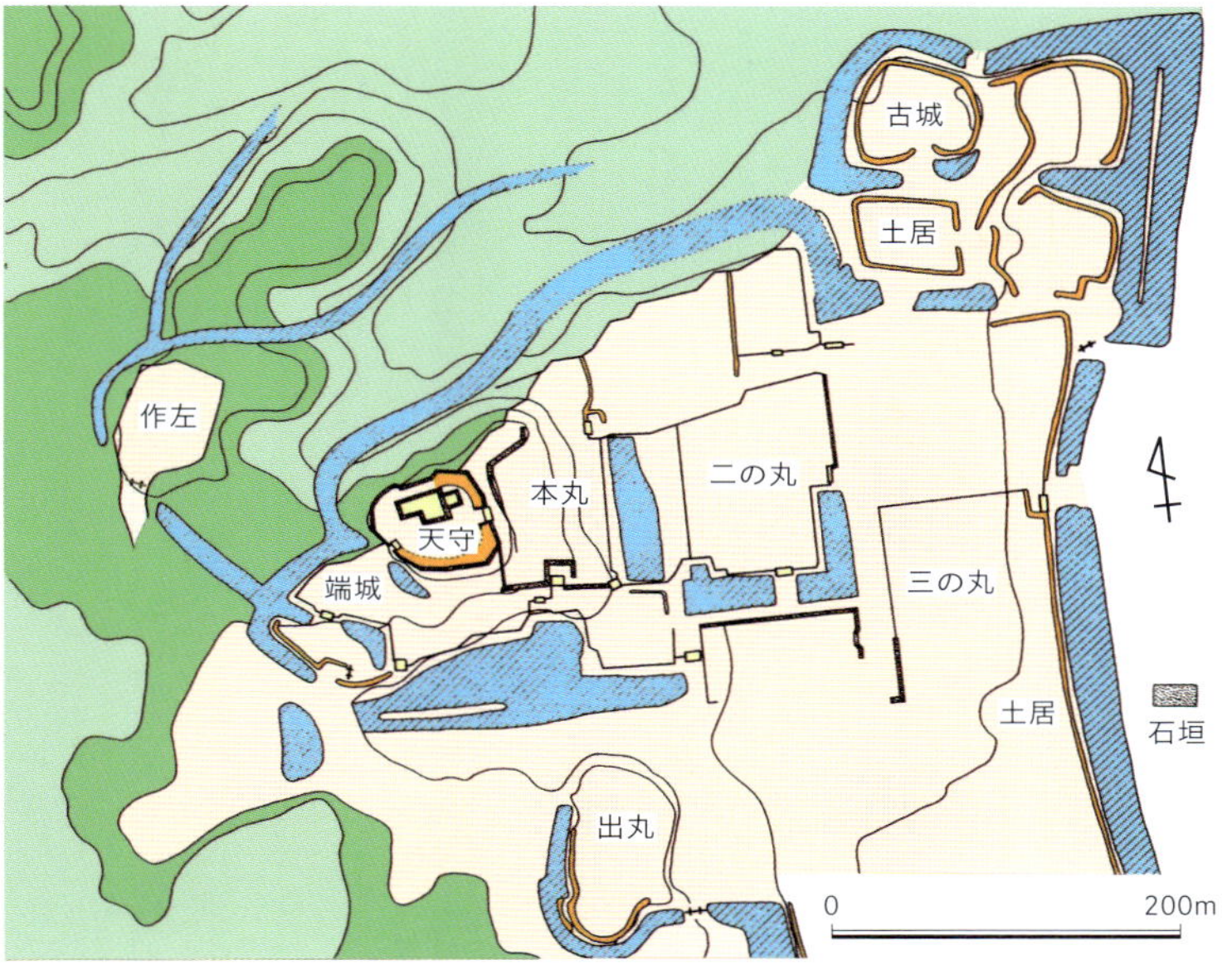

浜松城概念図（作図:加藤理文）

城DATA

［所 在 地］ 浜松市中区元城町

［築城時期］ 15 世紀代か

［主な城主］ 徳川氏、堀尾氏

［主な遺構］ 石垣、土塁、天守台、復興建物（天守・門）

［標　　高］ 42m

［アクセス］ ＪＲ浜松駅下車徒歩約 15 分

［駐 車 場］ あり（有料）

江戸期の模型。すでに天守は無く、門二基と土塀が天守曲輪を囲んでいた。天守曲輪南面には、幾重にも空堀が配されていた

寄り道スポット

見る

太刀洗の池《たちあらいのいけ》

岡崎から浜松に召喚された徳川家康の正室・築山御前の命を絶った家康家臣が太刀の血を洗った池と伝わる。現在は池はなく石碑が建つ。

住：浜松市中区富塚町 328 浜松医療センター駐車場内　☎：053-452-1634（浜松市観光インフォメーションセンター）

見る

徳川秀忠公誕生の井戸《とくがわひでただこうたんじょうのいど》

徳川家康の側室、西郷局が秀忠を生んだ時に産湯に使ったと言い伝えられる井戸跡。天正 7 年（1579）、ここには家康の下屋敷が構えられていた。

住：浜松市中区常盤町　遠州病院前駅横の交番裏　☎:053-452-1634（浜松市観光インフォメーションセンター）

三遠国境を固める浜名湖北岸の要害

千《せん》頭《とう》峯《がみね》城《じょう》

浜松市北区

鑑賞ポイント

❶ 二の曲輪と西曲輪間の堀切と竪堀

❷ 最高所から階段状に配置された曲輪群

国境に近い戦乱の地にあった重要な山城

東三河と浜名湖北岸を結ぶ諸街道を押さえる要衝に位置する。西は本坂峠を越えて吉田へ（姫街道）、北西に向かえば宇利峠越えで新城へ、北は瓶割《かめわり》峠を越えて長篠へと至る。真言宗の古刹で行基が726年に開創した摩訶耶寺《まかやじ》の北東にそびえる通称「せんどう山」の山頂（標高137m）にあり、城からの眺望は良い。三遠国境の最前線にあったため、今川・徳川・武田氏が入り乱れて争った重要な拠点山城となった。家康の改修で16世紀中頃までは存続した。

家康に改修された当時の姿を今も留める

山頂の本曲輪（30×40mほど）を中心に、東・西・南に延びた尾根筋に曲輪を配した堅固な守りの山城である。本曲輪には、北西部に櫓台状の高まりがあり、東曲輪と西曲輪に続く虎口が存在する。

本曲輪北側には広い二の曲輪があり、東曲輪と西曲輪の連絡路としての役割もあった。二の曲輪西

1 西側平野からの遠景　2 本曲輪。中央に櫓台状の高まりがある　3 本曲輪東虎口。東曲輪へ至る城内道の虎口

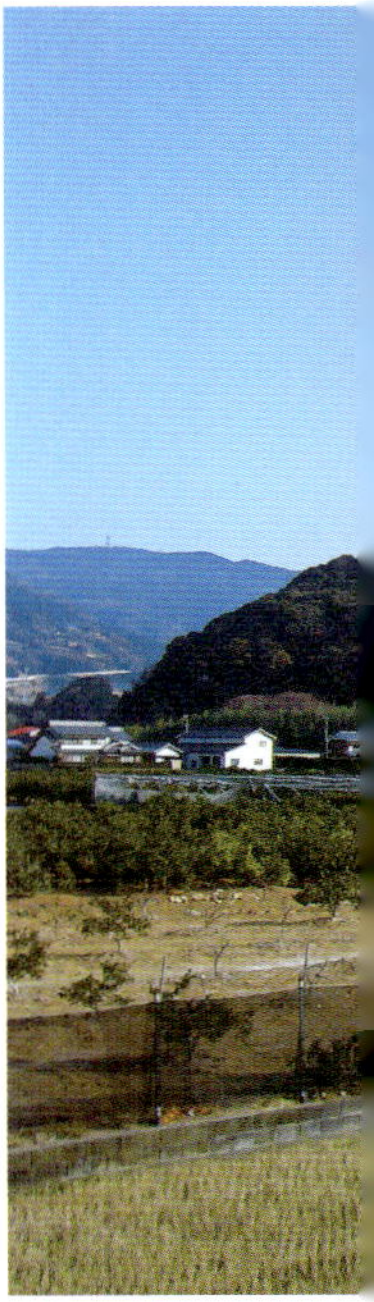

の南には低い土塁が配され、中央に虎口を設け、南曲輪に至る城道と接続する。

西曲輪には二の曲輪との間に幅6mの堀切と竪堀があり、東曲輪の堀切と共にこの城の見所だ。北側に虎口を配した土塁囲みの西曲輪は、南の曲輪との類似点を比較したい。

東曲輪群は東側の尾根筋からの敵兵を防御する役割があり、2本の堀切で守られている。ただし西側の堀切は埋め立てられ、現状では観察できない。東曲輪群北の谷には、素堀の井戸が残る井戸曲輪があり、東曲輪の堀切の堀底道から行くことができる。井戸の直径は3m、深さは埋まっているが4mほどある。城主の記録はないが、本曲輪の発掘調査では16世紀初頭の遺物が出土し、最低2回の改修の痕跡が認められることから、16世紀中葉までの存続が推定される。永禄11年(1568)以降に遠江に勢力を伸ばした、徳川家康に改修された姿を留めていると思われる。

(松井一明)

城DATA

[所在地] 浜松市北区三ヶ日町摩訶耶
[築城時期] 16世紀初頭
[主な城主] 徳川氏
[主な遺構] 曲輪、虎口、土塁、堀切、竪堀、井戸跡
[標高] 137m
[アクセス] 天竜浜名湖鉄道三ヶ日駅から徒歩30分。摩訶耶寺裏山畑地道路を上がると登城口。そこから徒歩15分
[駐車場] 5台(登城口)

4 西曲輪の東側の土塁。土塁囲みの曲輪　**5** 西曲輪と同様に土塁囲みの南曲輪。東側の土塁には横矢を掛けるための折れがある　**6** 東曲輪東端の堀切。東尾根筋を分断する重要な役割を担った　**7** 井戸曲輪。本曲輪東側の谷奥にある井戸

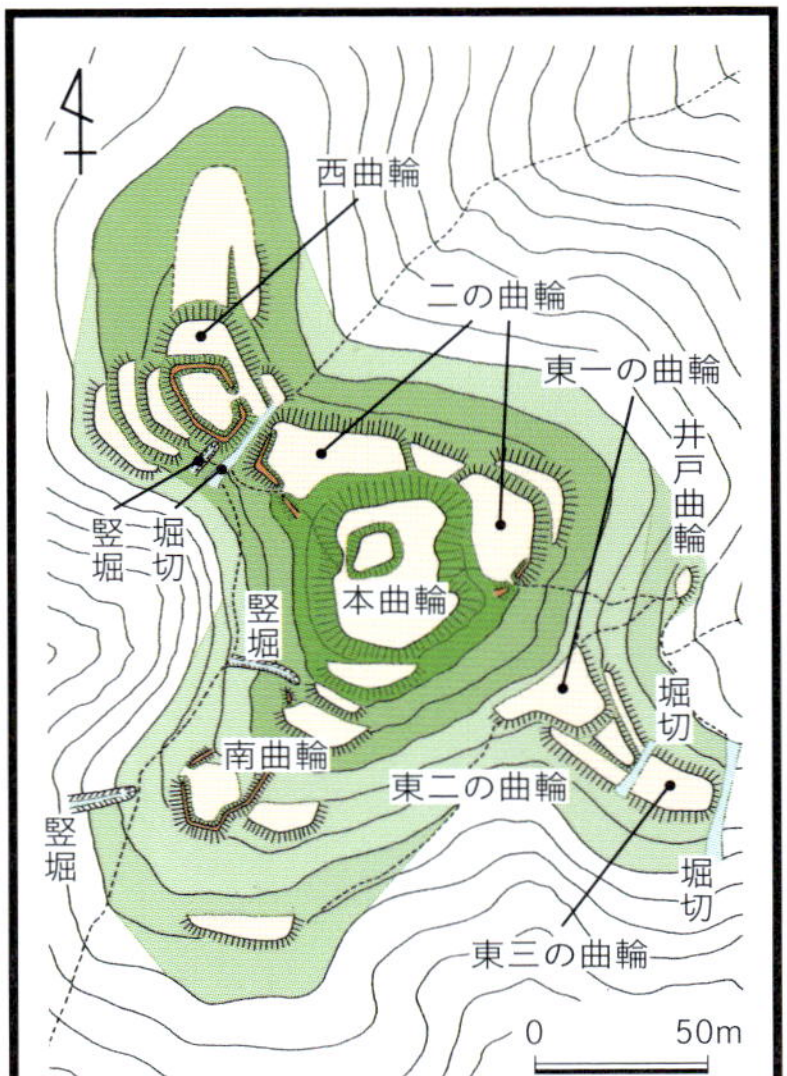

千頭峯城跡概略図(作図:加藤理文)

源氏末裔の浜名氏が築いた奥浜名湖を制した水城

佐《さ》久《く》城《じょう》

浜松市北区

鑑賞ポイント

❶ 深い空堀に囲まれた馬出状曲輪は必見

❷ 城址から眺められる美しい湖の風景

半島の地形を巧みに利用

城は浜名湖の支湖である猪鼻湖《いのはなこ》に突き出した半島先端に築かれている。北方向には間近に浜名湖北岸道（姫街道）を望むことができ、この道を進軍する敵兵に対しては効果的な対応が可能であった。

半島の先端にある本曲輪の保存状態はいいが、南曲輪は果樹園や別荘地となっているため、城としての遺構を見ることはできない。本曲輪と南の曲輪の間には、両方合わせると幅24ｍになる二重の堀切があり、ほぼ中央に馬出状の曲輪がある。馬出曲輪と本曲輪は土橋で結ばれており、クランク状に曲がる虎口に接続する。

この虎口両側の土塁が一番高く、次第に低くなり本曲輪北端では、ほとんど土塁は見られない。馬出曲輪から南曲輪に直接渡ることのできる土橋はないが、二重堀切の間の土塁の上を歩いて船着場が推定される湖岸に降りるか、土塁から南曲輪に木橋を架けていた可能性も考えられる。本曲輪先端には船着場に至る小道あるが、そ

本曲輪。北側には土塁がなく、船着場があったとされる

半島の先端にある佐久城。北側から撮影

の先に明確な船着場の遺構は残っていない。

広い南曲輪は兵力の駐屯場か

南曲輪は、開発のため保存状況は良くないが、横堀の痕跡があり、本曲輪に匹敵する広さをもっていたと思われる。おそらく、戦乱状態になったときに兵力を駐屯させた曲輪だと思われる。最初の城主は貞和4年（1348）、北朝方の浜名清政とされるが、現在の城の形状は戦国期の姿である。永禄12年（1569）頃、徳川家康の家臣・本多信俊が当地にいたとも言われている。大規模な二重堀、馬出曲輪の存在から、武田氏が滅んだ天正10年（1582）後、豊臣秀吉との決戦に備えた徳川方の手によって最終的な改修が施されたと思われる。（松井一明）

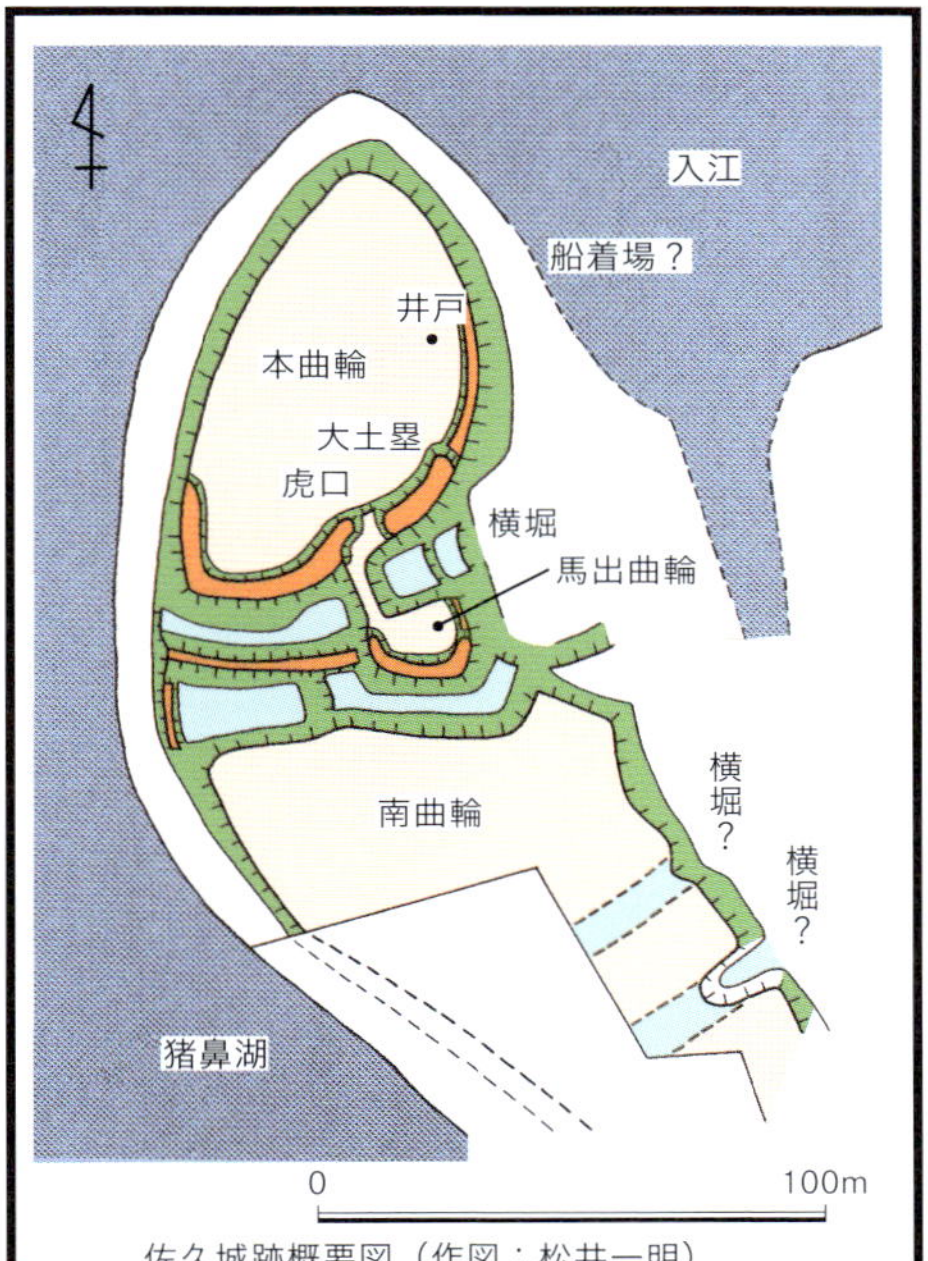

佐久城跡概要図（作図：松井一明）

城 DATA

［所在地］浜松市北区三ヶ日町都筑
［築城時期］貞和4年（1348）
［主な城主］浜名氏、徳川氏
［主な遺構］曲輪、虎口、土塁、二重堀、土橋、井戸跡
［標　高］12m
［アクセス］東名三ヶ日ICから10分。天竜浜名湖鉄道都筑駅から徒歩25分
［駐車場］なし（説明板前に2～3台は可）

1 本曲輪虎口。馬出曲輪に至る出入口でクランク状に曲がっている　**2** 馬出曲輪。土橋で本曲輪とつながる
3 二重堀の南堀。幅10m以上あり規模は大きい　**4** 本曲輪にある井戸

1

2

3

4

井伊谷に勢力誇った井伊氏ゆかりの山城

三《み》岳《たけ》城《じょう》

浜松市北区

鑑賞ポイント

❶ 南北朝期の城らしい高所の立地

❷ 山頂からの眺望も見応えあり

二つの特徴をもった山城

城の眼下に広がる平野は、井伊谷《いいのや》と呼ばれる後の徳川四天王の一人、井伊氏の本拠地である。

北は黒松峠越えで東三河への街道、南は本坂峠から二俣城方面へ至る浜名湖北岸道（姫街道）を見張るには絶好の位置にある。城は標高467mの高所・三岳山山頂にあり、山腹には三岳神社が鎮座する。

山頂に本曲輪群、やや低い東側尾根筋に東の曲輪群がある。その東端を幅10mの堀切で防御しているが、ほとんど自然地形を残した広い曲輪群で、臨時の兵力を入れたと思われる。堀切2はほとんど埋まっているが、現在の三岳神社から登城してくる大手道からの堀底道となり、東の曲輪群と本曲輪群に至る虎口の役割も担っていたと思われる。

1 堀切4の一部に見られる石積み。掘削で出てきた石を用いた
2 本曲輪から太平洋まで一望できる

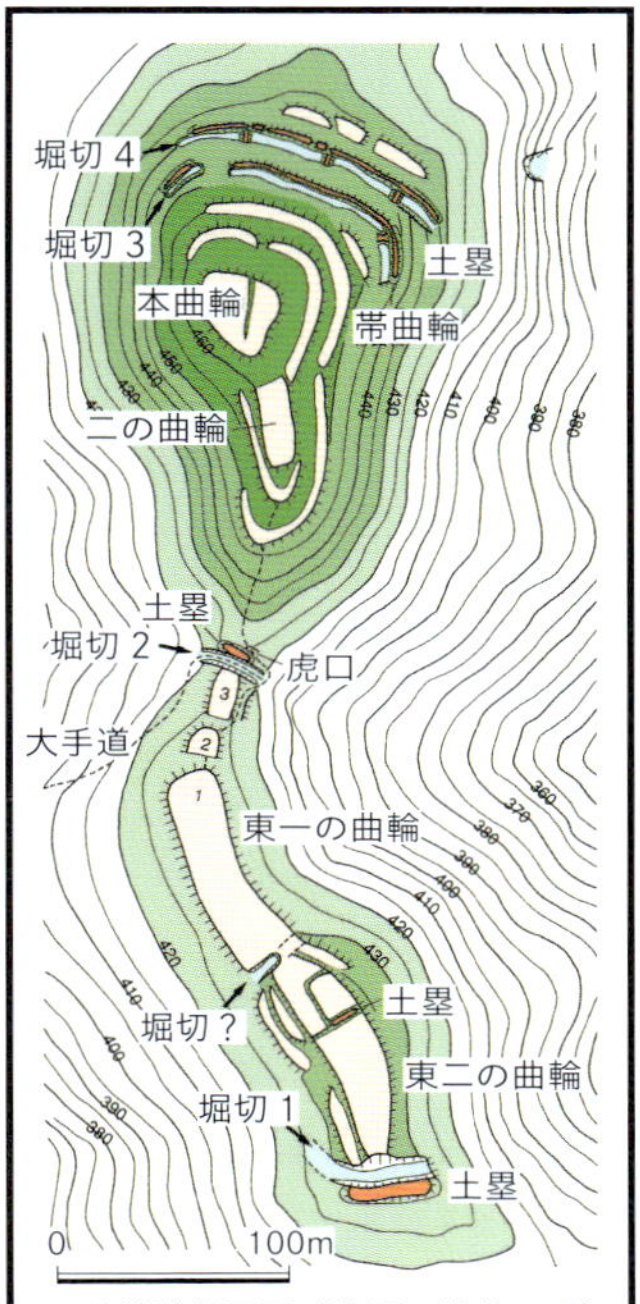

三岳城跡概要図（作図：松井一明）

3 本曲輪西側尾根筋堀切４の堀内障壁　**4** 搦手口の東尾根を分断する東曲輪群東端の堀切１　**5** 南からの遠景。かなり高所にあることが分かる　**6** 見張所としての機能が考えられる本曲輪　**7** 東曲輪群。自然地形に近い広い曲輪で兵の駐屯地に使われた

二重の堀に囲まれた本曲輪

本曲輪は比較的狭く、東の曲輪と標高差が20m以上あり周囲には2～3段の帯曲輪がある。

本曲輪の西側斜面には等高線に沿って二重の堀を巡らし、堀切と言うより横堀に近い形状だ。堀底には障壁と呼ばれる土橋状の仕切りがあり、堀底での移動を妨げる工夫が見られる。また、堀の残土を外側に盛り上げて土塁としているが、部分的に岩盤を掘り抜いた時に得た石材を利用して土塁を補強した石積みが存在し、これもこの城の見所と言える。

最初の城主は暦応2～3年（1339～1340）に井伊谷を支配していた井伊道政《いいみちまさ》で、南朝方の後醍醐天皇の皇子と立て籠ったとされ、同時期の陶磁器が本曲輪で採集されている。

現在の城の姿は戦国時代のもので、16世紀前葉は本曲輪を中心として、城主であった井伊氏が整備した。永禄11年以降は、徳川家康の支配下に入ったことで、対武田戦を想定した大規模な兵力を入れるために、東の曲輪を拡張したと思われる。

（松井一明）

城DATA

［所在地］浜松市北区三岳字城山
［築城時期］暦応2年（1339）
［主な城主］井伊氏、徳川氏
［主な遺構］曲輪、虎口、土塁、二重堀切、堀切、石積
［標高］467m
［アクセス］天竜浜名湖鉄道金指駅から車で20分。三岳神社から急な山道徒歩30分
［駐車場］あり（30台）

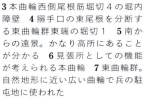

徳川・武田が争奪を繰り広げた要衝の城

二《ふた》俣《また》城《じょう》

浜松市天竜区

鑑賞ポイント

❶ 本丸に残る、県内最古級の天守台

❷ 規模が大きい本丸北側の竪堀と、南側の堀切

高天神城と並び、県内で最も激しい戦の舞台となった城

天竜川と二俣川の合流点に位置する断崖上に築かれた城で、武田・徳川両氏による激しい争奪戦が繰り広げられた。城跡は江戸期以来の開墾と近年の宅地開発で大きく姿を変えている。本来の大手口は既に失われ、その位置もはっきりしない。現在の通路は北曲輪の脇に設けられており、喰い違いとなる東側虎口から本丸内へと続く。この通路途中の北側に三条の竪堀が残る。中でも本丸前面の竪堀は規模も大きく、そのまま天竜川へと落ち込み、その強固さを見て取れる。

本丸は、西側を除く三方に土塁が残る。外側はかつて全て石垣であった可能性が高い。本丸に残る野面積の独立した天守台は、北側に石段の通路と付櫓台状の小さな平場を持っており、天守台上に礎石は見られない。天守台の石垣の積み方と石材は、浜松城天守台と共通点が見られ、文禄年間（1592～1596）の特徴を

本丸と天守台

示す。浜松城主・堀尾吉晴《よしはる》の弟、堀尾宗光《むねみつ》の時代が確実である。一点、浜松城の瓦とほぼ同じ文様を持つ瓦も確認され、石垣・瓦とも同じ工人集団の手によるものと考えて間違いない。

本丸は、南側に一段低い曲輪が存在し、石垣によって上下二段構造となっている。虎口と推定される石垣が残り、試掘調査では門礎石を検出、門の存在と規模が判明した。本丸南東隅が本来の本丸大手口となり、櫓門と思われる石垣が残る。しかし大きく積み直されていて原型がよく分からない。本丸南側の大土塁は、堀尾氏在城以前から存在していたものを利用し取り込んだ可能性が高い。

本丸の南側には、堀切を挟んで蔵屋敷と呼ばれる曲輪が残る。西側から南側に土塁が残り、南西側に石垣を利用した虎口と南下の曲輪に続く通路も残る。ここから南にも堀切や曲輪群が残るが、鬱蒼とした木々に阻まれ、観察は容易ではない。本丸から西側に延びる尾根上にも曲輪が見られるが、近年の開発が著しく、どこまでが城の遺構なのか分かりにくい。本丸直下の曲輪南側と西側で高石垣が確認されたため、蔵屋敷を含め、本来は石垣で囲い込まれていた可能性が高まった。記録に残る武田軍が筏をぶつけ破壊した井戸櫓が存在するとしたら、天竜川に面したこの本丸西下のいずれかになろう。

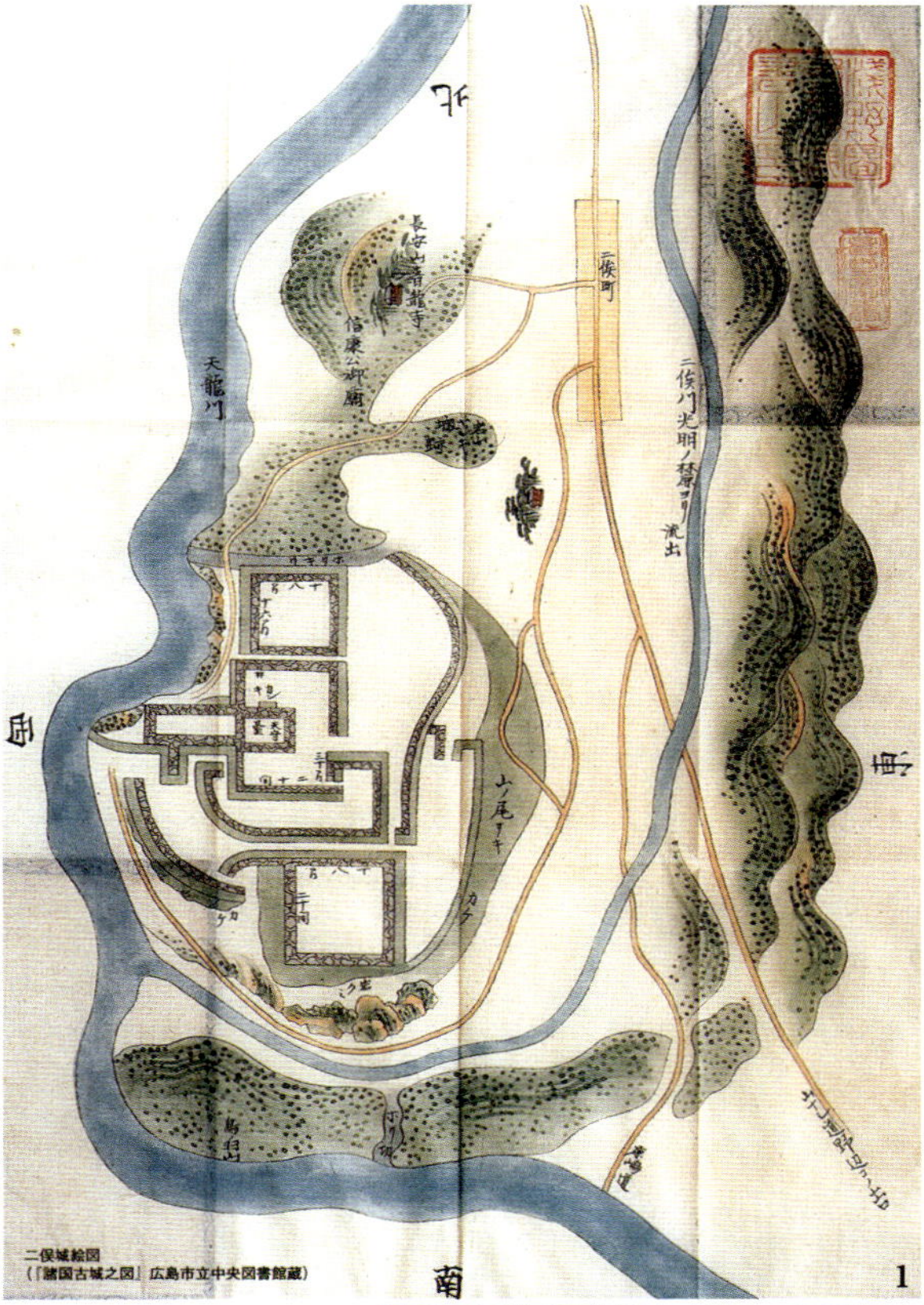

1『諸国古城之図』より「遠江 二俣」（広島市立図書館所蔵） **2** 天守台の石段。天守へ上がるためには、一度付櫓へ入る必要が合った **3** 天守台より本丸と北門を望む

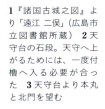

5 西側曲輪群の高石垣。「諸国古城之図」では、石垣囲みとなっており、これを裏付けた　**6** 本丸、蔵屋敷間の堀切。石垣は見られず、中世的様相を示す　**7** 本丸南虎口を望む　**8** 蔵屋敷があった場所を望む　**9** 清龍寺に復元された井戸櫓。寺には悲運の死を遂げた家康の嫡男・松平信康の墓も現存　**10** 本丸中仕切り門の礎石。この発見で門の存在と規模が判明した

繰り返された徳川・武田の争奪戦

元亀３年（１５７２）、武田信玄は息子勝頼を総大将に城攻めを敢行するが、力攻めでは容易に落城しなかった。だが井戸櫓が破壊され、水を絶たれたため、２カ月近く籠城した二俣城も遂に開城せざるを得なかった。

武田方となった城を奪還するため、家康は城の四方に砦を構築し取り囲んだ。天正３年（１５７５）、長篠の戦いで惨敗した勝頼は遠江での勢力を急速に失い、翌年、二俣城も開城、再び徳川方の城となっている。家康は、大久保忠世《ただよ》を城主とし、北遠地域の要とした。天正７年（１５７９）、家康の嫡男信康がここで切腹し、悲劇の城となった。家康が関東に移封されると堀尾宗光が入城して大改修を実施。石垣で囲み、天守を建てて今ある姿が完成した。この時、対岸の鳥羽山城にも手を入れている。やがて関ヶ原の合戦後、機能が低下して廃城となった。

（加藤理文）

11 蔵屋敷南下の堀切　12 北曲輪、本丸間の竪堀。中央土橋によって両曲輪は接続する　13 本丸北虎口。積み直しを受けた喰違虎口

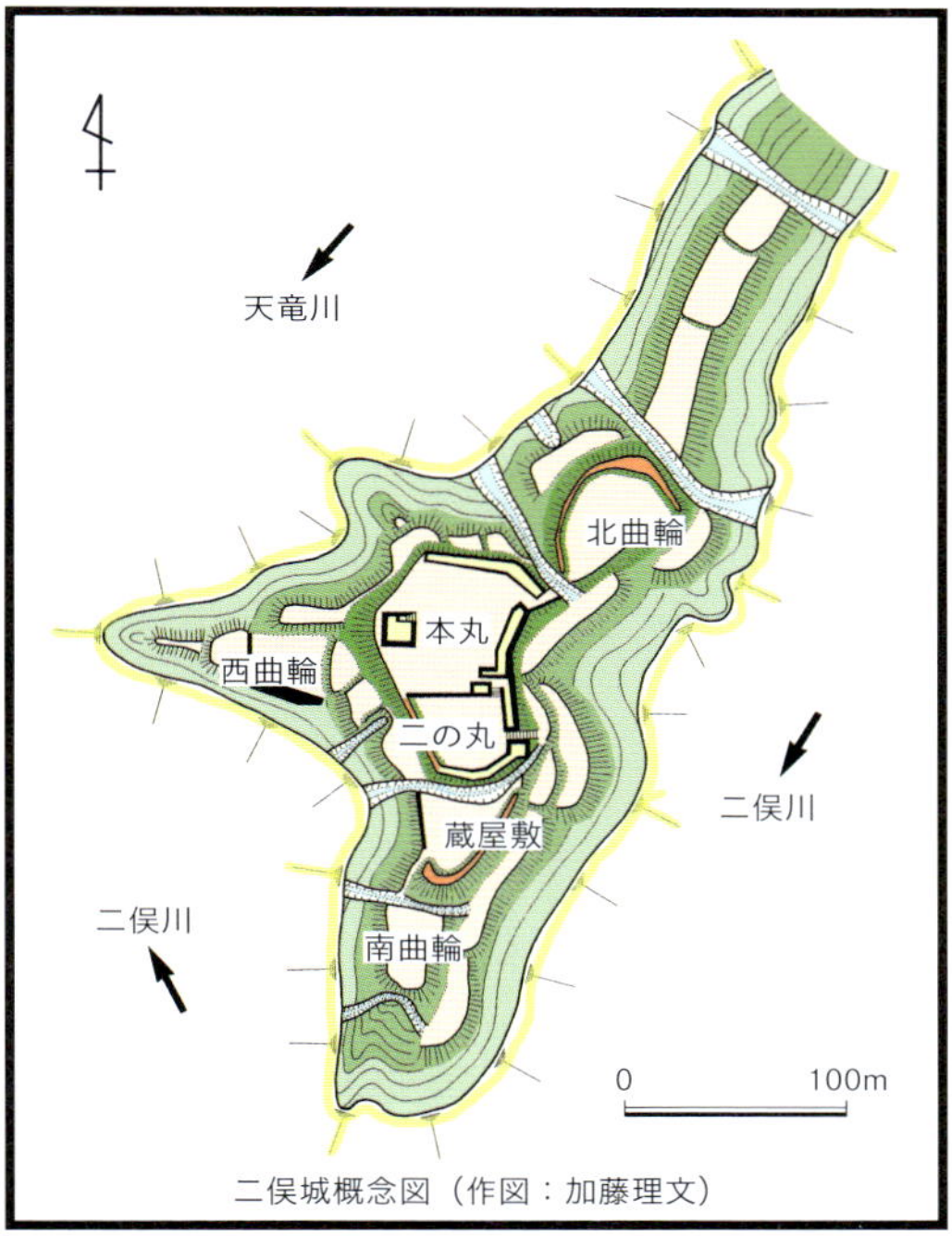

二俣城概念図（作図：加藤理文）

城DATA

［所在地］　浜松市天竜区二俣町二俣
［築城時期］　16世紀中頃か
［主な城主］　徳川氏、堀尾氏
［主な遺構］　石垣、土塁、空堀、天守台
［標高］　80m
［アクセス］　新東名浜松浜北ICから15分。天竜浜名湖鉄道二俣本町駅から徒歩10分（二俣駅から徒歩25分）
［駐車場］　あり（北曲輪の下道路沿い）

寄り道スポット

買う

光月堂
こうげつどう

約40年前に地元菓子店が天竜銘菓をと足並みを揃え作り始めた二俣城最中。光月堂の商品は小倉と抹茶餡の2種類で、抹茶餡には天竜茶を使用している。

住：浜松市天竜区二俣町二俣 1538-1-3
☎：053-925-3585
休：火曜（祝日は営業し翌日休み）

見る

清瀧寺 信康廟
せいりゅうじ のぶやすびょう

織田信長から武田方との内通を疑われ、21歳の若さで二俣城で自刃した徳川家康の嫡男信康の廟所がある。信康供養のため家康が建立。

住：浜松市天竜区二俣町二俣 1405
☎：053-925-5845（天竜区観光協会）

二俣城を補完する別郭の城

鳥《と》羽《ば》山《やま》城《じょう》

浜松市天竜区

鑑賞ポイント

❶ 8mの規模を誇る県内最大規模の大手道

❷ 眼下に広がる天竜川と浜松市街の景観

織豊期の改修を裏付けた発掘成果

城は二俣川を挟んで二俣城の南に位置し、両城で一つの城の機能を持つ「一城別郭」であった。元亀4年（1573）、二俣城を奪取した武田軍は、より要害地形にある二俣城のみを城として修復利用し、鳥羽山は捨てられた。徳川方が再奪還すると再び使用され、堀尾時代も引き続き再整備されることになる。

城跡は近年の開発が著しく、主郭内に残る庭園遺構だけが注目されてきた。だが近年の発掘調査で、大手道の幅が約8mと県内城郭では最大規模を有し、道の両側が石垣で囲まれていたことが判明した。さらに本丸西側斜面に、階段状に長大な石垣が存在していたことも確認された。従来から存在する本丸周囲に残る石垣も、緩やかな勾配を持つ野面積みで文禄期の築造として間違いない。二俣城と同じ石材を利用しているが、河原石を利用した間詰めが極めて丁寧で、見せるための巨石も配されている。二俣城が無骨な要害とするなら、開放的な場が推定される。

1

1 本丸南虎口を見る　**2** 大手道　**3** 本丸南口西側の石垣は大ぶりの石材を使い正面性を強調　**4** 本丸から見る浜松城方面

4

3

2

大規模な土塁と3カ所の虎口を持つ本丸

本丸は巨大な土塁が四周を廻っており、南北と東側の3カ所に土塁を開口した虎口が存在、虎口周囲のみ石垣を使用する。南虎口が正面で門礎石が残る。搦手となる北側でも門礎石を検出。さらに東側虎口は門礎石が旧状を留める。本丸内では、礎石建物の一部や枯山水《かれさんすい》の庭園と言われる巨石の立柱石《りっちゅうせき》も見られる。本丸は開放的で防御性は薄く、居住性の高い建物だった可能性が高い。また浜松方面への視界が開け、二俣城の死角を補う建物の存在も推定される。

本丸周辺地形測量図（浜松市教育委員会作成図を改変）

現在見られる城は、堀尾宗光が二俣城改修と同時に築いたものと推察される。二俣城が有事に備えた戦闘局面のための城で、鳥羽山城が対面所と居住空間、遊興的利用を目的にしていたと考えられる。

（加藤理文）

城DATA

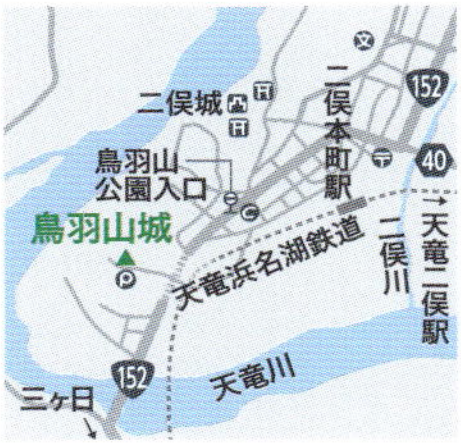

［所在地］浜松市天竜区二俣町二俣
［築城時期］16世紀中頃か
［主な城主］徳川氏、堀尾氏
［主な遺構］石垣、土塁、庭園
［標　高］108m
［アクセス］新東名浜松浜北ICから10分。天竜浜名湖鉄道二俣本町駅から徒歩10分
［駐車場］あり（鳥羽山公園）

5

7

6

5 鳥羽山城から二俣城、光明城を見る　**6** 本丸東口を見る。架橋のため、近代になって石垣上部が破壊されている。礎石が見事に残る　**7** 山城の本丸には珍しい枯山水の庭園跡

別所街道を押さえる「境目の城」

鶴《つる》ヶ《が》城《じょう》

浜松市天竜区

鑑賞ポイント

❶ 本曲輪の周囲を廻る横堀と土塁
❷ 西側斜面に残る長大な規模の竪堀

信州往還《おうかん》の要衝を固めた山城

三河との国境近く、相川と吉沢川の合流点に位置する標高約320mの山頂部を利用して築かれている。信州と東三河を結ぶ別所街道（信州往還）を見下ろす交通の要衝で、設楽、足助という三河山間部へ続く街道も近い。

山頂本曲輪を中心に、尾根続きに曲輪を配した小規模な城である。最大の特徴は、本曲輪の周りに廻る横堀（幅約6m・深さ2m）と土塁に尽きる。北東側が崖地形となるため、一周するのではなく東側を崖へと落とすことで堀を終結させている。南西部にある馬出状の曲輪に虎口を設け、南西角地には櫓台状の高まりが残る。ここから南西方向に延びる尾根上にも平坦地が見られ、約20m下ると左右を竪堀とする土橋も見られる。

本曲輪北西隅の土塁開口部を下ると小曲輪が見られ、その下に本曲輪に次ぐ面積があり「お姫屋敷」と呼ばれる曲輪がある。入口部分に長さ10m程度の仕切り土塁、北側には自然の崖地形を利用した堀切から竪堀へと続く「くの字」状の堀が残る。

1

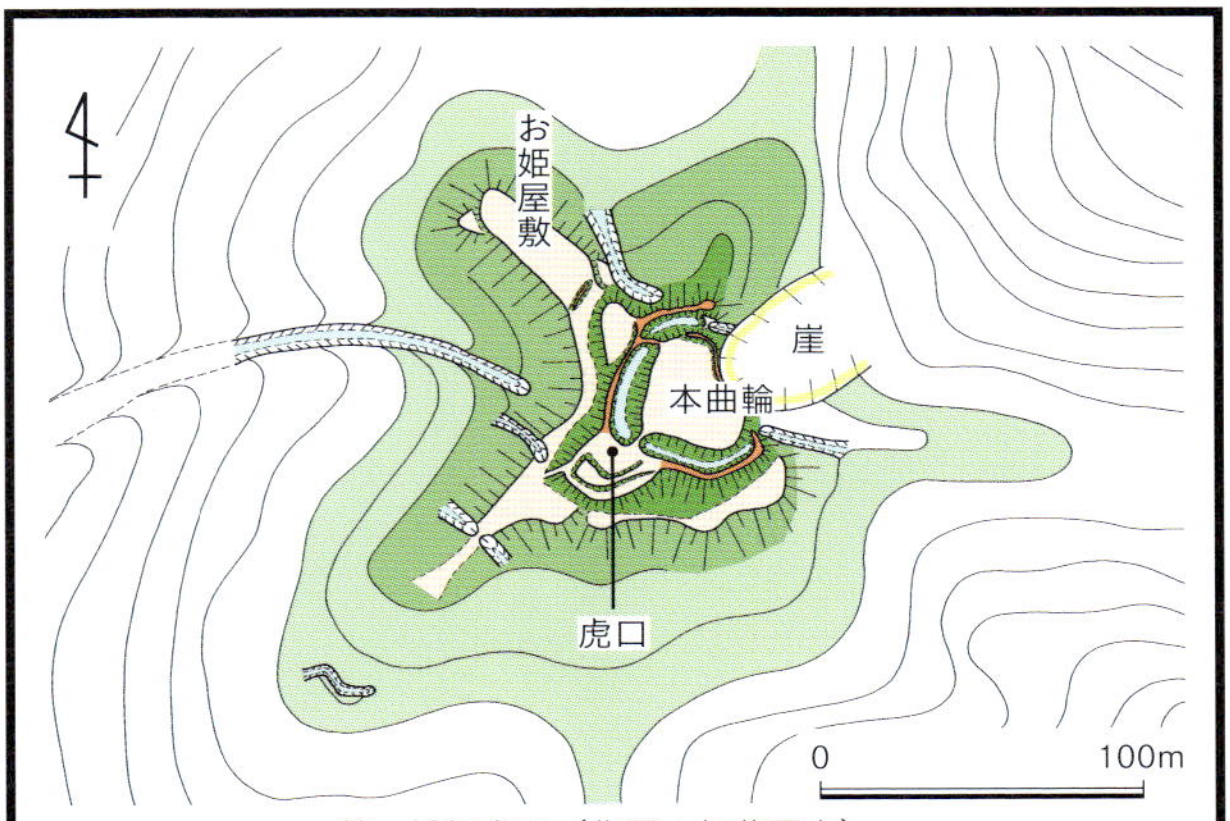

鶴ヶ城概念図（作図：加藤理文）

1 本曲輪。南東下横堀。北東側が崩落で破壊を受けているが、かつては四周を横堀が廻っていたとも思われる　**2** 通称「お姫屋敷」と呼ばれる曲輪を見る　**3** 南から見た本曲輪。平坦面が広がるだけで、周囲に土塁は見られない　**4** 本曲輪南東下横堀に伴う土塁

徳川・武田両氏の特徴を示す戦国後期の遺構

城の歴史を伝える記録は見られない。近世の史料では鶴山弾正あるいは永禄8年（1565）、鶴ヶ山大儀之丞の築城と記載される。現状の遺構は明らかに戦国後期以降のもので、さらに横堀の採用などから山家三方衆が武田方に降った元亀3年（1572）以降、もしくは天正年間初頭頃に勝頼が改修したことが考えられる。

徳川方の手によったとすると、天正4年に北遠地域から武田勢力を一掃した後に、別所街道を押さえるために修築したことになろう。あるいは小牧・長久手合戦（1584年）の際に、万が一、三河から撤退する場合に備え、山越えルートを確保することを狙った築城ということも想定される。

（加藤理文）

城DATA

[所在地] 浜松市天竜区佐久間町浦川大字川上
[築城時期] 16世紀後半か
[主な城主] 鶴山氏
[主な遺構] 曲輪、横堀、堀切、土塁
[標高] 320m
[アクセス] 新東名浜松いなさICから30分。JR飯田線東栄駅から徒歩25分
[駐車場] なし

信遠国境の峠越えを監視する山城

高《たか》根《ね》城《じょう》

浜松市天竜区

鑑賞ポイント

❶ 城域を区切る巨大な二重堀切
❷ 戦国期の全容が明らかとなった城内道
❸ 発掘成果を基に復元された建物群

自然の堀を利用し 地元の豪族・奥山氏が築城

高根城は北遠江の国人領主、奥山氏累代の居城だったが、永禄末年頃（１５６９）、武田・徳川・今川への帰属をめぐる奥山氏内部の騒乱によって落城したと推定される。元亀３年（１５７２）の遠江侵攻に先立ち、武田信玄は遠江最北端を領有する奥山一族に所領安堵等を保証しているため、この時点で武田方に属していたことになる。

1

2

1 復元された大手門。発掘調査で４基の門が確認されたが、唯一、礎石建ちの門だった
2 西から本曲輪を望む。中央が井楼櫓、左に礎石の倉庫、右側は主殿を模した管理施設で中に稲荷神社が鎮座する。柵と門で曲輪内を規制する構造

城は北から本曲輪・二の曲輪・三の曲輪を尾根筋に連続させた単純な構造だが、城内道は街道から見えない曲輪東側中腹に設け、土橋や梯子、木橋、柵、門などの構造物を多用することで、折れと昇り降りによる防御強化が施されていた。

また、城域を区切る最南端には、中央に土塁を挟む二重の堀切が設けられている。三の曲輪側の堀切は、曲輪を取り囲むU字状で、外側堀切は尾根筋を直線に遮断。三の曲輪平坦部と城外平坦部との間の二重堀切の幅は約29mと、その規模は大きい。三の曲輪平坦部から北側堀底までの深さは約8m、北側堀底から土塁上面までは約3m、城外平坦部から南側堀底までが約9m、南側堀底から土塁上面までは約4mと、極めて強固な構造であった。この城内最大の二重堀切が最終防御ラインで、城はここをもって完結している。

3 南上空から城跡を見る。手前から三の曲輪、二の曲輪、本曲輪が一列に並列する構造。後方は水窪町 **4** 本曲輪南下段から見た本曲輪 **5** 本曲輪から二の曲輪・三の曲輪を望む **6** 南外側から三の曲輪を望む。手前が城域を区切る二重堀切。中央に土塁を配した造りで堀幅 29m と大規模

発掘調査を基に復元した戦国期の山城の勇姿

本曲輪は南北約30m、東西約20mの広さを持つ。西側に土塁、東北隅に大手門（礎石）、東南隅に搦手門（掘立柱）が設けられ、内部には1×4間の礎石建物、二間四方の望楼状掘立柱建物（井楼《せいろう》櫓）、柵列が検出された。曲輪北側の腰曲輪状の平坦地は、大手門に至る通路で山麓に続く。本曲輪搦手門下段には厳重な虎口が設けられ、本曲輪の防備をより強固なものにしていた。

二の曲輪は本曲輪南側に位置し、曲輪南端にわずかな高まりが残存する。北側本曲輪との間には幅約10mの堀切が配され、堀切西側には竪堀が確認されている。

東側は急峻な崖地形で、登ることすら容易でない。東側本曲輪下段と二の曲輪下段には小曲輪が配され、この両曲輪を結ぶための橋を架けたと推定される柱穴が、さらに本曲輪側には、門（掘立柱）と土留めの石積みが確認された。

二の曲輪下段小曲輪には柱穴

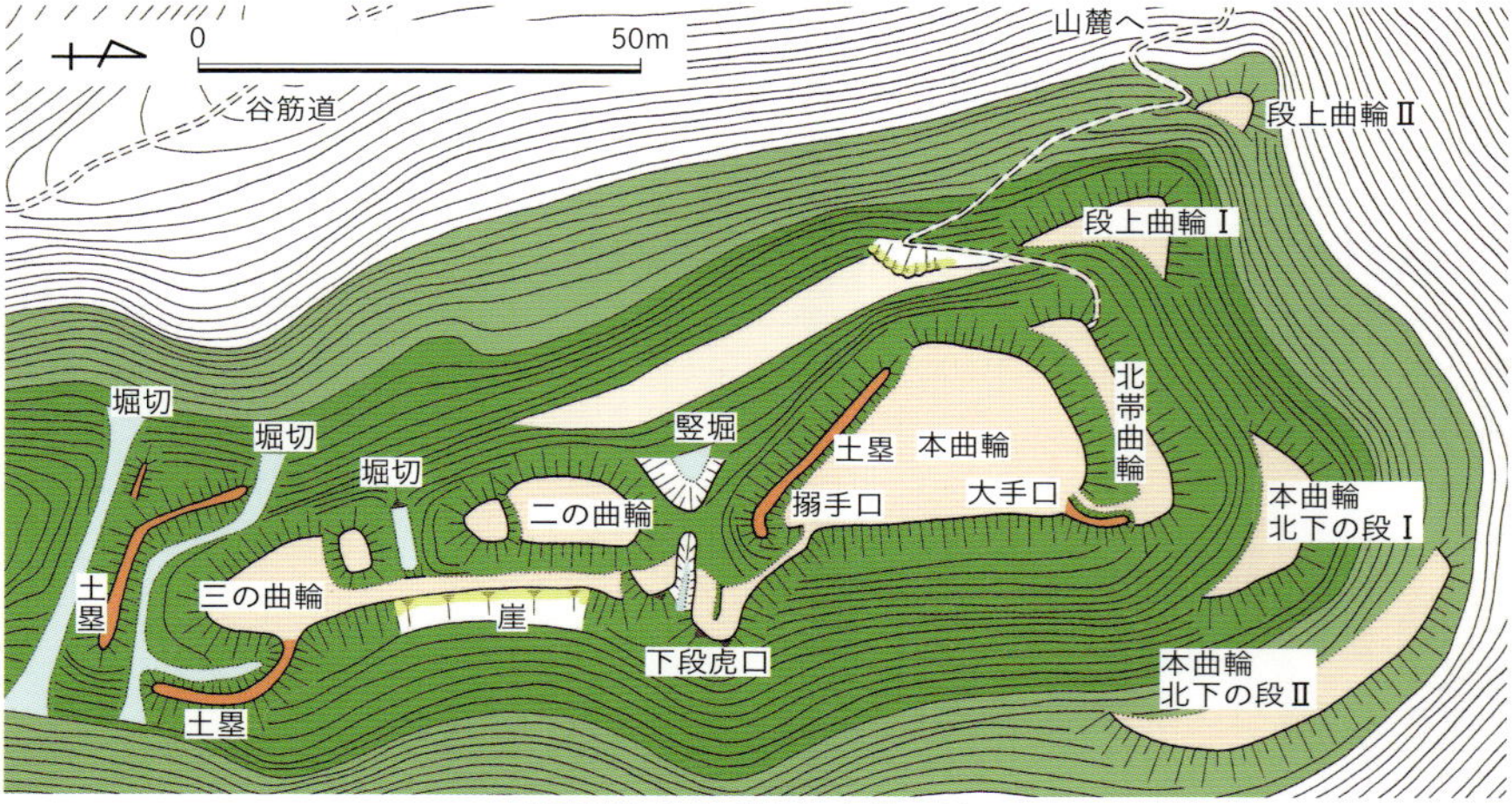

高根城概念図（作図：加藤理文）

7 城跡全景。山上尾根筋を利用し、一列に3つの曲輪を配しただけの極めて単純な構造

8 三の曲輪から本曲輪へ続く城内道。幅は約一間。途中に梯子や木橋、折れを設けるなど複雑な構造を呈す

が残り、二の曲輪平坦面には梯子を利用して行き来していたことが考えられる。また、三の曲輪から本曲輪へ続く通路が、東側斜面中腹に設けられている。

三の曲輪は二の曲輪南側に位置し、北側端に櫓台状の方形の高まりが存在する（二の曲輪との橋台の可能性がある）。二の曲輪と三の曲輪の間には、幅約20m・深さ約5mの堀切を配し、東端に幅約一間（1・8m）の土橋が存在する。

現在見られる城は、信玄の南下に併せての改修か、長篠の合戦後に国境警備のために勝頼が改修したかがはっきりしない。いずれにしろ武田氏の手が入ったことは確実である。天正4年（1576）から9年の間に徳川方の手に落ち、廃城とされた。

平成14年（2002）、発掘調査に基づき全域の復元整備が完了し、戦国期の城が甦った。本曲輪に復元された井楼櫓は柱が内転びとなる約8mの櫓で、突き上げ窓を開放すると眼下に水窪の中心部が一望できる。

（加藤理文）

9 搦手門と本曲輪。本曲輪では発掘調査が実施されたが主殿に該当する建物は未検出。原位置を保たない礎石のみ数個見つかった。後世の稲荷神社造営で破壊されたのだろう　10 復元された井楼櫓。射撃の的となることを防ぐために板張を採用

城 DATA

[所在地]	浜松市天竜区水窪町地頭方
[築城時期]	15世紀前半
[主な城主]	奥山氏、武田氏
[主な遺構]	曲輪、土塁、堀切、 復元建物（櫓・門・塀）
[標　高]	420m
[アクセス]	新東名浜松浜北ICから80分。 JR飯田線向市場駅から徒歩30分
[駐車場]	あり（山麓部）

寄り道スポット

食べる

つぶ食いしもと
つぶしょくいしもと

築百年の古民家で雑穀料理を提供。昼限定の完全予約制。2000円と3000円のコースで粟や稗、黍などの粒食と山菜がメインの滋味あふれる料理が評判だ。

住：浜松市天竜区水窪町地頭方 389
☎：053-987-0411
休：予約があれば営業（1日20人くらいまで）

見る

山住神社
やまずみじんじゃ

709年に伊予の大山積神社から大山祇神を勧請、山犬（狼）信仰で知られる。三方原合戦の武運を祈願した家康が後に「二振りの刀剣」を奉納、社宝とされている。

住：浜松市天竜区水窪町山住 230
☎：053-987-1179

徳川家康を苦しめた天野氏の居城

犬《いぬ》居《い》城《じょう》

浜松市天竜区

鑑賞ポイント

❶ 巧みに配置された横堀で守られた曲輪

❷ 馬出曲輪を備えた本曲輪東虎口

北遠の国衆・天野氏が居城として築城

蛇行する気田《けた》川が作り出した谷底平野にある犬居地区の北側、比高約100mの行者山山頂に築かれた城である。気田川流域と秋葉街道を押さえる交通の要衝であったため、当地の領主・天野氏がここに本城を置くことになった。

犬居城を築いた天野氏は、元々伊豆を本貫地とする武士で、鎌倉時代に犬居周辺に領地を得て以降、代々当地を治めた。室町・戦国時代には国衆として成長し、駿河・遠江を勢力下に置いた今川氏の傘下に入っていた。永禄3年（1560）の桶狭間の合戦以降、今川氏が衰退すると、その領国は徳川氏や武田氏に浸食され、遠江の国衆の離反も相次いだ。天野氏は徳川氏の傘下に入っていたが、元亀2年（1571）頃から北遠進出を狙う武田信玄に抗しきれずに従属。遠江侵攻ではその先鋒となって働きを見せている。

天正2年（1574）になると、

1

徳川家康は北遠地域の奪還を目指して犬居城攻めを行うが、急峻な地形とそこに張り巡らされた支城群の連携によって苦戦を強いられる。そこで家康は「堀之内の城山」をはじめとする陣城を築くなど周到に準備を進め、ついに天正4年（1576）に犬居城を攻略。天野氏は甲斐に逃れ、ここに鎌倉時代から続く名門・天野氏は滅び、犬居城も廃城となった。

馬出曲輪と横堀で防備された山城

城の中枢部は本曲輪を中心に、東西に二の曲輪・三の曲輪が配される。本曲輪は緩斜面となる北側下段の前面に土塁を備えた横堀を巡らせ、西側の二の曲輪北側の横堀にも一部接続しながら、守りを固める。

二の曲輪は本曲輪と土塁に仕切られた細長い不整形な曲輪で、北斜面西側下段に腰曲輪が付属する。本曲輪・二の曲輪南側は急峻な崖だが、両曲輪をまたぐ形で延長約80ｍにわたって幅広の土塁状に曲輪が設けられている。二の曲輪西側の打鐘山には、気田川流域の監視を行うための物見曲輪が置かれ、その西側は幅10ｍ以上の堀切が城域を遮断している。本曲輪の東側に配された三の曲輪との間は土橋を備えた堀切で分断され、その南北両端部は竪堀が斜面下部まで延びている。北側の堀切は本曲輪下段の横堀に接続している。

三の曲輪東面には弧状の堀が作られ、その北端には土橋を配置。三の曲輪は本曲輪東虎口の馬出曲輪とも言え、ここが城の大手

1 犬居城を南東から望む　**2** 二の曲輪。南の土塁状曲輪。奥に見えるのは物見曲輪に建てられた展望台　**3** 本曲輪北下段横堀。緩斜面となるため、土塁と横堀が巡らされている　**4** 三の曲輪横堀北から。馬出曲輪となる三の曲輪前面は弧状の堀と土塁が巡る

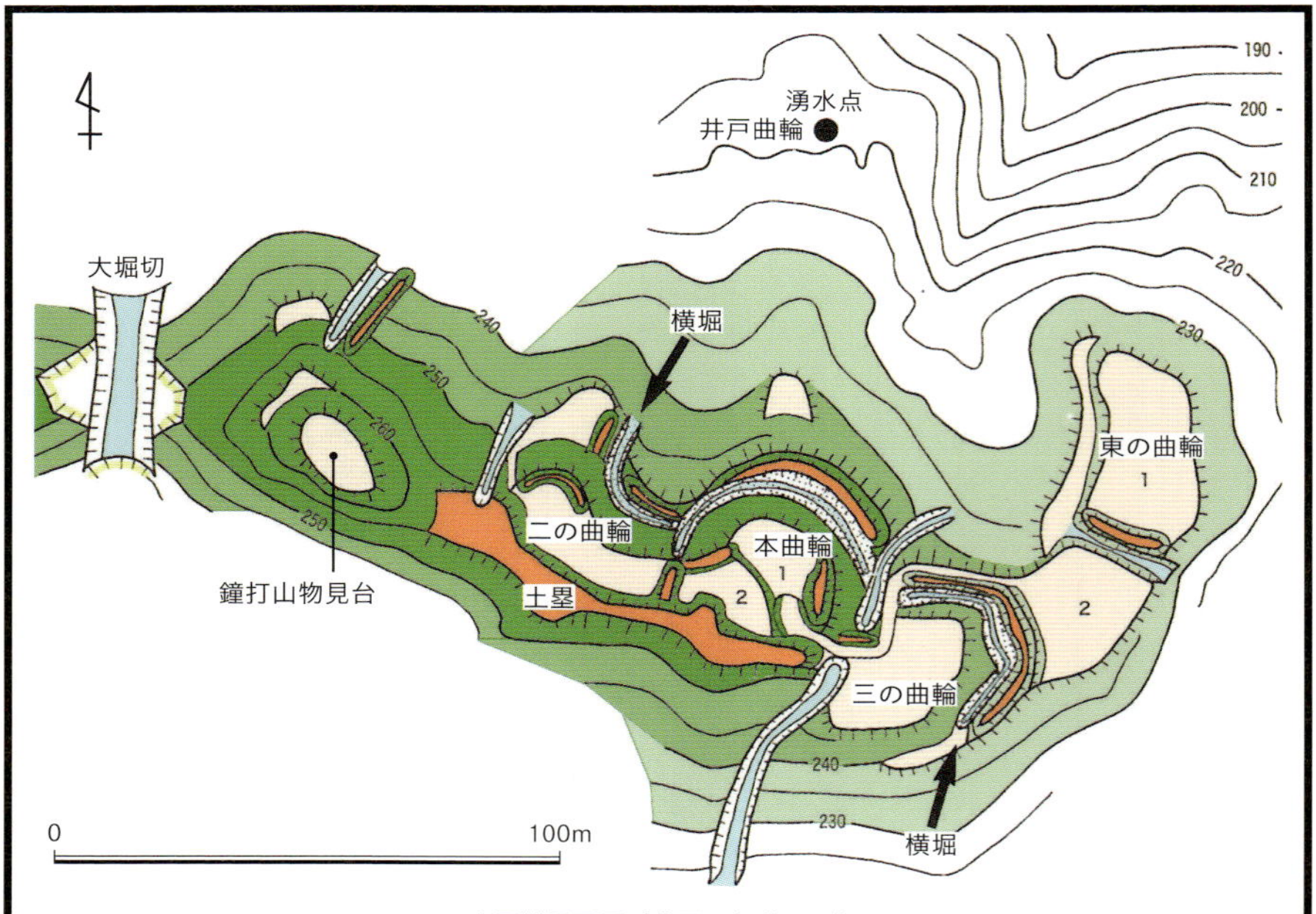

犬居城概要図（作図：松井一明）

5 本曲輪東虎口西から。西脇の土塁が内枡形状虎口を形作っている　**6** 三の曲輪北虎口。弧状の堀をまわり込んで虎口に至る厳重な構造

であったとみられる。三の曲輪から土橋を通じて入る本曲輪東虎口は、両側から土塁が迫り内枡形状を呈す。また通路にはクランク状の折れを設けるなど、城内でも特に厳重な備えを誇り、城内最大の見どころだ。三の曲輪東側には堀切で南北に分割された広大な東曲輪が配置されるが、城域の東端でもある東側には遮断施設もなく、自然地形のままとなっている。本曲輪北側を下った個所には井戸曲輪とされる曲輪があるが、崩落などにより原形は、はっきりしない。

現在見られる城のあり方は、天正2年（1574）以降に本格化した徳川氏の攻撃に備えて改修を施したものと考えられ、そこには従属していた武田氏の技術支援があったことが明らかである。

（溝口彰啓）

7 本曲輪から見た伝・居館。城下側となる西側に城主居館があったとみられる　**8** 東曲輪はあまり手が加わっていない　**9** 三の曲輪北竪堀。横堀と組み合わされ敵を遮断する

城 DATA

[所在地] 浜松市天竜区春野町堀之内字犬居
[築城時期] 南北朝時代か
[主な城主] 天野氏
[主な遺構] 曲輪、土塁、堀切、土橋、横堀
[標　高] 290m
[アクセス] 国道362号沿い春野ふれあい公園（駐車場・WC完備）から徒歩30分
[駐車場] あり（城址登り口）

寄り道スポット

買う｜本多屋菓子舗《ほんだやかしほ》

春野町の和菓子職人たちが昭和初期に考案した春野らしい菓子「あおねり」は、小麦粉と砂糖が主な原料の皮で白あんを包んで蒸した菓子。季節ごとの味も登場する。

住：浜松市天竜区春野町気田 985-3
☎：053-989-0516
休：不定休

見る｜秋葉山本宮秋葉神社《あきはさんほんぐうあきはじんじゃ》

天竜川上流にある標高866mの秋葉山に鎮座。山頂の上社と山麓の下社がある。和銅2年(709)創建で火防神を祀る。信玄ら多くの武将が名刀を寄進した。

住：浜松市天竜区春野町領家 841
☎：053-985-0111

諸街道と天竜川の渡河点を押さえる要衝の城

社山城《やしろやまじょう》

磐田市

鑑賞ポイント

❶ 本曲輪の西半分を巡る横堀

❷ 二の曲輪端部の大規模な二重堀切

斯波、今川、武田、徳川歴代城主の拠点城郭

天竜川東岸の磐田原台地の北端から派生した独立丘陵状の山稜に占地する。西に三方原台地、北に二俣への眺望が効き、南には森から春野に至る街道が眼下に見られる。戦国期は天竜川が現在よりも東側にあり、往時は天竜川渡河点としての要衝を押さえる城でもあった。

築造年代は諸説あり、築城者も明らかにされていないが、史上にその名を現すのは文亀の頃（１５０１～１５０４）、斯波氏と今川氏による遠江の覇権を巡る抗争の最中であった。斯波氏の失地回復策として社山城に斯波義雄《しばよしかつ》が送り込まれるが、斯波氏は今川氏によって二俣城に追われ、社山城は今川方の城となった。

桶狭間の戦いで今川氏が衰退すると西遠江には徳川氏が進出、社山城もその配下に置かれた。元亀３年（１５７２）武田信玄の遠江侵攻で、二俣城攻略のために社山城北方の合代嶋に本陣が構えられたとされる。その本陣については明確でないが、武田方の大軍駐屯のために、天竜川の渡河点である社山城から合代嶋にかけての地域が一体的に使用されたと考えられる。その後、天正元年（１５７３）に二俣城を奪われた徳川家康が、奪還のために社山城を城砦として使用したとされ、北遠江の要・二俣城の争奪戦では、徳川と武田の双方が拠点城郭として重要視していたことが分かる。

1 西側から社山城跡を望む　**2** 本曲輪西下横堀。横堀と土塁による重厚な守りとなっている　**3** 本曲輪西下尾根筋の堀切。多重な堀切により尾根筋にも厳重な防御が見られる　**4** 本曲輪を南側から見る　**5** 本曲輪北下横堀。本来は西下横堀と一体を成し堅固な守りとなっていた

武田氏による
大規模かつ高度な改修の痕跡

構造は城山最高所の本曲輪と東尾根の二の曲輪からなり、北と西に伸びた小尾根上にも堀切と小曲輪を配置している。本曲輪と二の曲輪は大堀切で分断され、本曲輪と二の曲輪には大きな違い見られる。

本曲輪には、一部消失しているが北から西側にかけ大規模な横堀があり、見所の一つとなっている。さらに本曲輪から派生した西尾根には二重堀切、北尾根にも堀切と端部には土塁を伴った横堀を配置。執拗とも言える厳重な防御が見られる。

一方、二の曲輪では、端部に大規模な二重堀切があるほか、曲輪周囲に腰曲輪が配される程度で本曲輪ほどの手厚い防御は見られない。本曲輪と二の曲輪に見られるこの差異は、今川・武田・徳川の

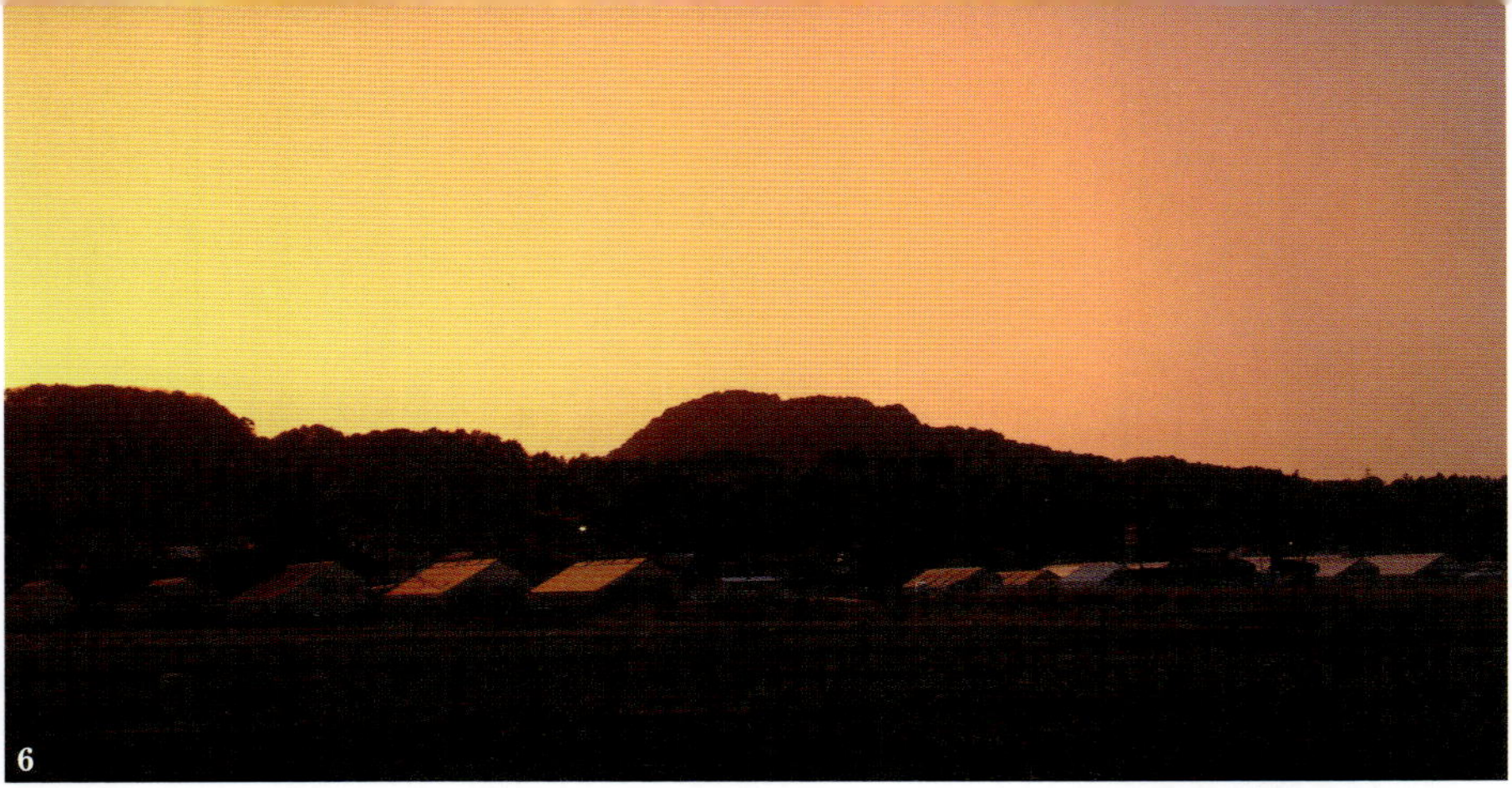

6 夕焼けに染まる社山城遠景　7 二の曲輪を東北側から見る。本曲輪との間の大堀切の手前には土塁が控える　8 本曲輪北東下の竪堀。緩斜面は複数の竪堀により堅守される　9 本曲輪から二の曲輪の間にある堀切3。深さは10 mにも及ぶ大堀切

歴代城主による創築と改修を反映していると考えられる。今川氏による創築期には、東尾根の二の曲輪を主郭とし、南側の街道へと続く尾根筋が往時の大手道と想定され、基部には防御の堀切が見られる。武田氏の改修では、西方の徳川氏に対する防御として、横堀を中心とした城の西側に防御の重点が置かれた。二の曲輪端部の二重堀切もこの時期に造られ、搦手の防御を担ったと考えられる。さらに徳川氏の改修では、北の二俣城に対する防御として北尾根端部に横堀が拡張されたと想定される。

全期を通じ画期となったのは、大規模な二重堀切や横堀を配した武田氏の改修だ。非常に高度な防御性が見て取れ、遠江における武田氏の山城の中で屈指の規模と構造を誇る。天竜川の渡河点であることを含め、東西南北の結節点ともなる要衝として、西遠江から中遠江さらには北遠江を制圧する上で欠くことのできない拠点城郭だったと評価できる。

社山公園という名称だが特に整備されているわけではなく、本曲輪には神社が鎮座する鬱蒼とした杜の中にあり、二重堀切や横堀などの遺構がよく残っている。観察しやすく見応えのある山城である。

（戸塚和美）

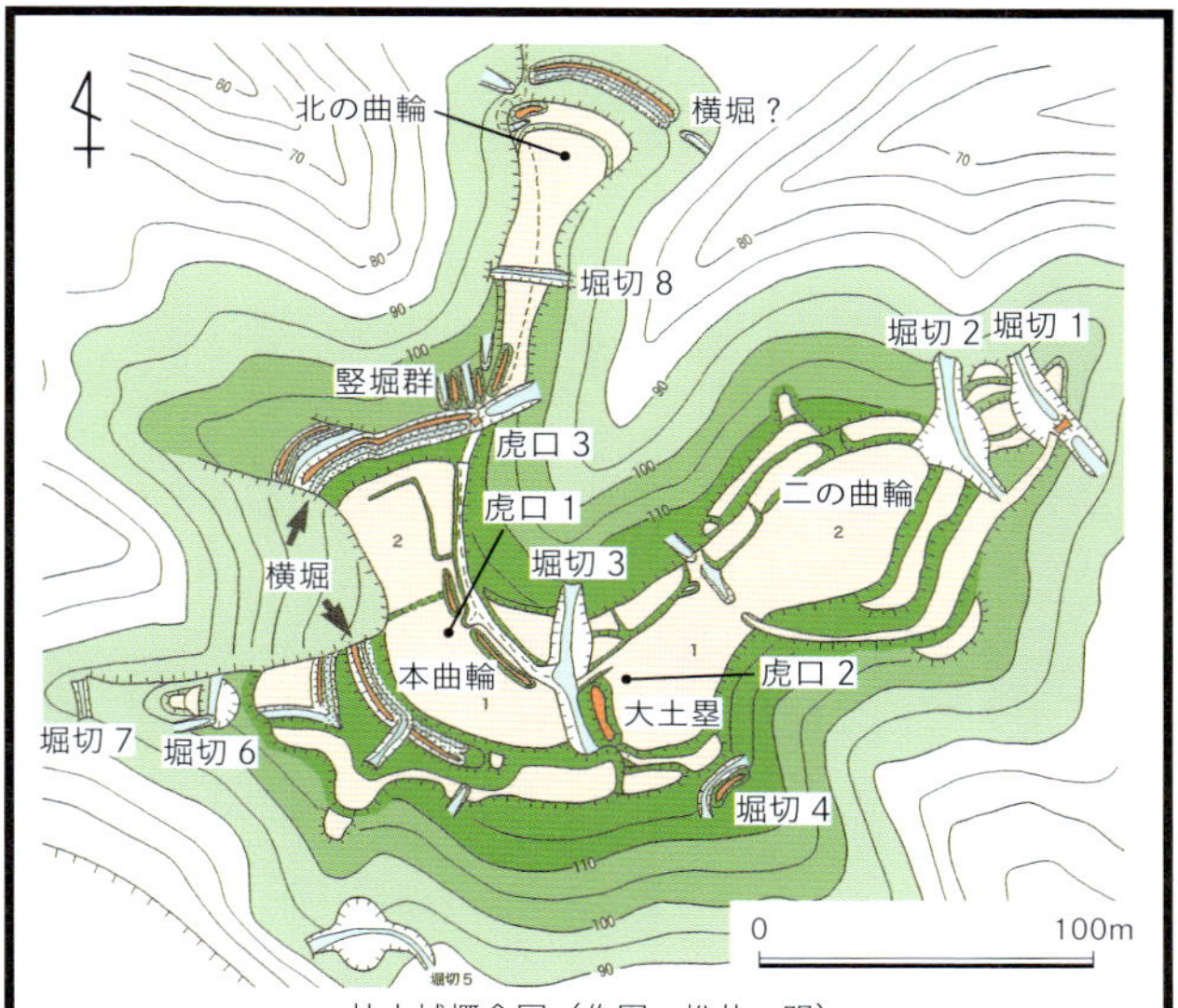

社山城概念図（作図：松井一明）

城 DATA

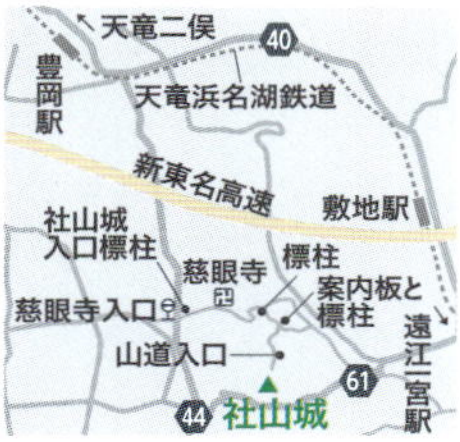

［所在地］磐田市社山
［築城時期］不詳
［主な城主］今川氏、武田氏、徳川氏
［主な遺構］曲輪、腰曲輪土塁、堀切、竪堀、横堀
［標　高］136 m
［アクセス］東名磐田 IC から 25 分。JR 磐田駅から二俣山東行きバス「慈眼寺入口」下車徒歩 25 分で山道登り口。そこから徒歩 15 分で山頂
［駐車場］あり

本曲輪から西側を望む。天竜川西岸の平野部まで見渡せる

寄り道スポット

食べる

百々や《ももや》

昭和の面影を色濃く残す天竜浜名湖鉄道「遠江一宮駅」に併設された蕎麦処。自家製粉で打ちたての蕎麦は、シンプルな笊蕎麦と田舎蕎麦の 2 種類。

住：周智郡森町一宮 2431-2
☎：0538-89-7077
休：月・火曜（祝日は営業）

見る

獅子ヶ鼻公園《ししがはなこうえん》 いこいの広場

弘法大師の開山伝説がある公園。3 基の円墳と、山岳密教寺院と伝えられる市指定遺跡「岩室廃寺跡」の基壇が残る。展望台からは遠州灘まで望める。

住：磐田市岩室 199-1
☎：0538-33-1222（磐田市観光協会）

信玄も攻めあぐねた泥田に浮かぶ堅城

久《く》野《の》城《じょう》

袋井市

鑑賞ポイント

1. 低湿地帯の小山を巧みに利用した曲輪群
2. 出土した織豊期のさまざまな瓦類

東海道を望む久野氏の居城

近世東海道を南方に望める丘陵上の平山城。戦国時代の東海道も近世とほぼ同一の場所にあり、街道を監視する目的を持った久野氏の居城である。

最初の築城は明応年間(1492〜1501)で、久野宗隆によると伝わる。本丸の発掘調査でも同時期の土器陶磁器などの遺物が出土し、伝承が正しかったことが確かめられた。なお座王権現《ざおうごんげん》が祀られていた場所に築城したため、座王城とも呼ばれていた。

当初の城の範囲は、山頂部の本丸、二の丸、高見、北の丸などで小規模な山城と考えたい。規模が拡大したのは永禄11年(1568)以降、徳川家康の家臣になった久野宗能《むねよし》の時で、南の丸など山麓曲輪郡の整備、武田氏に備え城の北側に横堀を入れるなどの防御を固めた構造に改修し、城主館も山頂部から広い南の丸に移した可能性が高い。城の周囲は防御の固い低湿地であった。

南からの遠景。台風による浸水で往時の水堀が出現

松下之綱による織豊系城郭への大改修

天正18年（1590）の徳川家康の関東移封に伴い、家康の家臣・久野宗能も関東の佐倉に移封となった。代わりに豊臣大名である松下之綱《ゆきつな》が入城。之綱は頭陀寺《ずだじ》城（浜松市）の元城主で、豊臣秀吉の最初に使えた人物と伝えられている。

豊臣大名が造る城の特徴である天守や櫓、門などに葺かれた瓦が出土しており、織豊系城郭としての大規模な改修があったことが確認されている。本丸には石垣造りの天守台はないものの、南や北斜面より建物に使われたと思われる鯱瓦《しゃちがわら》などの瓦類が多く出土することから、本丸に瓦葺きの天守や櫓建物があったと考えられる。

発掘調査で本丸に埋められた小規模な櫓台が確認され、単層櫓であったと想定される。山麓曲輪の整備も西の丸、東の丸や大手の整備も進められた。大手には櫓門があったと伝えられ、後に北条氏重により、掛川城北門に移築されたという。織豊系城郭の特徴を示す石垣は現況では見られない。しかしながら氏重による本丸の大規模な破城が確かめられているので、石垣のある天守台は破却、虎口も埋め立てられており、地表面で石垣が確認できない理由は破城によるとの指摘がある。どちらにしても虎口や櫓台に限定して石垣が使われた、石垣の少ない城だったことは間違いない。外郭にも石垣はないが、幅40m深さ5m以上はある水堀を巡らしていたことが確認されている。

慶長5年（1600）、関ヶ原合戦では之綱の後を継ぎ、東軍に属した重綱だったが、慶長8年（1603）に石垣の補修を幕府の許可なく行ったことをとがめられ、常陸国小張（つくばみらい市）へ蟄居、移封となった。東海道筋の豊臣大名を一掃する徳川幕府の施策の一つであったと思われる。

1 東の丸の調査で見つかった礎石建物跡。北側に土塁を背負う（袋井市教育委員会提供） **2** 本丸虎口の井戸には今も湧水がある

北条氏重による平和な城への変貌

重綱移封後は、再び久野宗能が隠居城として入城するが、ほどなく病没のため、慶長14年（1609）、家督を継いだ孫の宗成《むねなり》が城主になる。宗成は元和5年（1619）、徳川御三家の紀州藩主徳川頼宣《よりのぶ》の付家老として、伊勢田丸に移封された。

代わりに徳川家康の甥で、玉縄北条氏の家督を継いだ氏重が入城した。氏重時代の瓦が大手から出土し、本丸は大規模な破城がなされ、山麓部の堀を埋め立て曲輪の拡張を行い、戦略的な山頂部の曲輪は放棄されたことが発掘調査で確認できた。山麓部の曲輪は、南の丸と大手の間にあった堀を埋め立て御殿の拡張を行い、大手門も改修したと思われる。西の丸も主税屋敷を中心に大規模な埋め立てが確認でき、家臣団屋敷が置かれたと見られる。現在の城の姿は、戦国時代の特徴を残す北側の北の丸や横堀部分を除くと、氏重時代の姿を残している。

こうした氏重による城の大改修は、徳川家が家康から秀忠に代替わりし、さらに徳川幕府を盤石にするため、豊臣政権の象徴であった松下氏の天守や櫓を破却し、徳川幕府による平和な時代が到来したことを、東海道を通過する大名や人々に知らしめる策として実行されたと思われる。氏重は寛永17年（1640）、下総関宿に移封となり、久野城はまもなく廃城となった。現在は整備が進み、散策路なども設けられており、戦国から江戸初期にかけての城郭の姿を同時に見学できる平山城として一見の価値がある。（松井一明）

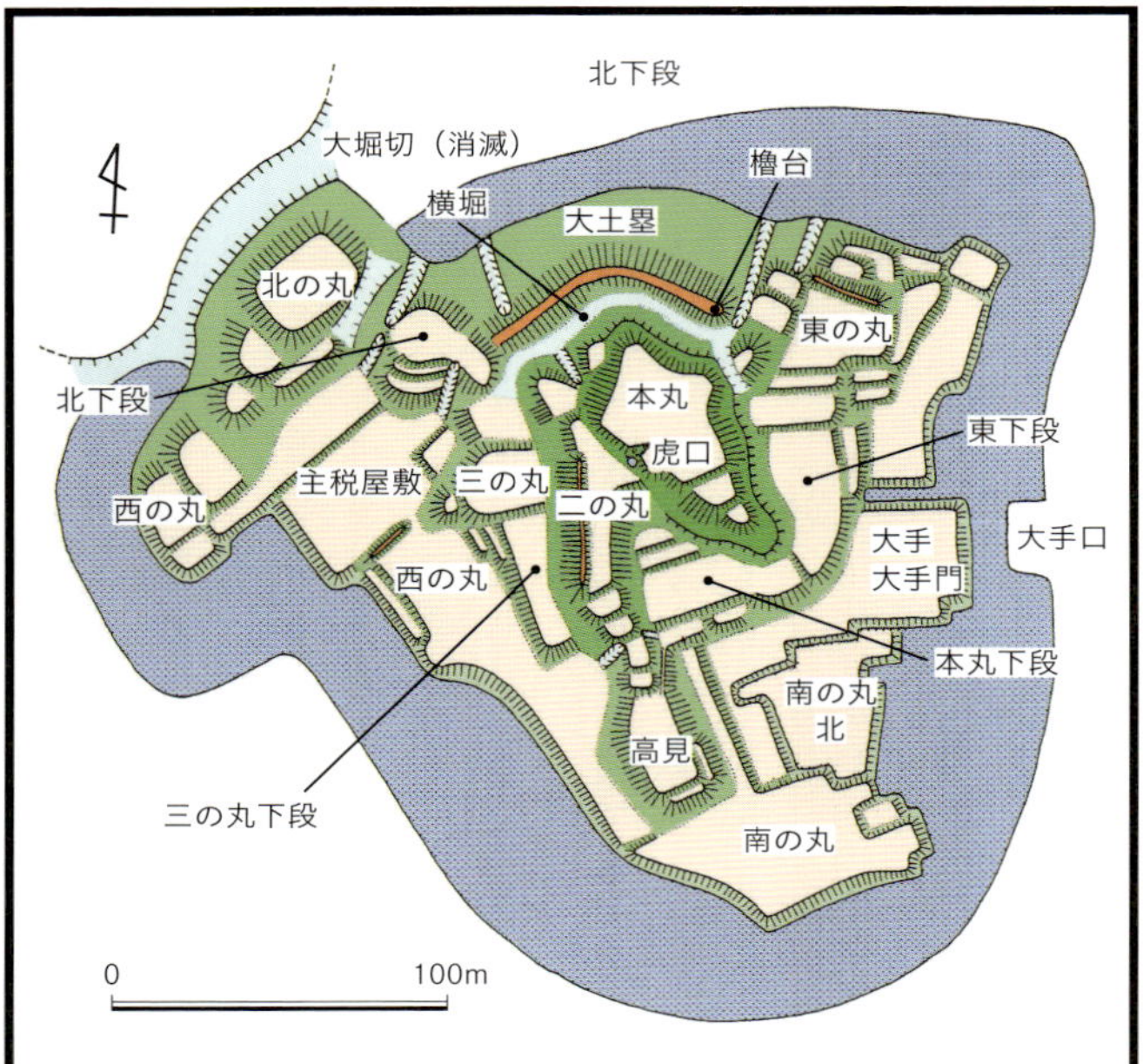

久野城概略図（原図：加藤理文、一部加筆）

3 破城を受けていた本曲輪。北側が高く松下時代の天守があったと推定される
4 本丸東側の高い切岸。東の丸から東下端の曲輪群は松下時代に整備された

5 二の丸から見た高見。東海道がよく見える　**6** 細長い二の丸。高見から本丸に至る通路で西側に土塁がある　**7** 搦手にある横堀。規模は最大で北側に土塁を積む

城 DATA

［所 在 地］　袋井市村松字鷲津
［築城時期］　明応年間（1492 ～ 1501）
［主な城主］　久野氏、松下氏、北条氏
［主な遺構］　曲輪、虎口、土塁、堀切、横堀、竪堀、井戸跡
［標　　高］　35m
［アクセス］　東名袋井 IC から 10 分。JR 袋井駅から森町・山梨方面行きバス「一軒家」下車徒歩 20 分
［駐 車 場］　あり（20 台）

寄り道スポット

見る

可睡斎《かすいさい》

開山は室町時代初期。今川氏の人質だった若き日の徳川家康を 11 代住職がかくまって逃がした逸話が残り可睡斎という寺号も家康にゆかりがある。

住：袋井市久能 2915-1
☎：0538-42-2121

見る

油山寺《ゆさんじ》

行基上人が万民の無病息災を祈願し開山。現在は目の霊山として眼病改善祈願に訪れる人も多い。山門は掛川城御殿下門を移築した国指定重要文化財。

住：袋井市村松 1
☎：0538-42-3633

高天神攻めの家康本陣となった重要拠点

馬《ま》伏《むし》塚《づか》城《じょう》

袋井市

鑑賞ポイント

❶ 往時は水堀に囲まれた物資集散基地

❷ かつての面影を伝える大土塁が現存

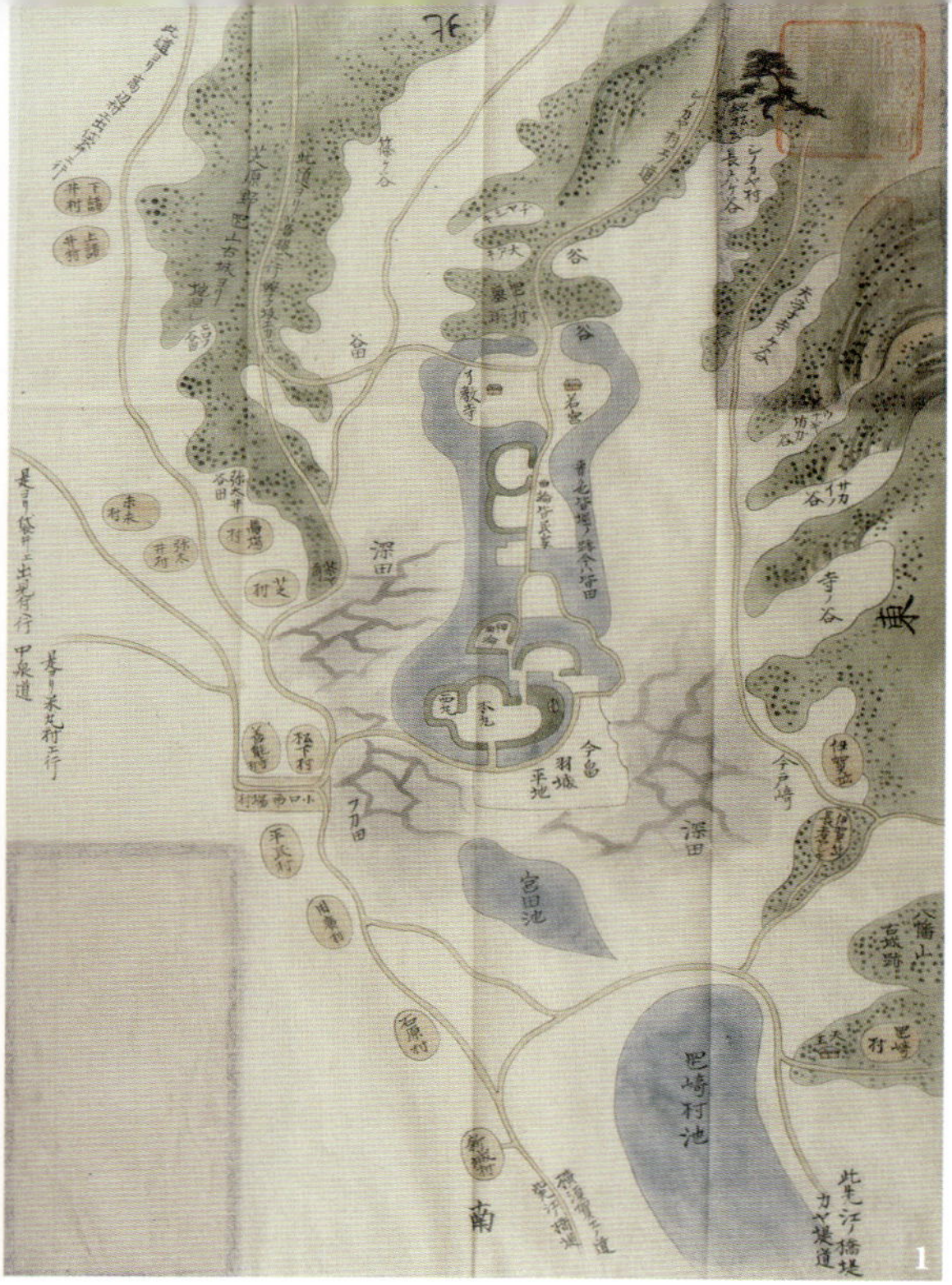

1『諸国古城之図』より「遠江 馬伏塚」に描かれた馬伏塚城の姿。周囲に水堀があることが分かる（広島市立中央図書館所蔵） **2** 東側からの遠景。低地に突き出た低丘陵に築かれた平山城

今川家臣・小笠原氏の居城

小笠山西南山麓の南側に延びた舌状丘陵の先端に築かれた平山城である。江戸時代の城絵図集『諸国古城之図』によると、周囲に水堀、南端には本丸、中央に土塁に囲まれた曲輪、北には了教寺のある曲輪が描かれ、それぞれ堀切で分断されている。

本丸西側の発掘調査で、中世の墓地や寺を廃し、土塁が築かれていたことが判明した。改修時期は天正２年（１５７４）以降で、徳川家康が高天神城攻略のため、大須賀康高に命じた時期と符合する。それ以前の小笠原時代の城は、中央の土塁囲みの北曲輪群に館があり、南は寺院と墓地、北の岡山の集落は城域に含まれない小規模な城（館）だったと思われる。

高天神攻略のために大改修

本曲輪群の東・南側には、一段低い「羽城」と呼ばれる南曲輪群があり、船着場と考えられている。城周辺の水堀も康隆が改修し、併せて周囲に広がっていた池や潟湖と水路で接続し、高天神城攻めの川船を使った物資補給の最前線基地としての役割を担っていた。

北曲輪群は小笠原時代の館をそのまま利用し、北側の広い岡山

の集落を堀や柵で取り囲んで曲輪（伝居屋敷曲輪）とし、兵士の駐屯地として利用したようだ。このように康隆が改修した後の城の範囲は、南北600m、東西160mにも及ぶ大規模な城に変貌した。

武田勝頼が高天神城に入城した際、必ず家康が本城に陣を張ったとされている。高天神城攻めの末期、天正7年（1579）から落城する天正9年の間は、家康の命で康隆により横須賀城が築城され前線基地としての役割は軽減された。高天神落城後も、家康は鷹狩のために頻繁にこの地を訪れている。現在、水堀は水田化し曲輪も宅地化したが、南北の曲輪群には土塁や堀の痕跡を今も確認できる。

（松井一明）

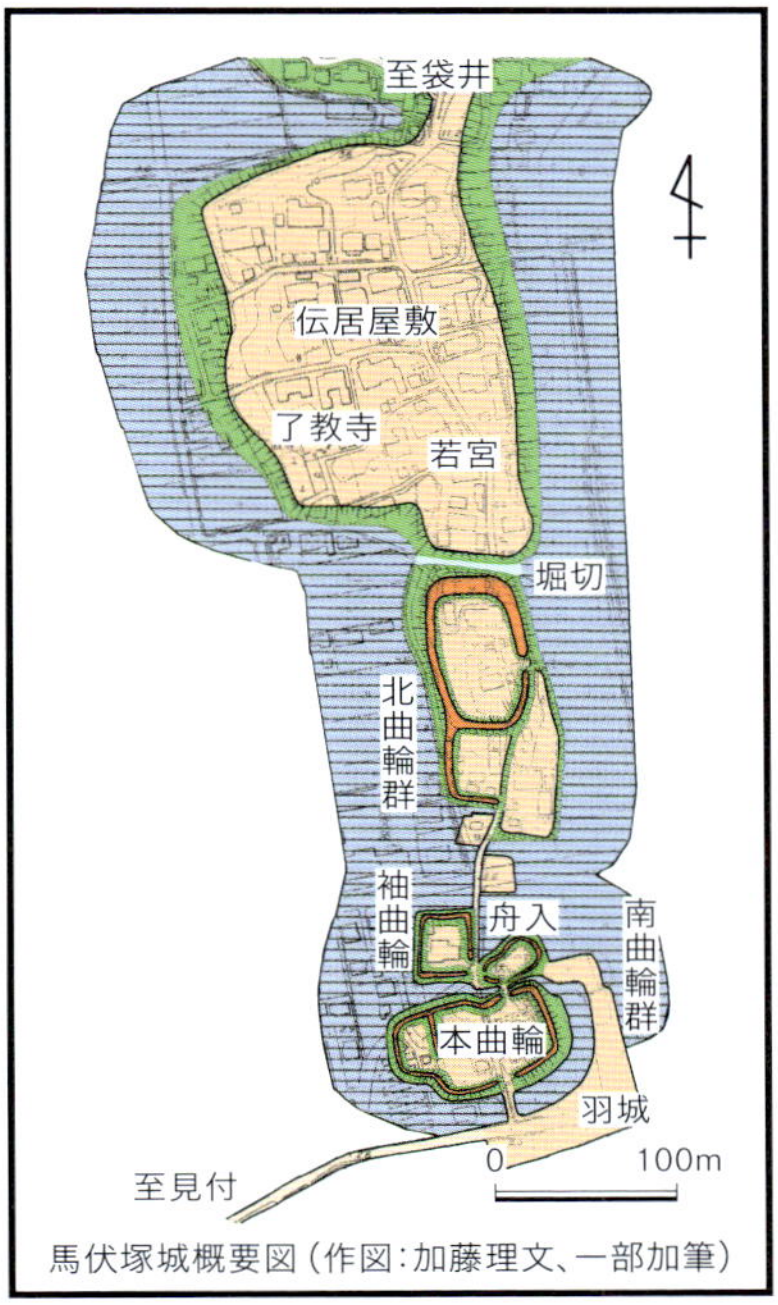

馬伏塚城概要図（作図：加藤理文、一部加筆）

城DATA

［所在地］袋井市浅名字岡山
［築城時期］明応年間（1492～1501）か
［主な城主］小笠原氏、大須賀康隆（徳川家康）
［主な遺構］曲輪、虎口、堀切、土塁
［標　高］5m
［アクセス］東名袋井ICから30分。JR袋井駅から車で15分。横須賀・大東方面行きバスで芝バス停下車徒歩10分
［駐車場］なし

3 本曲輪南西側の低い羽城曲輪は、船着場としての用途が考えられる　**4** 北曲輪群北側の堀切。右手の木々は北曲輪の大土塁　**5** 調査で見つかった本曲輪北側の土橋。掘り残しによるもの（袋井市教育委員会提供）

6 北曲輪の大土塁。小笠原時代からの館跡で家康による土塁のかさ上げ改修の痕跡が残る　**7** 高い土塁が見られる本曲輪。隅櫓台と見られる

交通の要衝に位置した国人領主・天方氏の居城

天方城《あまがたじょう》

周智郡森町

鑑賞ポイント

❶ 戦国末期の長大な横堀と土塁

❷ 大規模な兵を駐屯させた広い曲輪

春野方面からの街道監視の要の城

森町市街地から太田川を3㎞ほど遡った東岸の丘陵上、標高差200mの高所にある。眼下に太田川と森町の市街地が広がり、街道の見張所としては絶好の地だ。

天方城は大鳥居にある城を天方本城とし、今回ここで紹介する城は、城ヶ平にある天方新城である。天方本城は飯田荘地頭首藤山内氏を祖とした天方通秀《あまがたみちひで》が応永年間（1394〜1428）頃に築城したと伝えられている。山頂部の平坦地を利用し、本曲輪と二の曲輪からなる、コンパクトな山城である。

見事な横堀と土塁が特徴

本曲輪は南北80m、東西110mの長方形の規模で、北と西面に横堀を巡らしている。横堀の内側と外側両方に土塁をもつ特異な配置を示す。堀外の土塁は二の曲輪の土塁になると思わ

1 南西からの遠景。手前は太田川
2 広い本曲輪は兵や物資の補給地として利用された
3 本曲輪北側の虎口1。クランク状に折れるが公園の改変がある

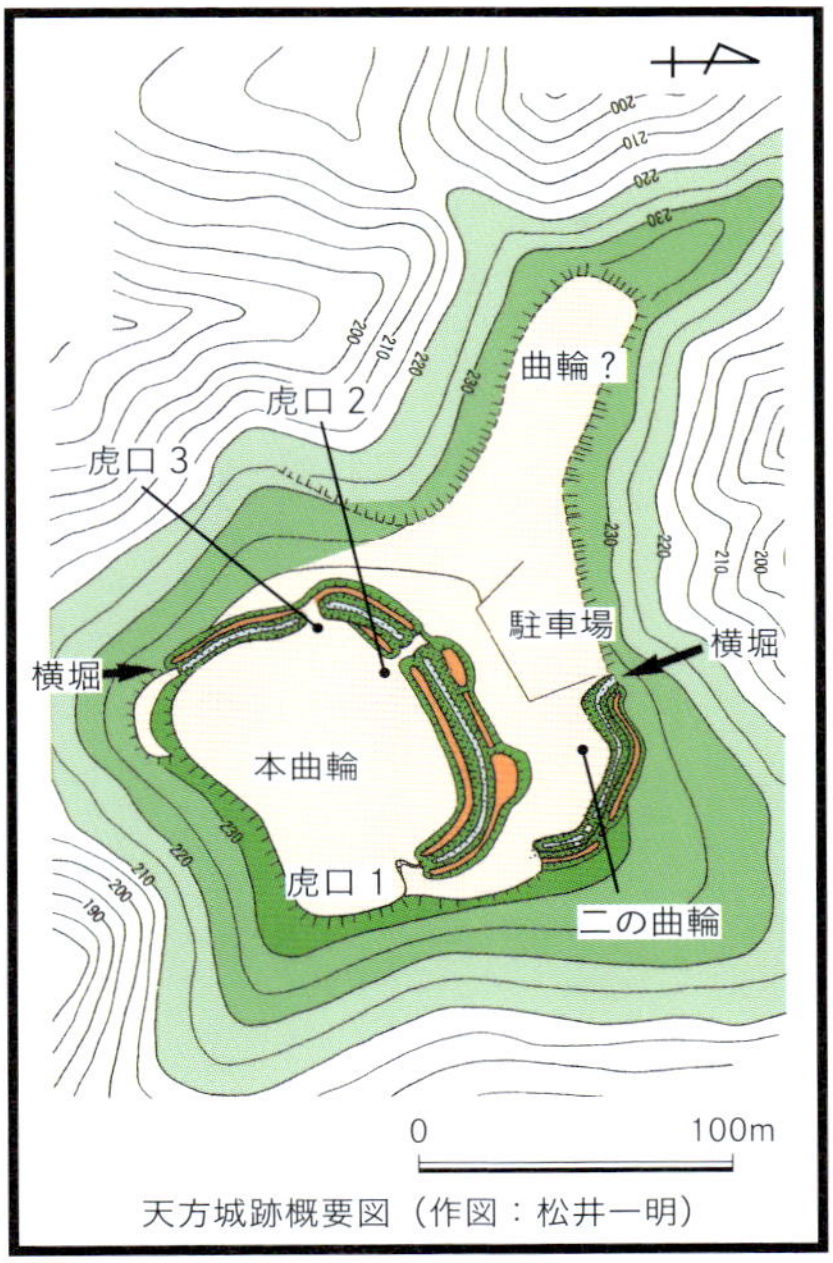

天方城跡概要図（作図：松井一明）

4 本曲輪東側の横堀。内外に土塁が積まれるが本曲輪側の土塁の規模が大きい　**5** 本曲輪の虎口2。二の曲輪と土橋により連絡する通路

れる。虎口は3カ所あり、虎口1と3は、城外からの通路で、虎口3は土橋をもつ。虎口2も土橋により堀を渡り、二の曲輪との連絡用通路になる。

　二の曲輪は一部を駐車場で破壊されているが、本曲輪の北面を防御するための曲輪である。北面を堀で囲むが、土塁は堀外のみにしかなく、曲輪内部には土塁がない。また北西に延びる尾根筋は一部破壊されているが、曲輪に利用できそうな地形が見られる。

　本曲輪と二の曲輪ともに長方形をなす単純な形態ではあるが、横堀を配置する点は、戦国時代末期の技巧的な城の姿を示している。

　永禄12年（1569）以降、徳川家康の軍門に降った天方通興が築城したと思われる。本曲輪のみが比較的広く、単純な方形をなしており飯田城との類似点を指摘できるが、横堀があるため元亀3年（1573）、武田信玄が北遠の地を席巻した折に武田方の城になり、物資補給のための繋ぎの城として改修された可能性も高い。

（松井一明）

城 DATA

［所在地］周智郡森町向天方
［築城時期］永禄11（1568）年
［主な城主］天方氏、武田氏、徳川氏
［主な遺構］曲輪、土塁、虎口、横堀
［標　　高］240m
［アクセス］新東名森町ICから車で森町方面へ20分。天竜浜名湖鉄道戸綿駅下車徒歩50分
［駐車場］あり（20台）

「織豊城郭」の見所が満載の平山城

掛川城《かけがわじょう》

掛川市

鑑賞ポイント

❶ 戦国時代ならではの築城技術の数々

❷ 日本で初めて復興された本格木造天守

駿河守護大名・今川氏が遠江支配の拠点として築城

東遠江の中心に位置し、東・南・北を低い丘陵に囲まれた盆地状の沖積平野に展開する。標高56mの龍頭山を中心とした独立丘陵部を主要部として占地する。

古代から東西を結ぶ主要幹線だった東海道と、南北の秋葉道（塩の道）が交差する要衝にあり、戦国期は駿河守護大名・今川氏の重要な支城だった。16世紀初頭に今川義忠が、東遠江経営のために重臣・朝比奈泰熙《やすひろ》に築かせた掛川古城に始まり、今川氏の遠江での勢力拡大に伴い、古城から現在地に新城として築城された。

永禄3年（1560）の桶狭間の戦で今川義元が討たれると、武田・徳川は弱体化した遠江に侵攻を開始、三河から侵攻した徳川家康は朝比奈泰朝と今川氏真の籠城する掛川城を攻め、半年間の攻防の末、掛川城を開城させた。一時期、掛川城は徳川の城として、対武田としての最前線に位置した。

天正18年（1590）、豊臣秀

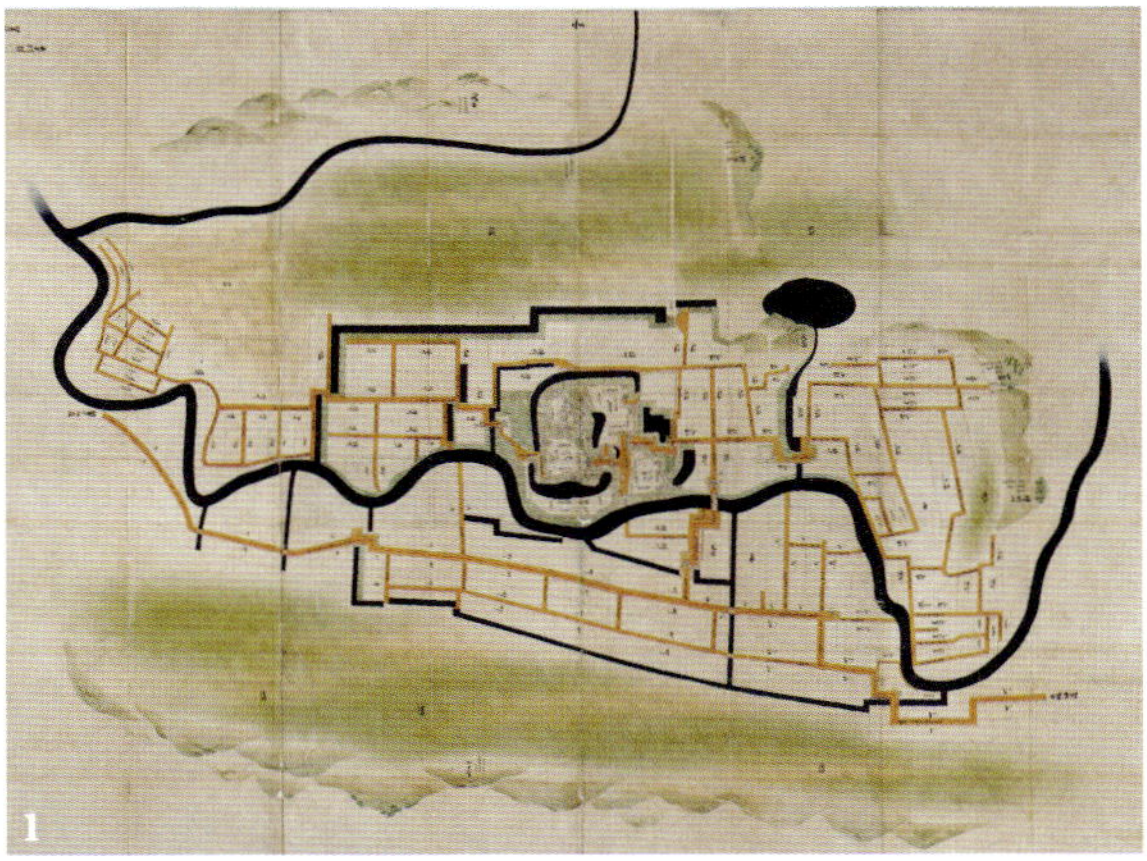

1『正保城絵図』は正保元年（1644）に幕府が諸藩に作成させた城絵図。各城の軍事情報と町割なども記されている（国立公文書館所蔵） **2**天守と二の丸御殿 **3**三日月堀 **4**十露盤堀

吉による天下統一後、家康は関東に移封。掛川城には山内一豊が入城し、最新の築城技術を駆使して大改修を行った。

徳川方により改修された技巧的な本丸虎口

最盛期の様相を示す「正保城絵図」を参考にその縄張りを見てみると、丘陵最頂部の天守丸を最奥にとり、本丸をその前面に配置。さらに二の丸・三の丸をはじめとする主曲輪がそれらを取り囲む、いわゆる梯郭式縄張りをとる。城山の南を貫流する逆川《さかがわ》を外堀として取り込み、その内側にも曲輪（松尾曲輪）が配され、本丸の防御を強固にしている。松尾曲輪は明治期の逆川流路付け替えに伴って内堀とともに消滅しているが、絵図からは丘陵部だけでなく河川と低地部を要害として取り込んでいたことが分かる。

最大の防御線である本丸虎口は、石垣こそ多用していないが内堀（松尾池）・三日月堀・十露盤《そろばん》堀の3つの堀を駆使した技巧的な虎口だ。この虎口形態が織豊期である山内期に既に完成していたことは確かだが、その初現は永禄末（1570）から天正18年（1590）にかけての徳川配下石川期の普請と考えられ、当時の対武田との緊張を雄弁に物語る遺構と評価できる。山内期にはこの虎口空間に門・塀、さらに石垣が普請されたことで、出枡形虎口を志向し、織豊城郭としての体裁を整えた。

本丸は決して広くない。本丸の普請以前は南に傾斜した谷地で、そこに集石墓からなる中世墓群が造営されていたことが発掘調査で判明した。本丸普請では、谷地と中世墓群を埋め立てることで本丸空間を確保しており、朝比奈期の普請規模の大きさが分かる。

本丸東裾から天守丸へ至る城道は、折れを多用した複雑なルートをとり、中腹では横矢掛けの腰櫓が配置され防御性を高めている。登城路では調査で出土した玉石側

5 平成６年に復興された天守
6 四足門から望む天守と太鼓櫓
7 太鼓櫓は安政元年の大地震後に二層櫓として再建された
8 天守閣に続き平成７年に復興された大手門。楼門造りの櫓門で高さがある　**9** 二の丸茶室。数寄屋造りの茶室で掛川茶や茶菓子が味わえる

溝が往事の姿のまま展示されている。

急勾配の登城路から天守下門の石垣跡を経て天守丸に入る。銀鱗の甍、白亜の壁、天守台からなる復興天守が目に入る。市民の熱意によって平成６年（１９９４）に

１４０年ぶりに木造で再建されたものだ。天守台石垣は近世の積み直しを含むが、南面と西面に山内期の自然石・粗割石を用いた、静岡県内では数少ない織豊期の石垣が遺されていた（復興天守に伴い解体された）。

天守に代表される近世城郭として語られることの多い掛川城だが、本丸、虎口や折れを多用した城道など軍事としての攻守に重きを置いた中世城郭としての側面を、そこかしこに見ることができる。

（戸塚和美）

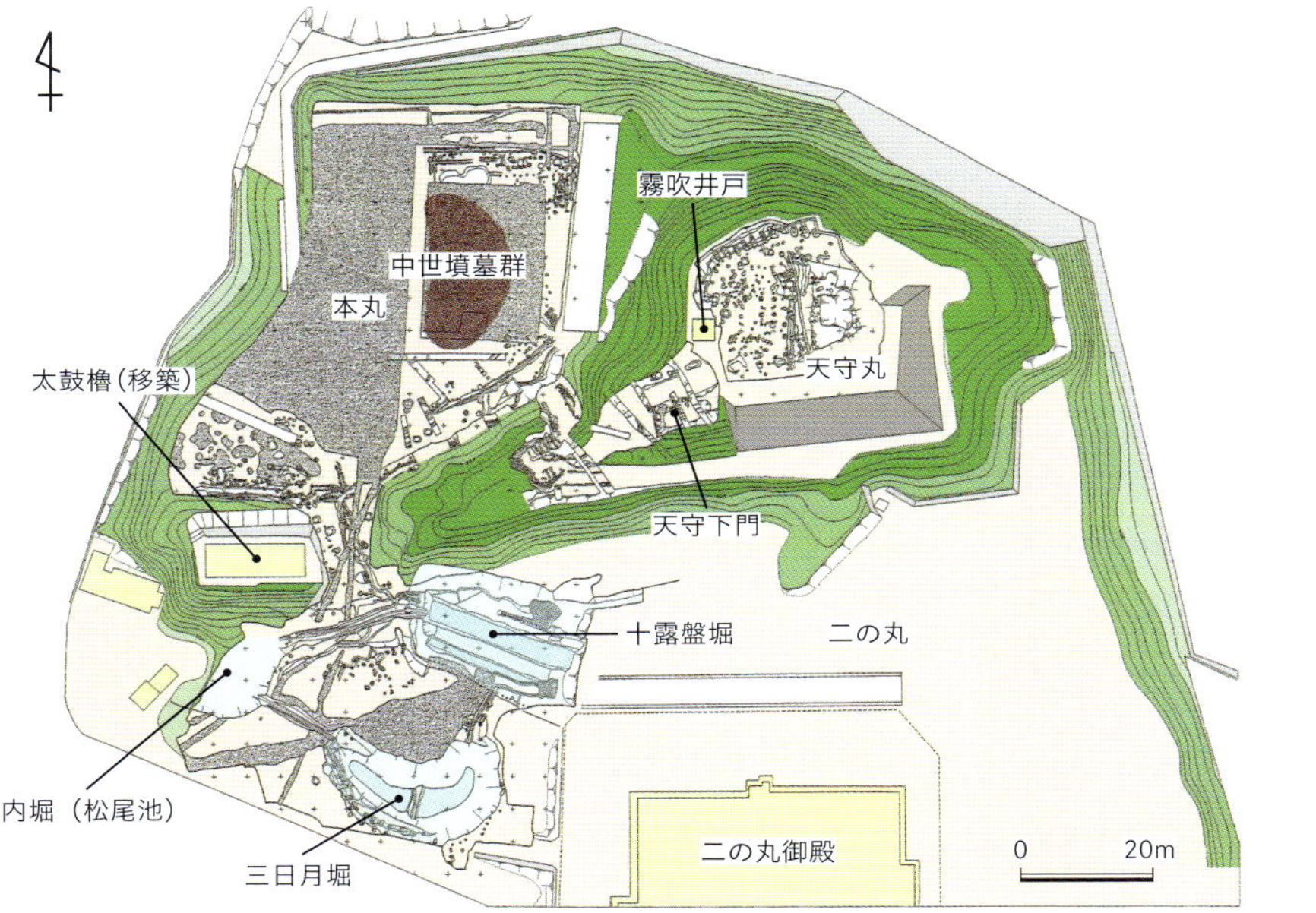

掛川城主要部遺構全体図（『掛川城復元調査報告書』）

城DATA

［所在地］掛川市掛川
［築城時期］永正９年（1512）頃
［主な城主］朝比奈泰熙、石川家成、山内一豊
［主な遺構］曲輪、土塁、横堀、石垣
［標　　高］56m
［アクセス］東名掛川ICから市街地方面へ10分。JR掛川駅北口から徒歩15分
［駐車場］あり（有料）大手門駐車場、掛川城公園駐車場

市内の円満寺には移築された蕗の門が現存する

寄り道スポット

見る　大日本報徳社
だいにほんほうとくしゃ

二宮尊徳による報徳思想の総本山。国重要文化財の大講堂をはじめ、移設された有栖川宮邸などの貴重な近代和風建造物群が堪能できる。

住：掛川市掛川 1776
☎：0537-22-3016
休：なし（12月29日〜1月4日のみ）

見る　掛川市ステンドグラス美術館

19世紀に英国で制作されたステンドグラスを中心としたコレクションを展示する世界的にも珍しい美術館。四季の陽光とのコントラストは必見。

住：掛川市掛川 1140-1
☎：0537-29-5680
休：月曜（祝日の場合は開館、翌日休館）

戦国期の軍事拠点から近世期の政庁へ

横須賀城《よこすかじょう》

掛川市

鑑賞ポイント

❶ 他に類を見ない河原石を用いた石垣
❷ 戦国期の景観を遺す松尾山東の空堀
❸ 本丸の天守台跡。松尾山の多聞櫓跡

徳川家康による高天神城奪還作戦の軍事拠点

永禄3年（1560）、桶狭間の戦いによって今川義元が討たれ、今川勢力が衰退していく中、今川旧領の駿河・遠江は武田氏と徳川氏の草刈り場と化した。甲斐の武田は今川領駿河に加え、さらに遠江と三河を攻略すべく両国にたびたび侵攻。三河の徳川も遠江を固守しようと、遠江の各地で激しい攻防を繰り返していた。

横須賀城の位置する東遠江は、両勢力の境界地帯にあたる。徳川方の重要拠点として長年にわたり武田方の攻撃に耐えていた高天神城が、天正2年（1574）、武田勝頼に奪取されてしまう。これを奪還するための拠点として、徳川家康の命を受けた家臣、大須賀康高が築いたのが横須賀城だ。築城時期は諸説あり、天正6年（1578）から天正8年（1580）頃、高天神城落城直後の天正2年（1574）から天正4年（1576）頃と言われている。天正9年（1581）、徳川方の猛攻により高天神城が落城。家康は奪還した高天神城を廃城とし、代わって地勢的に有利な横須賀城を遠江東南部支配の拠点とした。

天正18年（1590）、豊臣秀吉の天下統一後は、家康が関東移封されると横須賀城には豊臣配下の渡瀬繁詮《わたらせしげあき》が入城、繁詮は織豊城郭として整備、拡張を行った。

本丸虎口。河原石による石垣と切岸によって囲まれた本丸虎口に入ると、三方から頭上攻撃にさらされることがわかる

1 初代横須賀城主・大須賀康高創建の撰要寺。横須賀城の不開門は明治初頭の廃城時にここに移築された
2 本丸南側に残る三日月堀

宝永地震による湊機能の消滅

城は、小笠丘陵から西南端に派生した尾根と、そこから西へ延びる砂州を利用して築かれている。築城当時、この地は南から北にかけて大きな入り江と湿地を天然の要害とし、城前の入り江を湊としていた。海辺の道と海運の拠点として遠州灘を押さえる要衝だったが、築城から約100年を経た宝永4年（1707）の宝永地震の隆起で、入り江は後退して干上がり、湊としての機能を失った。海運による物流拠点の機能を失った横須賀城と城下町は、経済的に大打撃を受けた。現在は海岸まで直線にして約2kmが陸地となっており、往時の姿を想像するのは難しい。

3 西の丸から二の丸を望む。二の丸は、本丸・西の丸に比べ一段低くなっている　**4** 外堀跡。宝永地震による地盤隆起により入り江は干上がり、水堀も現存しない　**5** 西櫓と西大手門跡。横須賀城には東西にそれぞれ大手門が設けられていた。一際高くなった部分に西櫓があった

縄張は砂州に沿うように東西に長く、その規模は東西618m、南北は東の三の丸で289m、西の二の丸で184mある。標高26mの松尾山を最奥に、その前面に本丸、西に二の丸、東に三の丸が配される。三つの曲輪は、外堀と城内に配された池状の堀によって分けられる。まず16世紀末に山城として本丸が築かれ、17世紀中葉に平城として東の三の丸を拡張。さらに17世紀後半に西の二の丸へと拡張が重ねられていった。

本丸は、天守台や西の丸などがあった主要部と、御殿や倉庫があった北の丸に分かれる。特に本丸と西の丸は近世城郭として整備され、横須賀城を特徴づける玉石積みの石垣が復元されている。玉石の石垣は、一見奇異にも映るが、通常の角石を用いた屹然とした石垣と違い、玉石の曲線からなるラ

インは優美である。

本丸虎口は本丸下段に位置し、左右を石垣に囲まれ、かつては大型の二階櫓門が存在した。門を抜けると三方を石垣と切岸に囲まれた虎口空間がある。3カ所に階段が設けられた内枡形で、門を抜けると三方から頭上攻撃にさらされる強固な虎口となっている。

本丸の最奥には、かつて3重4階の天守が存在した天守台跡がある。発掘調査で天守礎石が検出され、その礎石配置を見ることができる。

北の丸の北東に位置する松尾山の東、城郭最東端には幅30m、深さ15mの巨大な空堀がある。尾根を分断することで東からの敵の侵入を遮断したものだ。

近世城郭の中にあって、山城としての景観を残す数少ない遺構は、戦国期横須賀城の最大の見所と言える。戦国期には本丸、西の丸と北東端の松尾山が主要な曲輪であり、それら主要曲輪の北から東に空堀を巡らしていた。

整備された本丸に対し、二の丸・三の丸はほとんどが宅地・農地・幼稚園・工場等になってしまい往時を偲ぶのは難しい。一方で南外堀などは未整備なので、今後の整備に期待したい。（戸塚和美）

7 天守台。三重四階の天守が存在した天守台跡　**8** 本丸切岸。戦国期の様相を示す遺構　**9** 松尾山から見た本丸。本丸・西の丸が独立丘陵上にあることがわかる　**10** 本丸石垣。天竜川から運んできた丸みのある河原石を積んでいるのが特徴

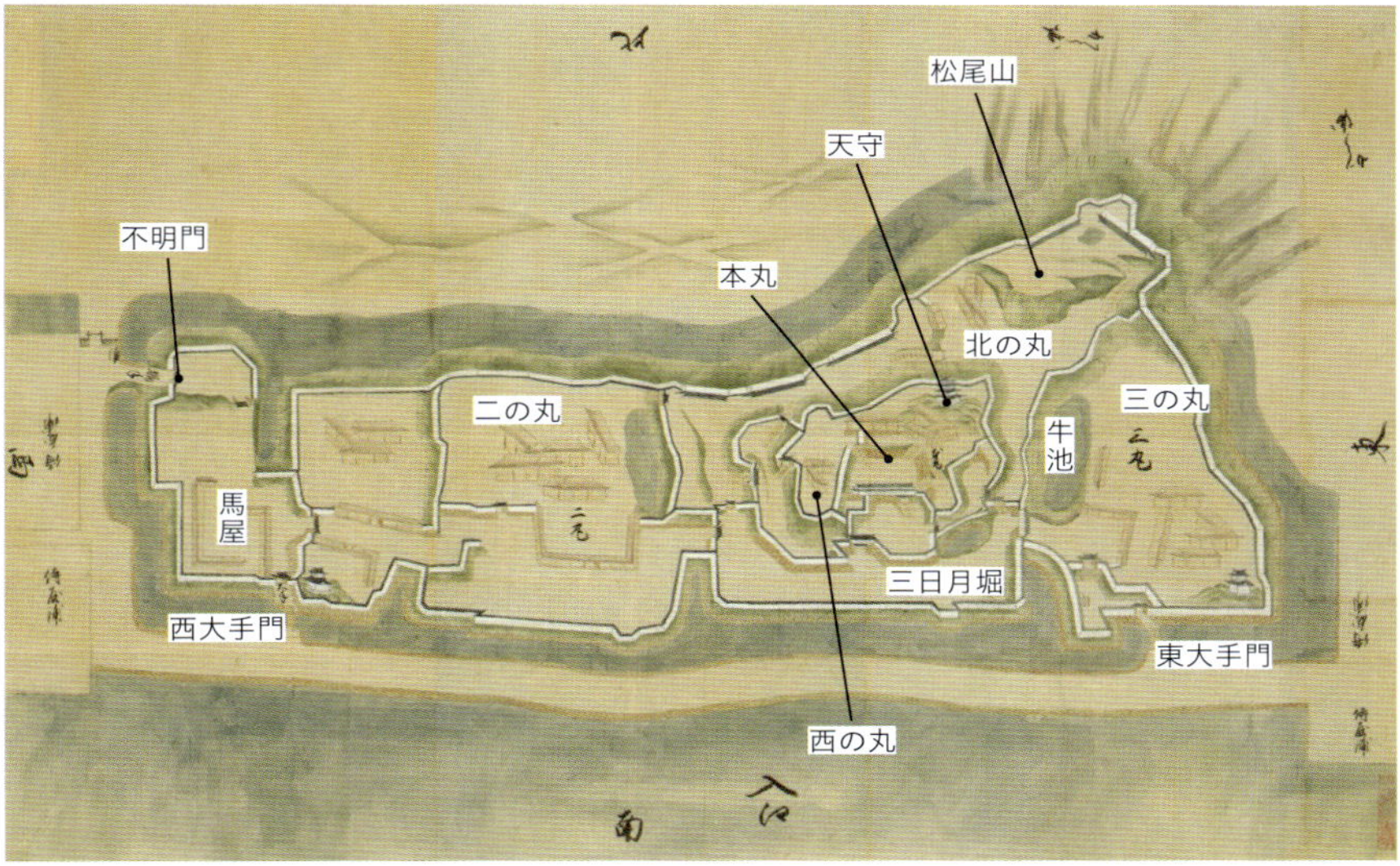

『日本古城絵図 東海道之部（3）. 49 遠州横須賀城図』（国立国会図書館所蔵）

城 DATA

［所 在 地］ 掛川市西大渕
［築城時期］ 天正 6 年（1578）～天正 8 年（1580）頃。もしくは天正 2 年（1574）から天正 4 年（1576）頃
［主な城主］ 大須賀氏
［主な遺構］ 曲輪、土塁、横堀、石垣、枡形
［標　　高］ 20m
［アクセス］ 東名袋井 IC から県道 61 号経由県道 41 号で 25 分。JR 袋井駅から横須賀車庫行きまたは浜岡営業所方面行きバスで「七軒町」下車徒歩 10 分
［駐 車 場］ あり

寄り道スポット

見る

撰要寺《せんようじ》

横須賀藩主・初代大須賀康高とその子忠政の墓塔。高さ 4 m もある巨大な宝篋印塔 2 基が本堂前に安置されている。

住：掛川市山崎1305

見る

本源寺《ほんげんじ》

横須賀藩主・井上正就の墓塔。高さ 2 m ほどの宝篋印塔で、石門と石柵に囲まれ灯籠も備えている。

住：掛川市大渕5431

遠江支配の要。乱世らしい堅固な山城

高《たか》天《てん》神《じん》城《じょう》

掛川市

鑑賞ポイント

1. 曲輪の周囲を取り囲む多くの土塁
2. 高低差を生かした効果的な曲輪の配置
3. 急斜面に作られた圧巻の大堀切

両雄の争奪戦が繰り広げられた難攻不落の名城

「高天神を制する者、遠江を制す」とも言われた高天神城は、武田と徳川による遠江をめぐる決戦の舞台として知られる山城である。創築については明確ではないが、鎌倉時代に土方氏による山麓の居館と山上の山城が始まりだと考えられる。本格的な山城としては15世紀後半、今川氏の遠江侵攻に伴って重臣・福島氏によって築かれ、今川氏の有力な支城となっていった。

永禄3年（1560）、桶狭間の戦いの後、今川氏の衰退で遠江は混迷。徳川氏は遠江国人領主の懐柔に乗り出し、高天神城主・小笠原氏助（後に信興《のぶおき》）も取り込み、高天神は徳川方の城となった。やがて遠江は武田対徳川の争乱の地と化した。

対する武田氏は元亀2年（1571）、大軍を率いて高天神城を包囲、小

高天神城推定復元鳥瞰図（画：香川元太郎 監修：西股総生 学研プラス『歴史群像』より）

笠原氏が死守したことで「難攻不落の城」としてその名を知らしめることになったとされるが、近年の研究によれば、この時期の信玄による三河・遠江侵攻の存在自体が疑問視されている。天正2年（1574）、武田勝頼は2万5千の大軍で来攻、奮戦するも抗しきれず開城、武田方の城となった。

　これに対し徳川家康は、高天神城奪還策として岡崎の城山、横須賀城などを築いて兵站ルートの強化を図り、さらに六砦をはじめとする20カ所にも及ぶ徹底した攻囲策を取った。激しい攻防の末についに落城し、家康は高天神城を奪還するも廃城とした。

鶴翁山の地形を巧みに利用 東西に峰を有する一城別郭

　小笠山山稜から東に張り出した尾根、標高約130mの丘陵に展開する山城で、東海道の掛川と遠州灘の湊を結ぶ東遠江の要衝に位置した。

1 本丸跡　**2** 小笠山砦から見た高天神城　**3** 出土した的場曲輪の石敷遺構　**4** 本丸東帯曲輪の石列を伴った排水溝（3・4掛川市教育委員会提供）

　曲輪の配置は井戸曲輪を境に東峰と西峰に分かれ、それぞれ独立した曲輪群を従えている。井戸曲輪によって連結した様子がH型をしており、これが俗に「一城別郭」などとも称される高天神城の特徴である。

　東峰は周囲を絶壁と深い谷に囲まれたまさに天然の要害で、北側の登城口でもある搦手からの景観、特に比高差10mにも及ぶ断崖は、見る者を圧倒する。最高所となる本丸から御前曲輪を中心に、西側に的場曲輪、腰曲輪が搦手の守りとして配置されている。さらに南東尾根には、三の丸を経て中小の曲輪が階段上に連なり、大手口に至る。

　発掘調査では的場曲輪、御前曲

輪で石敷遺構が確認された。籠城に備え、兵糧備蓄を目的とした倉庫などが存在したと考えられる。遺構面は複数確認され、最下層からは15世紀後半代の遺物が出土、西峰より東峰が先行する証拠となった。他にも本丸周辺では、北側帯曲輪沿いに家康家臣・大河内政局《おおこうちまさふさ》が幽閉されたと伝わる石窟《せっくつ》や、南側の帯曲輪に木戸柱穴とされる遺構などが注目される。

西峰は、高天神社が建つ西の丸を最高所とし、南の尾根に沿って見張り台、南西には馬場が配置されている。馬場の東端には「犬戻り猿戻り」（甚五郎抜け道）と呼ばれる山中への間道が続く。

西の丸北側には、一段下がった部分に二の丸、袖曲輪、馬出曲輪、堂の尾曲輪が連なるように配置され、南北に急峻な谷が入り込むが、西側の赤根ヶ谷方面の斜面が緩やかなため、念入りな防御施設が構築されている。特に、堂の尾曲輪から井楼《せいろう》曲輪にかけての１００ｍにも及ぶ長大な横堀と土塁、そして堂の尾曲輪を遮断する堀切などの連続する遺構からは、この城が持つ戦闘性がよくわかる。侵入者が安易に近づけないばかりか、一旦堀に入れば頭上攻撃に曝される。さらに二の丸周辺の袖曲輪・馬出曲輪などの小曲輪群では、行き止まりとなる小曲輪を重層的に設け、隘路としての横堀から袋小路に追い込み、効果的な迎撃を可能とするキルゾーンが形成されていた。

5

6

8

7

5 堂の尾曲輪から井楼曲輪にかけての横堀の土塁　**6** 馬出曲輪の横堀１と土塁　**7** 三の丸北側土塁　**8** 西峰に位置する馬場平

9 井楼曲輪櫓台下の曲輪。発掘調査では建物跡の柱穴が発見された
10 井楼曲輪西側の横堀 断面は急峻なＶ字形で、人一人の通過が困難なくらい狭い

11 天正２年（1574）の戦いで活躍した本間・丸尾兄弟の逸話が残る堂の尾曲輪の堀切
12 西の丸の北側に位置する堂の尾曲輪の土塁と横堀

東西それぞれに存在した主郭となる曲輪

二の丸・井楼曲輪では、発掘調査で柱穴が多数見つかり、いくつかの柱穴は物見櫓跡と考えられる。袖曲輪と堂の尾曲輪を分断する堀切底からは橋脚跡を発見。木橋が存在したと推定される。また堀切の西では小堀と畝が設けられ、橋脚固守の堅牢な構造だったようだ。二の丸西側では通路と考えられていた所から箱堀状の深い横堀が見つかり、さらに端部では畝の存在が明らかとなった。いずれも武田の築城術を検討する上で重要な遺構と言えよう。

西峰は横堀・土塁・堀切を多用する極めて戦闘的なエリアで、激戦区であったことが遺構の様相からも分かる。これらの遺構は天正2年（1581）から同9年（1581）にかけ、武田氏によって改修されたものだ。

知っ得おも城豆知識

伝説が証明された！ 大河内政局が幽閉された石窟発見

平成22年(2010)の台風で、本丸北斜面の「伝・大河内政局幽閉の石窟」上部が崩落し、埋没。直ちに土砂は除去され、復旧作業が行われた。すると、下層に新たな穴が確認された。試掘調査を実施した結果、これが本来の石窟だと判明。天正2年(1574)から7年にわたって、徳川方の軍目付、大河内政局が武田勝頼に幽閉された石窟の発見である。伝承がほぼ事実であったことを裏付けた稀有な事例となった。

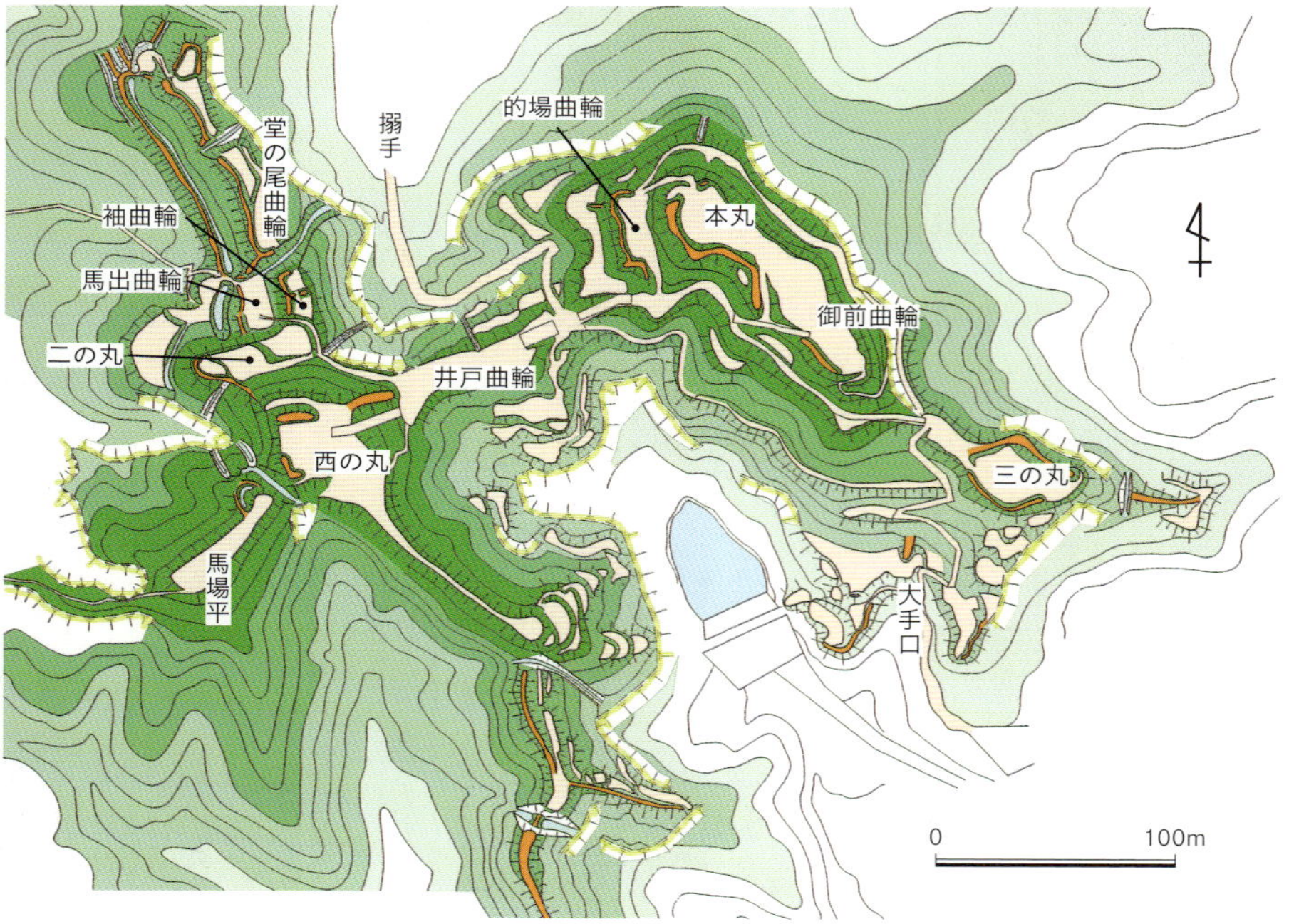

高天神城概念図（『史跡高天神城跡基本整備計画策定報告書』改変）

13 天正９年（1581）の落城時に見事城を脱出した武田軍の軍監・横田甚五郎が通ったと言われる「犬戻り・猿戻り」
14 追手門跡。徳川方の松平康忠がここを破って突入した

一方、東峰では曲輪周囲の急峻な崖地形を利用しつつ、削平地と土塁を組み合わせた居住空間として機能した曲輪群である。西峰と東峰に見られる戦闘的エリアと居住エリアとしての機能の差異は、まさに「一城別郭」と言われる所以である。国史跡としての整備に伴う発掘調査が進んでいるが、整備は著についたばかりである。遺構は比較的良く保存されているが、近年の地震や大雨等の自然災害による崩壊が危惧されるため迅速な整備が待たれる。（戸塚和美）

15 高天神城北東から諏訪原城方面を望む　16 かな井戸のある井戸曲輪跡

城DATA

[所在地]	掛川市上土方嶺向
[築城時期]	16世紀前半
[主な城主]	福島氏、武田氏、徳川氏
[主な遺構]	曲輪、土塁、堀切、横堀
[標高]	130m
[アクセス]	東名掛川ICから県道38号を南進10㎞。JR掛川駅から浜岡営業所行きまたは大東支所行きバスで「土方」下車徒歩15分
[駐車場]	あり(大手口側10台、搦手口側100台)

寄り道スポット

見る

中村城山砦《なかむらじょうやまとりで》

徳川家康による高天神城奪還策として築かれた六砦の一つ。周囲が水堀で囲まれ、水運を利用して物資搬入を担っていたと想定される。

住：掛川市中777(若宮神社)

見る

吉岡彌生記念館《よしおかやよいきねんかん》

東京女子医科大学の創立者で女医として女性の社会地位向上にも尽力した吉岡彌生(旧大東町出身)の偉業を紹介する。彌生の生家も移築されている。

住：掛川市下土方474
☎：0537-74-5566
休：月曜・第4火曜(祝日の場合は開館、翌日休館)

見る

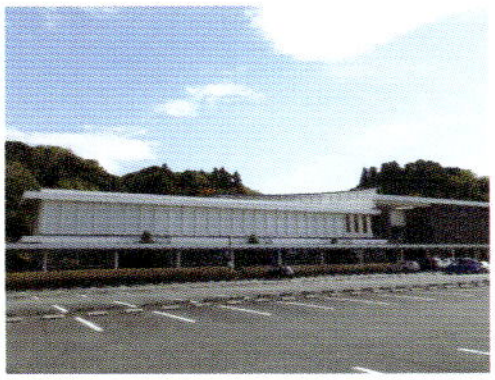

掛川市立大東図書館《かけがわしりつだいとうとしょかん》

蔵書約19万冊、利用可能座席150席。高天神城に関する蔵書コーナーが充実し、2階は郷土ゆかりの偉人に関する展示資料館となっている。

住：掛川市大坂7152
☎：0537-72-1144
休：月曜・毎月最終金曜

高天神城包囲城砦群における最強防備の城砦

小笠山砦《おがさやまとりで》

掛川市

鑑賞ポイント

❶ 高度な機能を有した長大な規模の横堀

❷ 兵站機能も備えた広大な城砦規模

掛川城開城、高天神城奪還の兵站基地

掛川・袋井両市にまたがる小笠山山塊の中心部。徳川家康が掛川城・高天神城の2城を攻略する目的で永禄11年（1568）に築城した陣城である。標高260mの小笠山山頂に立てば、眼下南方約4kmの場所に高天神城を望め、北方の掛川城は、肉眼での可視は厳しいが平野部をほぼ一望できる。

永禄11年（1568）、家康は今川方の高天神城と掛川城の分断のために小笠山を陣城とし、今川氏真と朝比奈泰朝が籠もる掛川城を攻め、開城させた。

天正7年（1579）、武田方の高天神城を攻略するために、家康は再び小笠山に布陣した。南の三井山《みついざん》砦とともに、小笠山砦は北の押さえとして高天神城包囲の六砦のひとつに数えられ、六砦の中では最大規模を誇った。

小笠山丘陵一帯は大井川デルタの隆起によるもので、地層は小笠山礫層と呼ばれる川原小石の重層堆積で形成されている。そのため浸食が激しく、尾根の両側はすさまじい絶壁であり、砦としての要害ぶりを見せつけている。標高こそ低いが、天嶮の山稜には天狗伝説などさまざまな伝説が残り、修験の山としても古来から信仰を集め、山岳寺院の痕跡も見られる。

1 小笠山から掛川城（写真ほぼ中央）を望む　**2** 笹ヶ峰御殿跡　**3** 北西尾根の堀切。横堀と見紛うほどの規模　**4** 徳川家康も望んだであろう小笠山から見た富士山

その後の徳川築城術の端緒となった新技術の取り込み

遺構は、小笠山神社と社務所並びに一部遊歩道により破壊を受けた部分もあるが、全体的に良好な保存状態。城域は東西500mにも及び、付城とは言えその規模は広大だ。最高部には笹ヶ峰御殿と呼ばれる本曲輪があり、曲輪南から東にかけて全長100mにも及ぶ強固な横堀が設けられ見る者を圧倒する。また東西にある虎口は尾根に竪堀を喰込ませて食い違い状とし、その背後に竪堀を絡ませ堅牢性を高めている。本曲輪から北西と南西へ派生する尾根筋の曲輪は、比較的広く兵駐屯が可能。尾根先端には物見としての曲輪を配置し防備にも余念がない。

特に目を引く長大な横堀は天正7年（1579）、高天神城攻略時に改修されたものだ。遠江における武田氏との攻防と城郭接収のなかで、防御性の高い横堀や二重堀切などの新技術を取り込み、改良と規模の拡大を重ねていった徳川築城術の一端が垣間見れる。また、築城時期が明らかで、使用期間も限定でき、改修箇所もおおよそ限定できる稀有な城と言える。

（戸塚和美）

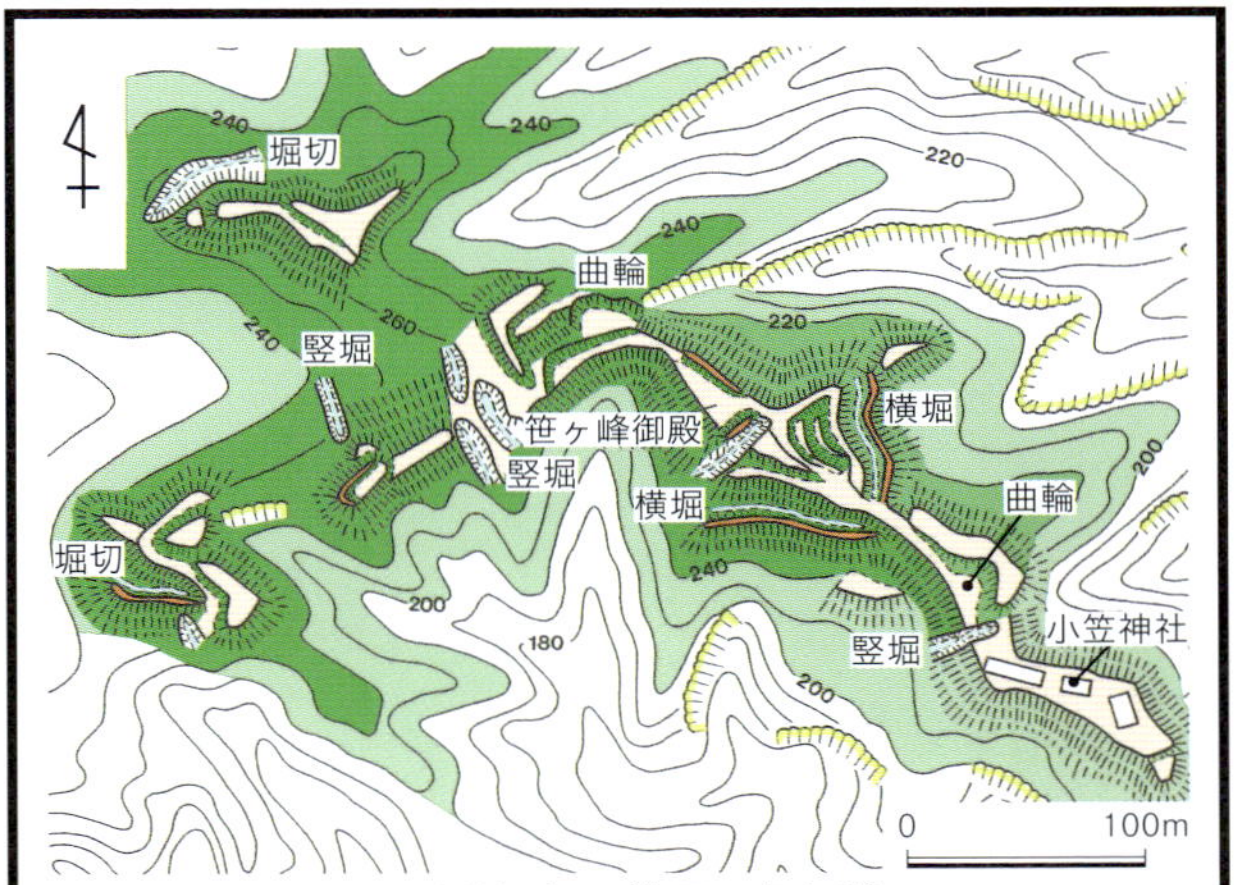

小笠山砦概念図（作図：戸塚和美）

5 笹ヶ峰御殿東下の堀切。その場に立つと深さがよく分かる　**6** 南側尾根筋の横堀。その規模は付城の範疇を凌駕する　**7** 主曲輪北下の横堀。横矢を意識した折れも見られる

城DATA

［所在地］ 掛川市入山瀬
［築城時期］ 永禄11年（1568）
［主な城主］ 徳川家康
［主な遺構］ 曲輪、土塁、横堀、竪堀、堀切
［標　高］ 260m
［アクセス］ 東名掛川ICから15分で小笠神社駐車場。JR掛川駅から大東支所行きバス「小笠山入口」下車徒歩30分
［駐車場］ あり（小笠池・堰堤下と鳥居前の2カ所）

戦国前期の様相を色濃く残す山城

横《よこ》地《ち》城《じょう》

菊川市

鑑賞ポイント

❶ 小規模ながら初源的な戦国前期の横堀

❷ 主曲輪を堅守する大堀切と土塁による遮断線

中世遠江の名族、横地氏の居城

城は、室町期にさかのぼる城郭として県内はおろか全国的にも希有な存在で、戦国前期の様相をよく残す山城である。居館跡である殿ヶ谷遺跡・伊平遺跡、集落域である横地城下遺跡群などの周辺遺跡を含む「横地氏城館遺跡群」として国指定史跡に指定されている。内田・勝間田氏などと並ぶ中世遠江の名族・横地氏は、現在の菊川市横地を本貫地としながら、鎌倉時代には御家人、室町時代には奉公衆として将軍のそばに仕え、戦国時代には名実ともに在地の支配者である国人領主になってゆく。15世紀後半の遠江では、遠江守護・斯波氏と遠江進出を狙う今川氏の対立が激化、横地氏は勝間田氏とともに今川氏に対抗したが、文明８年（１４７６）、横地城は落城した。

1

2

3

4

山城だけでなく居館・寺院からなる中世武士の空間

牧ノ原台地から派生した台地状の丘陵に占地し、周囲に開析谷が入り込んだ複雑な地形を利用。東西４００ｍ、南北４５０ｍの広大な城域は、「東の城」「西の城」「中の城」と呼ばれる３つの独立した区域に分けられる。

主城は最高所にある「東の城」で、長辺約30ｍ、短辺約10ｍの主曲輪を中心に、小尾根上に小規模な曲輪を配している。要所には幅約５ｍの堀切を入れ、さらに尾根先端に堀切を入れ城域を区切っている。

「西の城」は東の城から深い谷を挟んで西に位置する曲輪群で、主曲輪には横地神社が鎮座する。主曲輪の南には幅６ｍの大堀切と基底部幅５ｍの土塁による強固な遮断線が設けられ、最大の見所となっている。さらに主曲輪北では、細尾根上に階段状の小曲輪を数多く配置、北西からの侵入に備えている。西の城の南には「千畳敷」と呼ぶ平場がある。発掘調査では後世の改変が指摘されているが、下段の曲輪と合わせ大手筋を形成していたと考えられる。

「中の城」は、東西の城を繋ぐ低い尾根上にあり、尾根突端にある主曲輪は南側に土塁を、その下段に堀底幅約１ｍの小規模な横堀を巡らせ、南方面に対する防御と迎撃を目的とした出曲輪的機能があったと想定される。この横堀は城域内では他に例を見ない。遠江において横堀が多用され、大規模化する16世紀中葉以降の事例に、先行または初現の形態として注目される。

横地城の特徴は、複雑な自然地形を最大限に利用し、比較的小規模な曲輪を地形に則して配し、堀切を効果的に組み合わせたシンプルな造りと言える。虎口は平入りで複雑な構造ではなく、広い曲輪や横堀などの大規模工事を伴う普請も見られない。16世紀中葉以降の大規模工事を伴う戦国後期の山城に先行する戦国前期の様相を今に伝える。

登り口はいくつかあるが、標識を伴った道も整備されており迷うことはないだろう。千畳敷下の駐車場から登るルートが最短だが、時間に余裕があれば城の西方の横地氏の菩提寺、三光寺跡から登るルートをお勧めしたい。西の城までのルート上には、殿ヶ谷遺跡、横地一族の墓と伝わる石塔群、藤丸館・武衛原《ぶえばら》館の屋敷跡などがあり、山城・居館・寺院などからなる中世武士の存在形態がよく理解できる。

（戸塚和美）

城DATA

［所在地］菊川市東横地
［築城時期］室町時代（15世紀中頃）
［主な城主］横地氏
［主な遺構］土塁、堀切、空堀
［標高］101m
［アクセス］東名菊川ICから10分。西方三光寺跡または南方千畳敷下登口から登城。JR菊川駅から浜岡営業所行きバスで「西横地」下車徒歩40分
［駐車場］あり

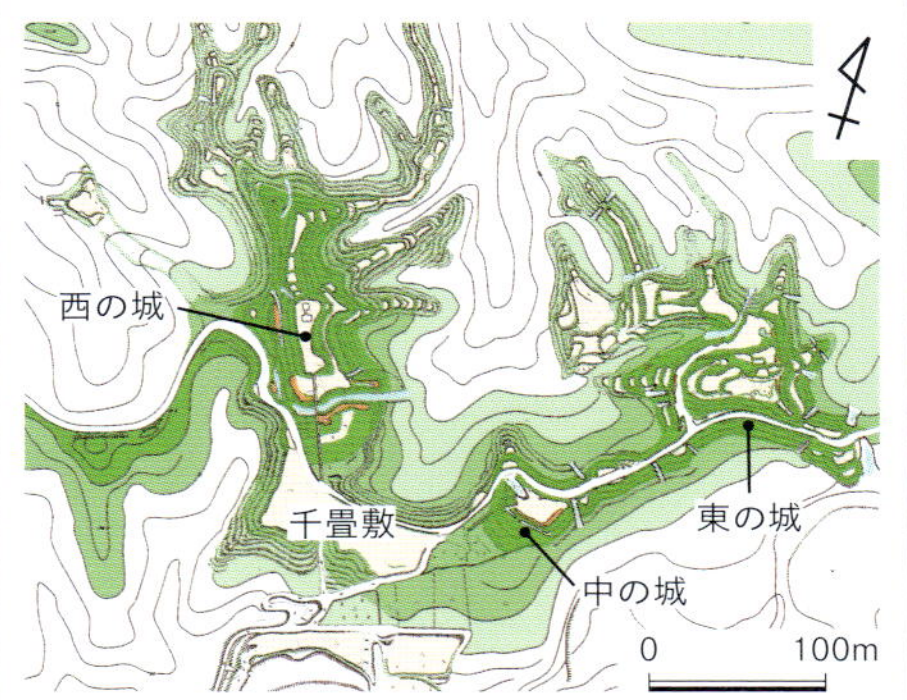

横地城概念図（作図：関口宏行）

1 西側から見た城址　**2**「西の城」にある横地神社　**3**「東の城」の北西方向の曲輪を望む　**4**「東の城」の中心曲輪南側斜面の切岸　**5**「東の城」中心部北下の堀切　**6**「千畳敷」と呼ばれる不整形な広場は長さ約90m、最大幅約30m　**7** 中の城虎口

浜名湖と国境を戦略的に押さえる城

宇《う》津《づ》山《やま》城《じょう》

湖西市

鑑賞ポイント

❶ 湖に突き出した丘陵に置かれた城の立地
❷ 地形を巧みに生かした曲輪群

今川氏と徳川氏が争った要衝の城

城は浜名湖西岸から半島状に突き出した、標高約50ｍの独立丘陵上に立地する。城域からは浜名湖が一望でき、また西側には遠江・三河の国境である湖西連峰を控えることから、水陸の戦略的な要衝の地に築城されていたことが分かる。

城は今川氏の家臣長池氏が大永年間（１５２１〜１５２８）頃に築いたとされ、以後今川方の国境の拠点城郭として重視された。

永禄3年（１５６０）の桶狭間合戦により今川家の勢力が衰えると、今川家の配下であった徳川家康（松平元康）が三河を押さえ、遠江へと勢力を伸ばし始める。宇津山城はその最前線に置かれ、永禄11年（１５６８）には徳川家重臣酒井忠次らの攻撃によって落城し、徳川方の城となる。その後、遠江では武田氏の侵攻により、争乱が繰り広げられたが、徳川氏が遠江・三河を完全に掌握すると、宇津山城はその役割を失い、天正9年（１５８１）までに廃城になったとみられる。

1 Ｉ群中央土塁。曲輪を仕切る土塁が最もよく残る　**2** 浜名湖からの遠景。湖上交通を押さえたことがよく分かる

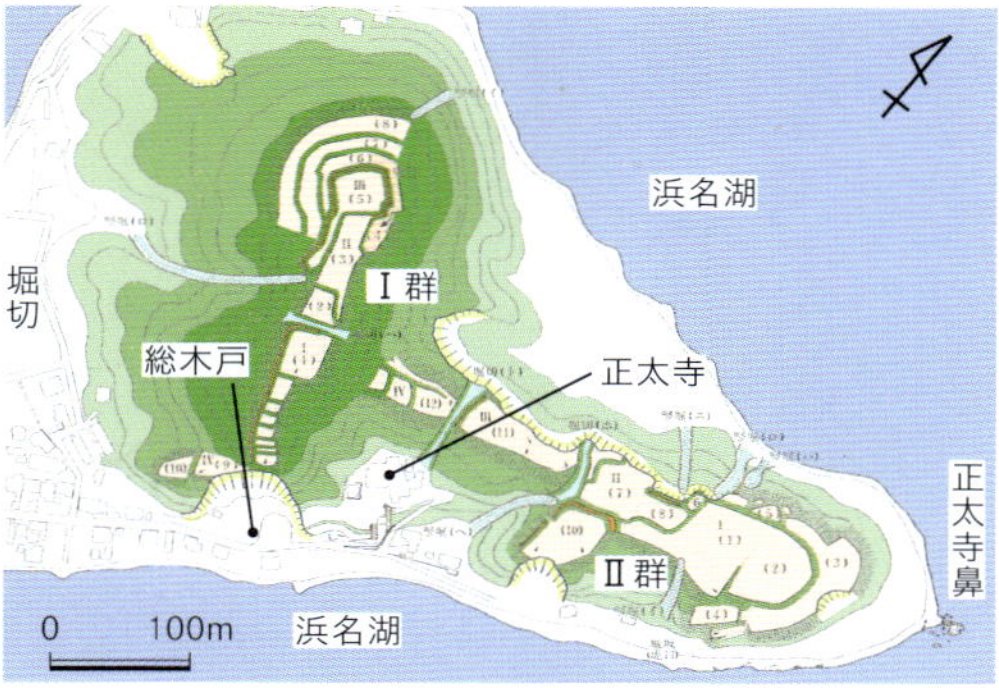

宇津山城概要図（作図：加藤理文）

丁字状に配置された二つの曲輪群で構成

城域は丘陵最高所を含む南北に展開する曲輪群（Ⅰ群）と、湖面に突き出す丘陵端部を東西に展開する曲輪群（Ⅱ群）から構成される。三方を浜名湖に面し、地続きとなる城の西側には、かつては大堀切が開削されていたとみられる。Ⅰ群はこの大堀切に並行する形で配置されており、西側からの敵襲に備える。主要な曲輪が4カ所配置され、一部に土塁が残っている。土塁内側には石積みも残るが、これは後世に設けられた可能性が高い。岬先端に向かって主要な曲輪を4カ所設けるⅡ群は、曲輪が比較的広く、それぞれを堀切によって区画する。全体的な構造としては、Ⅱ群が当初の城域であり、後に城の防備を固めるためにⅠ群が拡張されたとみられる。

近現代にかなり改変が進み、耕作地などになり、近年は草木が繁っているため築城当時の姿を想像するのは難しいが、立地や曲輪の配置といった全体構造はよく残っている。

（溝口彰啓）

城DATA

- ［所在地］湖西市入出
- ［築城時期］大永7年（1527）頃
- ［主な城主］長池氏、朝比奈氏、徳川氏
- ［主な遺構］曲輪、土塁、堀切、竪堀
- ［標　高］51m
- ［アクセス］東名三ヶ日ICから25分。JR鷲津駅前から入出行きバス終点「正太寺」下車
- ［駐車場］なし

3 Ⅰ群曲輪。城の最高所にある　**4** Ⅱ群曲輪。現在は畑だが広大な面積を有していた　**5** 城から望む浜名湖。往事は湖に浮かぶ舟がよく見えたことだろう

大平城《おいだいらじょう》

変化に富んだ地形を利用し浜名湖北岸道を監視した山城

浜松市浜北区

1 本丸北側の切岸。下の帯曲輪は中世墓のある平場　2 狭い本曲輪。鎌倉～室町時代の遺物が出土するため、かつて山寺が存在していた　3 規模が最も大きい東尾根東端の堀切

鎌倉～室町時代の山岳寺院を再利用した本曲輪

都田川の支流、灰木《はいのき》川北岸の丘陵上に築かれた山城。足元の灰木川沿いには二俣城に至る浜名湖北岸道（姫街道）が通過していたと思われ、二俣と浜名湖北岸を結ぶ街道の監視目的のための城だったことは間違いない。

狭い丘陵頂部を本曲輪とし、東西に延びた尾根筋に主要な曲輪を配置している。本曲輪は、自然地形を残し、鎌倉～室町時代の遺物が出土し、中世墓の存在も確認されるため、中世山岳寺院の施設を再利用していたと思われる。東西の尾根筋の端には堀切や竪堀を設けて防備の要とし、広い東曲輪と西曲輪が臨時の兵の駐屯地として利用されたようだ。

最初の築城は井伊道政の三岳城の支城とされ、三岳城落城後の道政は、南朝方の宗良《むねよし》親王と共に立て籠ったとされる。この時は中世山岳寺院をそのまま利用したと推測される。戦国時代の永禄年間末期から天正年間初頭（１５６９～１５７５）の武田信玄・勝頼親子と徳川家康の戦いの中、徳川方の城として改修されたと思われる。

（松井一明）

城DATA

［所在地］浜松市浜北区大平字城山
［築城時期］暦応２年（1339）
［主な城主］井伊氏、徳川氏
［主な遺構］曲輪、土塁、堀切、竪堀
［標高］100m
［アクセス］新東名浜松浜北ICから20分。天竜浜名湖鉄道宮口駅から車で10分。駐車場から徒歩10分
［駐車場］あり（10台）

近世山寺の遺構が残る「光明勝栗」由来の山城

光《こう》明《みょう》城《じょう》

浜松市天竜区

寺院の遺構を巧みに利用し城としての体裁を整えた

二俣城から犬居城経由、信州飯田に至る秋葉街道を制していた城であることは間違いない。元々は密教の修験の地として開創したと伝わる。近世に観光名所にもなっていた光明寺の遺構が中心部を占める。石垣のある本曲輪と西側の平場はその伽藍となるが、城の曲輪の形状をある程度利用していると考えられる。

東側尾根筋の広い平場が、城の姿を留めている曲輪で、東端に堀切、五人塚の伝承のある土塁状の高まりが櫓台とも考えられる。

鎌倉〜室町時代の遺物が採集され、この時期は山寺が存在し、戦国時代に山城に改修されたと見られる。天正元年（1573）、武田勝頼が地元の松井山城守宗恒に在番を命じ、天正4年の長篠合戦後、北遠の地は次第に徳川家康の勢力下となり、光明城も二俣城主・大久保忠世の預かりになった。天正2年、武田方の地元武将天野氏との合戦に敗れた徳川家康が、光明寺に逃げ込んだ際、住職の高継から栗が献上され、これを吉兆と喜んだ家康が「光明（功名）勝栗」と名付けた伝承が知られている。信長による武田攻めが行われた天正10年までは、光明城の戦略的地位は高く、使用され続けた。

（松井一明）

城DATA

［所在地］浜松市天竜区山東字光明山
［築城時期］享禄年間（1528〜32）
［主な城主］松井氏、天野氏、大久保氏
［主な遺構］曲輪、櫓台（?）、堀切、井戸
［標高］539m
［アクセス］新東名浜松浜北ICから17分
［駐車場］あり（20台）

1 山寺として利用された本曲輪。石垣で囲まれている　2 城の姿を残す東曲輪群。東端に櫓台状の五人塚がある　3 五人塚外側の堀切。搦手の東尾根筋を分断する

北東からの遠景。かなりの高所だが付近に尾根筋道があった

二俣城の北の守りを固めた要衝

中《なか》尾生《びょう》城《じょう》

浜松市天竜区

1 西側の尾根筋を分断する二重堀。一部横堀状になり堀底道として利用された　**2** 狭い本曲輪。見張所の機能が考えられる

土塁に囲まれた本曲輪を持つ小規模ながら堅い守りの城

天竜川中流域、支流の白倉川が合流する北岸の急峻な丘陵上に築城された山城。一見すると不便な場所に見えるが、付近の尾根筋には東西南北に行くための山道の交差点があり、街道見張所の役割を担っていたと思われる。

本曲輪は低い土塁に囲まれ、東向きに二の曲輪に至る虎口がある。本曲輪西側斜面には城内道があり、堀切の堀底道に接続。東曲輪群に回り込むと考えられ、小規模の山城ながら技巧的な特徴が見られる。

南北朝時代の城主は天野氏、戦国時代になると享禄２～３年（１５２９～１５３０）、二俣近江守と瀬尻の善左衛門が合力して、天野氏に対抗したことが知られている。天文４年（１５３５）には今川氏輝の家臣・匂坂《さぎさか》六郎五郎長能《ながよし》が城主、永禄10年（１５６７）、今川氏真が奥山氏に当城の普請を命じた記録が残っており、今川氏が代々重要視していた城であることが分かる。

（松井一明）

城 DATA

[所在地]	浜松市天竜区龍山町大嶺字中日向
[築城時期]	享禄年間（1528～1532）
[主な城主]	天野氏、二俣氏、匂坂氏
[主な遺構]	曲輪、虎口、土塁、二重堀切、竪堀
[標高]	479m
[アクセス]	新東名浜松浜北ICから50分。国道150号を北上、秋葉ダム手前の白倉方面へ左折、中日向バス停を北に渡り林道を登り切る。未舗装部分から徒歩10分の登城口から山道を15分
[駐車場]	なし

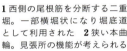

高根城を補完する西の要

大《おお》洞《ぼら》若《わか》子《ご》城《じょう》

浜松市天竜区

戦国期の領主・奥山氏が築城
天嶮を生かした高根城の支城

水窪川と大洞沢に挟まれた要害に位置し、高根城主の弟、奥山定吉が築いたと伝わる。永禄年間（1558～1570）に同母兄に攻められ落城したとの伝承も残る。天野氏とともに武田方となり、天正9年（1581）に徳川方に制圧されたことが残された文書から判明する。

城は標高331mの本丸を中心に、3つの曲輪で構成。本丸は10m四方ほどの規模で、巨大な岩石が露わになっている。築城以前は何らかの宗教的空間であった可能性が高い。本丸の南下の尾根筋に、南側に土塁を持つ小曲輪を配し、堀切を挟んで尾根突端にも小曲輪を構える。最南端に設けられた二重堀切が城域を区切っていた。尾根筋に沿って階段状に曲輪を配しただけの極めて単調な造りである。山頂からの眺望は開け、数キロ先に高根城、向皆外《むかいがいと》、松島、芋堀の集落が一望できる。奥山氏の本城であった高根城の死角を補完する役割が推定される。城址へは巨石で囲まれた道が続き、往時から地形が行く手を阻んでいたことが実感できる。

（加藤理文）

城DATA

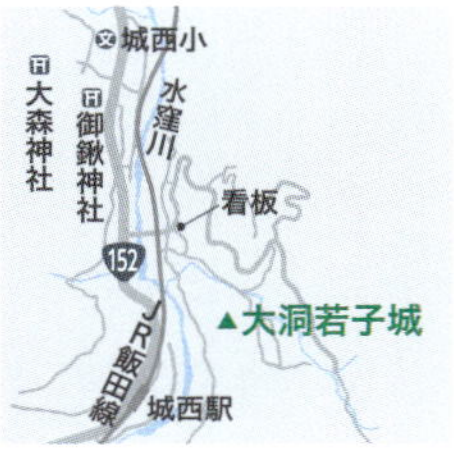

[所在地]	浜松市天竜区佐久間町相月
[築城時期]	15世紀前半
[主な城主]	奥山氏、武田氏
[主な遺構]	曲輪、堀切
[標高]	331m
[アクセス]	新東名浜松浜北IC から70分。JR飯田線城西駅下車徒歩15分
[駐車場]	なし

1 対岸から見た城址全景　**2** 本曲輪へ続く通路。稲荷神社への参道になる　**3** 本曲輪には奥山氏を祀る社が鎮座　**4** 南端には小規模だが、二重堀切がある

三方を気田川に囲まれた犬居城の支城

篠ヶ嶺城《ささがねじょう》

浜松市天竜区

犬居支城で最大規模 巧妙に配置された曲輪や堀切

別名・篠嶺城《ささみね》、笹峰城とも言われる。蛇行する気田川に裾を洗われた比高約100mの丘陵上に立地し、東側に気田集落を見下ろす位置にある。

犬居城を本城とする天野氏の支城として築かれたとみられるが、築城年代は不明である。

天野氏が遠江侵攻を目論む武田信玄の傘下に入った元亀年間（1570〜1573）頃に大規模な改修が行われたと考えられ、天正4年（1576）に徳川家康によって天野氏が本拠を追われるとともに廃城となった。

東側を除く三方を気田川に囲まれ、その斜面は急峻に切り立っている。中央の本曲輪には、南側に一段高い櫓台状の曲輪があり、石碑が建つ。尾根続きとなる南側は堀切がないが、岩盤を削り出して約5mの段差を造り出すことで遮断している。城へはこの方面から登るが、道がやや荒れており、注意が必要だ。本曲輪北側の二の曲輪虎口は内枡形で、曲輪の西半を画する幅約10mの竪堀とともに当城きっての防御施設と言えるだろう。さらに北側の三の曲輪の北側の尾根筋は切岸によって急斜面が作り出され、尾根の先端には小曲輪が設けられている。

（溝口彰啓）

城DATA

[所在地] 浜松市天竜区春野町豊岡字笹峰
[築城時期] 南北朝時代か
[主な城主] 天野氏
[主な遺構] 曲輪、土塁、堀切、土橋
[標高] 250m
[アクセス] 新東名浜松浜北ICから50分。国道362号沿い藤ノ瀬ホタル公園から徒歩30分
[駐車場] あり（藤ノ瀬ホタル公園）

1 気田集落からの遠景　2 本曲輪。南側に櫓台状の曲輪を備え、東南にはそこから延びる土塁がある　3 本曲輪南櫓台状曲輪。中央に石碑と案内板が建つ

徳川家康が築いた、犬居城攻略のための付城

堀《ほり》之《の》内《うち》の《の》城《じょう》山《やま》

浜松市天竜区

1 東端堀切。東側尾根筋を遮断する　2 二の曲輪東下の堀切。城の中枢部を区切った。かなり埋没している　3 中央に土橋を備える堀切　4 本曲輪。丘陵の最も奥まった西端に配置された

天正年間の付城の姿を良好に伝える

気田川沿いの堀之内集落方面に西に向かって延びる丘陵上に立地し、天野氏の本城である犬居城の南東約1kmの地点にある。

天正2年（1574）から徳川家康は武田氏についた天野氏を攻めるが、険峻な地形に悩まされるなど難航を極めていた。家康は犬居城の周囲に付城を築くなど周到に準備を重ね、天正4年、ついに犬居城を開城に追い込み、天野氏を退去させた。堀之内の城山はこの時に築かれた付城だったとされる。

尾根続きの丘陵東側を幅5～8mの堀切を3条入れることで城域は厳重に遮断される。本曲輪は一辺20mほどの規模で、東西に土塁を持ち、東側には一段下がった二の曲輪が配される。二の曲輪東側には枡形虎口が開口し、その東側は約5mの落差となる切岸と堀で隔てられる。これにより両曲輪北側の腰曲輪を含めた城の中枢を区画し、同時に防御している。これらは短期間に使用されたとみられ、天正年間初頭の城の姿を良好に伝える数少ない遺構と言える。

（溝口彰啓）

城DATA

[所在地] 浜松市天竜区春野町堀之内
[築城時期] 天正2年（1574）頃
[主な城主] 徳川氏
[主な遺構] 曲輪、土塁、堀切、土橋
[標　高] 330m
[アクセス] 新東名浜松浜北ICから40分。国道362号沿い春野ふれあい公園から徒歩60分
[駐車場] あり（春野ふれあい公園）

戦国時代に徳川家康が宿泊先として使った平城

中泉御殿《なかいずみごてん》

磐田市

往事の御殿を偲ばせる表門と裏門

中泉御殿は磐田原台地南端、標高2～6mの平野部に位置する。天正15年（1587）、徳川家が東海道を往来する時に宿泊や休憩ができる施設として、中泉八幡宮の神主などを務めた秋鹿《あいか》氏が家康に献上した屋敷地に建てられた。

御殿遺跡公園として旧跡をとどめるのみで、市街地化で遺構は残されていない。古絵図や古い記録によると、約1万坪の広大な敷地の西・北・東に土塁と堀を巡らし、東に虎口、敷地の北東と中央に主殿があったとされる。発掘調査では、北東に横矢掛りの屈曲をもった土塁と堀が発見され、さらに塀や築地塀で区画された御殿殿舎の敷地が存在する二重構えの構造が明らかとなった。天正16年（1588）頃には家康がしばしば鷹狩りに訪れており、家康の別荘にふさわしい造りだったと考えられる。

横矢掛りと築地塀による堅固な造りは、城郭としての実戦的な側面が感じられ、往時の緊張状態を物語る。家康は天下統一後もここに籠もって豊臣殲滅の智謀知略を巡らせたと云われる。寛文10年（1670）、中泉御殿は廃止、表門は西光寺に、裏門は西願寺に移築され、御殿を偲ぶ貴重な遺構となっている。

（戸塚和美）

城DATA

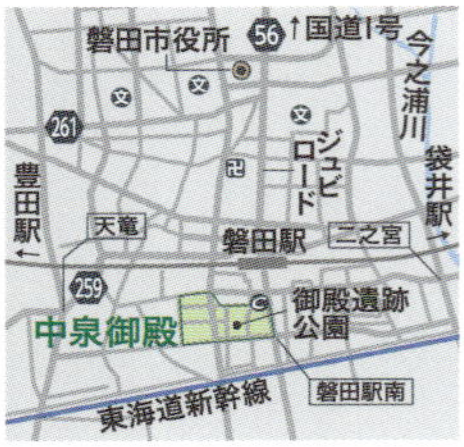

［所在地］磐田市中泉字御殿
［築城時期］天正15年（1587）
［主な城主］徳川家康
［主な遺構］土塁、堀、塀跡、門跡、番所跡、御殿表門、御殿裏門
［標高］5m
［アクセス］東名磐田ICから14分。JR磐田駅南口から徒歩5分（御殿遺跡公園）。西願寺は同駅北口から徒歩10分、西光寺は同22分
［駐車場］あり（西願寺、西光寺）

1 西光寺に移築され現存する中泉御殿の表門　**2** 中泉御殿の裏門と主殿は西願寺に移築された。裏門は現存するが主殿は今は残っていない　**3** 御殿遺跡公園に残る石碑

北からの遠景。半島状に突き出た丘陵の先端にある。別名・岡崎城

高天神城攻略のための徳川の出城

岡崎《おかざき》の城山《のじょうやま》

袋井市

1 本曲輪北側の横堀。さらにその北側に土塁を積み上げている　**2** 二の曲輪東堀切。堀内に農道が通り、改変が見られる

小規模ながら横堀をもつ技巧的な平山城

小笠山西南山麓の西方向に延びた舌状丘陵の先端に築城された平山城で、城の周囲はかつて低湿地か、潟湖が面していたと推測される。陸路は東側の尾根筋にあった。城の周囲の低湿地や潟湖には川船が行き来した水路があったと見られ、城の補給路として利用されていたと思われる。

城の北1・5kmには、高天神城攻めの前線基地である馬伏塚城があり、南には後に横須賀城が築かれる横須賀湊があることから、馬伏塚城と横須賀湊の中継地に位置していることが分かる。

城は丘陵先端の本曲輪、東側の二の曲輪のみからなる小規模な構造だ。本曲輪の東側には幅約10mの堀切、基底部約5mになる土塁があり、南北を横堀で囲んだ守りが堅固な城である。築城者は地元の伝承では四ノ宮右近とされるが、その構造から徳川家康が改修した馬伏塚城の出城と考えられ、天正2年（1574）以降の築城と見られる。

（松井一明）

城 DATA

［所在地］袋井市山崎字岡崎
［築城時期］天正2年（1574）以降
［主な城主］徳川氏
［主な遺構］曲輪、虎口、土橋、土塁、堀切、横堀
［標　高］15m
［アクセス］JR袋井駅から車で横須賀方面へ約15分、横須賀・大東行きバスで「岡崎駐在所前」下車、徒歩10分
［駐車場］なし

武田氏の遠江攻めに築かれた山城か

真《さな》田《だ》山《やま》城《じょう》

周智郡森町

横堀や枡形虎口のある技巧的な山城

遠江國一宮 小國神社のある谷筋のほぼ中央、東側の丘陵上に位置する。この谷筋を南に降りると社山城のある磐田北部域、北上すると三倉から春野を通って信州飯田方面に至る交通の要衝地であった。また小國神社を守るための城、あるいは地元武将で今川氏の家臣であった武藤氏の居城という説もある。

本曲輪を中心に、西側に階段状となる西の曲輪群、東と南側の堀外の尾根筋に曲輪と見られる平場がある。本曲輪北側尾根筋には幅10ｍの大堀切があり、本曲輪側を櫓台状に掘り残し、すぐ脇にはL字状にクランクさせた技巧的な虎口が残る。本曲輪の南北は横堀で防御を固めるが、西側には防御施設はなく、東側からの敵の侵入を想定した構造である。本曲輪から西の曲輪群に降りる虎口もクランク状になっている。

このように技巧的な防御施設を施した構造は、武田氏の改修を受けた犬居城、高根城などと類似点が指摘され、元亀年間（1570～1573）に武田氏が改修した城と思われる。

（松井一明）

城DATA

［所在地］	周智郡森町一宮字真田
［築城時期］	元亀年間（1570～1573）か
［主な城主］	武田氏？
［主な遺構］	曲輪、虎口、土塁、堀切、横堀、竪堀
［標高］	116m
［アクセス］	県道28号を小國神社を目標に北上、案内板あり。天竜浜名湖鉄道遠江一宮駅から徒歩30分
［駐車場］	なし

1 真田山城跡の登山口　**2** 本曲輪東虎口　**3** 本曲輪南側の横堀。さらに南側に土塁を積み上げ、土塁上を城道としていた

徳川武田両軍、攻防の地、地頭職・山内氏の居城

飯《いい》田《だ》城《じょう》

周智郡森町

1 東側からの遠景。手前に自然地形の堀として利用された谷がある　**2** 大土塁に囲まれた広い本曲輪　**3** 城内唯一の二重堀切。堀切の少ない城である

大土塁と広い曲輪の城

天方荘や飯田荘の地頭を務めた山内氏の居城。戦国時代の山内氏当主・道美《みちよし》は、当初は現在、崇信寺《そうしんじ》がある場所に古城を築いたが、天文14年（1545）頃に現在の飯田城である新城を築いた。今川氏が衰退すると、城の周辺は徳川・武田の争乱の地となったため山内氏は徳川氏に攻め滅ぼされ、城は武田と徳川氏、両者の支配を受けた。

城の東側には自然の谷地形を利用した堀状の窪地があり、西側の小さな3本の尾根筋は、階段状曲輪を配置して防御を固めている。堀切は一の曲輪群に二重堀切があるだけで、北側と南側斜面は帯曲輪を配し、切岸で防御を施している。

本曲輪は四方を大土塁で囲む広い単純構造で、天方新城と類似する。しかし横堀はないので、武田氏による改修はないと考えたい。しかしながら土塁の規模は大きく、対武田戦のために徳川氏が改修し、大規模な兵力の駐屯地とした山城と思われる。（松井一明）

城 DATA

［所在地］	周智郡森町飯田
［築城時期］	天文 14 年（1545）
［主な城主］	山内通泰、武田氏、徳川氏
［主な遺構］	曲輪、大土塁、二重堀切
［標　高］	50m
［アクセス］	新東名森町 IC から車で袋井市方面 10 分。天竜浜名湖鉄道円田駅下車、崇信寺山門南方へ徒歩 40 分
［駐車場］	あり（20 台）

中世居館の様相を伝える屋敷跡

黒田代官屋敷《くろだだいかんやしき》

菊川市

代官屋敷の構造がよく分かる貴重な建物群と濠

菊川と牛渕川とその支流によって形成された平野部の自然堤防上にある代官屋敷跡。永禄年間頃（1558～1570）に黒田義則が築いたと伝わる。黒田氏の居館に始まり、江戸時代には旗本・本多氏の代官所となった。

一辺100mほどの方形を呈し、周囲には埋められた南東部を除き水濠が巡らされている。この水濠は防御施設であると同時に、周りの水路を使って小船で物資を運ぶためのものでもあった。水濠の東西辺はそれぞれ南に続いており、かつては南にも濠で囲まれた副郭が存在していたと考えられる。屋敷の南正面には、18世紀中頃に築造された長屋門が構えられ、門をくぐると安政元年（1854）に再建された巨大な母屋がある。母屋の北背面には二棟の土蔵、東には米蔵も遺されている。

江戸時代末期の代官屋敷の姿を残す貴重な文化財として、建築物は国の重要文化財に指定されている。また濠の内側には土塁の痕跡が残り、濠と合わせ戦国時代以来の土豪の方形居館の姿を今に伝える貴重な遺構と言える。母屋等は今も住宅として使われているため立ち入りはできないが、濠の周囲は遊歩道が整備され、散策すれば戦国から続く平城館の雰囲気を堪能できる。屋敷地内には資料館もあり、すぐ近くに無料の大型駐車場も整備されている。

（戸塚和美）

1 長屋門。昭和48年（1973）に母屋とともに国指定重要文化財に指定された

2・3 周囲を囲む水濠。幅は狭く中世期の平城らしい造り。代官屋敷の水堀が残っているのはとても貴重

城DATA

［所在地］菊川市下平川862-1
［築城時期］永禄年間（1558～1570）
［主な城主］黒田氏
［主な遺構］長屋門、主屋、土蔵、土塁、堀
［標高］9m
［アクセス］東名菊川ICから15分。JR菊川駅から御前崎方面行バスで「本町」下車
［駐車場］あり

今日からあなたも城博士

知っておきたい城郭用語の基礎知識

【山城】（やまじろ）　天嶮（てんけん）（非常に険しい地形の所。自然の要害）を利用して、独立した山頂部などを中心に曲輪群を設けた城。

【平山城】（ひらやまじろ）　丘陵上や平野の中にある低い山の峯を利用して、山上から山麓にかけて雛壇状に曲輪群を設けた城。

【平城】（ひらじろ）　平地に築かれた城。江戸時代の居城の大半がこの城になる。

【水城】（みずじろ）　河川・湖・海などを堀に取り込んで築かれた城。平城の一形態である。

【大手】（おおて）　城の正面、表側を呼ぶ。追手も同義。

【搦手】（からめて）　城の背面、裏口。

【普請】（ふしん）　築城工事の中で、堀や土塁・石垣などを築く土木的工事全般を呼ぶ。

【作事】（さくじ）　天守や櫓・塀・門などを建てる建築的工事を呼ぶ。

【本城】（ほんじょう）　領国内、一定地域内の中心となる城。根城（ねじろ）も同義。

【支城】（しじょう）　本城（居城）を補完・補強する目的で築かれた城。枝城・端城も同義である。

【出城】（でじろ）　本城の防御を強固にするため、国境や前線近くに築かれた城（曲輪）。出丸・出曲輪も同義。

【詰城】（つめじろ）　戦闘目的で、館近くの山上等に築かれた城。最後の防衛拠点を呼ぶ。

【陣城】（じんじろ）　戦闘や城攻めに際し、臨時的に築かれた簡易な城。

【境目の城】（さかいめのしろ）　領地の境にある城で、支城の一種。

【繋ぎの城】（つなぎのしろ）　本城と境目の城との連絡用の城で、「伝えの城」と同義。

【掻き揚げの城】（かきあげのしろ）　堀を掘った土を盛り上げ土塁として利用した簡易な城。臨時的な城。

【後堅固の城】（うしろけんごのしろ）　背後に、海（湖）や河川を背負い、正面が平地を向いている城。

【櫓】（やぐら）　基本的には倉庫だが、指揮所や遊興目的のものもある。使用目的によって櫓名称が異なる。

【本丸】（ほんまる）　城内で最も中心となる曲輪。城主の居所が置かれた。本曲輪・主郭・実城・一の丸も同義。

【二の丸】（にのまる）　本丸を補完・守備する第二の区画。本丸を囲むもの、並列し第二拠点となる場合もあった。

【三の丸】（さんのまる）　二の丸を補完・守備するための曲輪。近世では、重臣屋敷など武家地に利用される場合が多い。

【惣構】（そうがまえ）　城だけでなく城下町まで含めた全体を囲む堀や塁を呼ぶ。大外に設けられた防御ラインのことで、「総構」とも呼ぶ。

【曲輪】（くるわ）　城内で、機能や役割に応じて区画された一区域。近世城郭は「丸」を用いる。

【天守曲輪】（てんしゅくるわ）　敷地面積の関係で、本丸より一段高い場所に設けられた天守と付属施設のみで構成された曲輪。

【水ノ手曲輪】（みずのてくるわ）　井戸・ため池・用水地等の飲料水を確保するための曲輪。井戸曲輪も同義。

【山里曲輪】（やまざとくるわ）　数奇屋風の建物や、庭・池・茶室などを設けた風雅を楽しむための曲輪。

【帯曲輪】（おびぐるわ）　帯状に細長く曲輪の側面や廻りを取り囲むように設けられた補助的な小曲輪。

【腰曲輪】（こしぐるわ）　曲輪の側面に設けられた削平地で、帯曲輪のように帯状にならない短い曲輪。

【隠曲輪】（かくしくるわ）　武者溜りを大きくしたもので、敵兵の背後を攻撃するための曲輪。

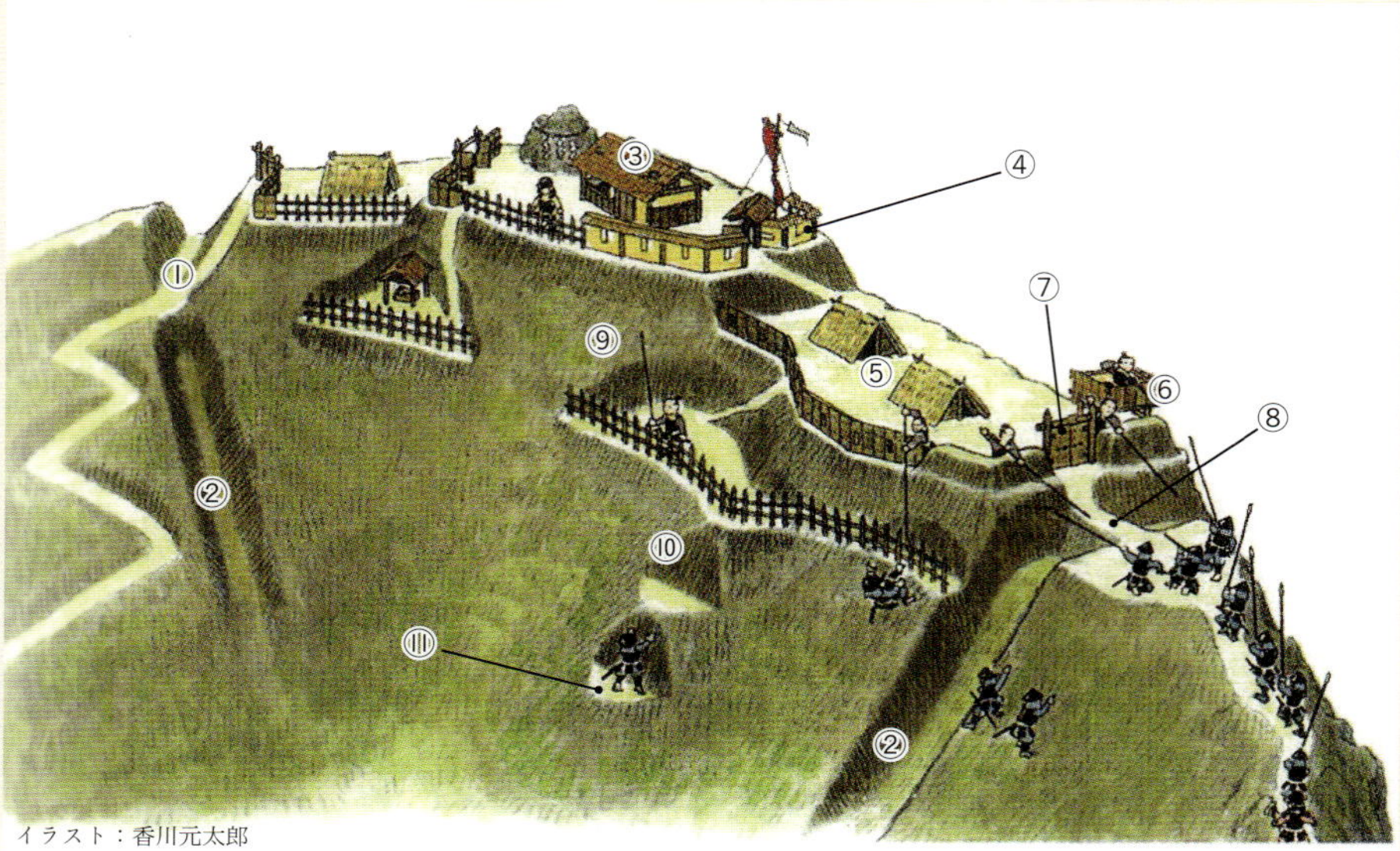

イラスト：香川元太郎

【山城の構造】

①堀切　②竪堀　③小屋　④土塀　⑤仮小屋　⑥矢倉⑦冠木門　⑧土橋　⑨腰曲輪　⑩切岸　⑪半月状の曲輪

【堀】（ほり）　城を守るために、曲輪の廻りや前面の土を掘って造られた外側との遮断線のこと。

【水堀】（みずぼり）　水を引き入れた堀。水運や排水処理施設としても利用された。

【横堀】（よこぼり）　曲輪下に等高線と平行に廻るように掘られた堀。山城に多い。

【堀障子】（ほりしょうじ）　空堀内を畝で仕切った堀で、後北条氏が多用した。畝のみとなるものを「畝堀」、障子の桟のように田字型の畝を持つものを「障子堀」とも呼ぶ。

【薬研堀】（やげんぼり）　堀の断面がV字形となる堀で、山城に多く見られる。

【箱堀】（はこぼり）　堀の断面が逆台形となる堀で、底を堀底道として利用することもあった。

【堀切】（ほりきり）　尾根筋や丘陵を遮断する空堀。等高線に対し直角に配置される。山城に多い。

【空堀】（からぼり）　水の無い堀。底は、通路（堀底道）に使用されることもあった。

【竪堀】（たてぼり）　山の斜面に、等高線に直角に掘られた堀で、斜面移動を防ぐ目的があった。

【虎口】（こぐち）　城の出入口の総称。小さく出入口を築くので小口と呼ばれたのが語源という。

石垣の城（近世の城）　　土塁の城（主に戦国時代）

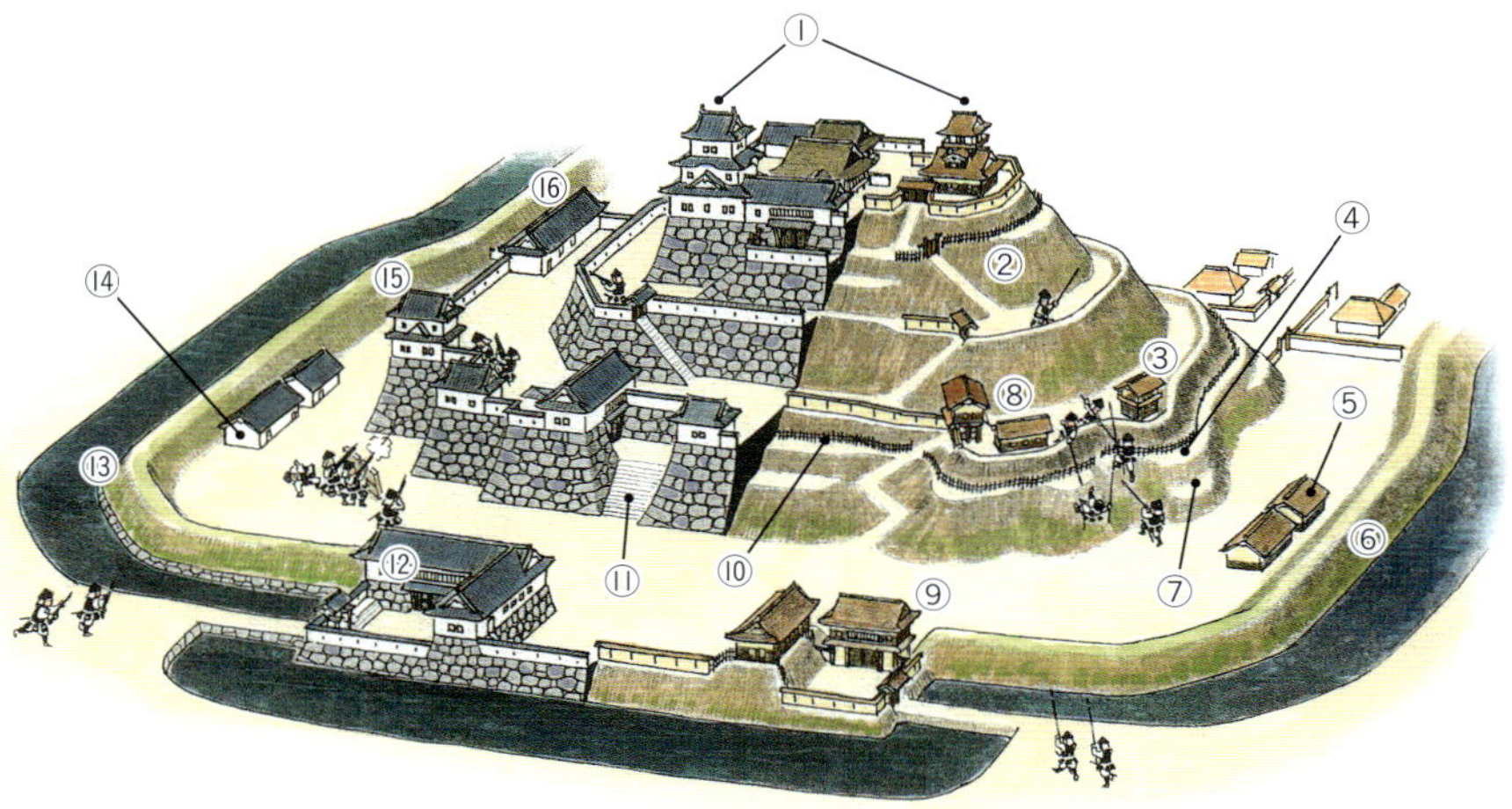

イラスト：香川元太郎

【石垣の城と土塁の城】

①天守　②切岸　③櫓　④帯曲輪　⑤下見板張の倉庫　⑥土塁の外郭　⑦腰曲輪　⑧小屋　⑨二階櫓門　⑩柵　⑪石段　⑫渡櫓門　⑬腰巻石垣の外郭　⑭漆喰塗籠の倉庫　⑮隅櫓　⑯多門櫓

【平虎口】（ひらこぐち）　土塁等を開口し、出入口を小さくするものの直線で進むことが可能な入口。

【喰違虎口】（くいちがいこぐち）　土塁等を左右で喰い違いさせ、鍵の手に曲げた通路を持つ入口。

【枡形】（ますがた）　門の内側や外側に、敵方の直進を防ぐために設けた四角形の空間。近世城郭では、手前に高麗門、奥に櫓門が構えられた。

【土橋】（どばし）　堀を横断する出入りのための通路として掘り残した土手（土の堤）

【土塁】（どるい）　土を盛って作った土手。土居も同義。土を突き固め版築したものを「版築土塁」、土をそのまま盛り叩いて固めたものを「たたき土居」と呼ぶ。

【一文字土居】（いちもじどい）　虎口の正面に、城内の見通しを遮蔽するために設けた土塁。「蔀」（しとみ）も同義。

【塀】（へい）　塁線上や郭内の仕切りのために掛けた目隠しや区切りの施設。

【土塀】（どべい）　柱を立て中心となる構造を造って、土を塗って固めた塀。固めた土を積み上げて造ったものも。いずれも小さな屋根が付く。

【切岸】（きりぎし）　曲輪斜面の自然傾斜を加工し、絶壁上にし、登れないようにしたもの。

【馬出】（うまだし）　虎口の外側に、防御強化と出撃拠点を目的に置かれた四方を堀で囲まれた曲輪。

【丸馬出】（まるうまだし）　外側の塁線が円弧を描くもので、土居造りとなり、前面に三日月堀が配される。

【角馬出】（かくうまだし）　外側塁線がコ字型に折れ曲がるもので、石垣、土居の双方に対応可能な馬出。

【武者走りと犬走り】（むしゃばしり　いぬばしり）　塁上の平地に塀や柵を設けた時、城内側の通路を武者走り、外側の通路を犬走りと呼ぶ。

【雁木】（がんぎ）　塁上へ昇り降りするための坂や石段。雁木を向かい合うように配置すると「合い坂」と呼ぶ。

【野面積】（のづらづみ）　未加工の自然石を積み上げた石垣。

【打込ハギ】（うちこみはぎ）　石材の角を加工し組み合わせやすくし、隙間に間詰石を詰めた石垣。

【切込ハギ】（きりこみはぎ）　石材を完全に加工し、形を整え隙間なく積んだ石垣。

【牛蒡積】（ごぼうづみ）　野面積みの一種で、表面より奥行きが長くなる積み方の石垣。

【横矢掛】（よこやがかり）　側面から攻撃するために、塁線を屈曲させたり、凹凸を設けたりすること。

【入隅】（いりすみ）　曲輪の隅角部の内側部分を切り欠いて、横矢を掛けるようにしたもの。

【出隅】（でずみ）　曲輪の隅角部を方形に突出させ、横矢を掛けるようにしたもの。

【横矢桝形】（よこやますがた）　塁線途中に桝形（長方形の突出部）を設け、横矢を掛けるようにしたもの。

【合横矢】（あいよこや）　塁線に向かい合わせに突出部を設け、左右二方向から横矢をかけるもの。

【屏風折】（びょうぶおり）　塁線に鋸の刃のような折れをつけたもの。入隅の連続したもの。

【天守】（てんしゅ）　近世大名の居城の中心建物で、通常最大規模、高さを持つ建物を呼ぶ。

【復興天守】（ふっこうてんしゅ）　古写真や図面は残らないが、文献資料や発掘調査成果等から、かつて存在したことが確かな建物を、位置は史実とほぼ同様でありながら、外観の姿が史実とは異なる姿で再建された天守。

【模擬天守】（もぎてんしゅ）城は実在したが、元々天守のあるはずもない中世城郭や、天守の存在が証明できない城に建てられた天守を総称して呼ぶ。

【表御殿】（おもてごもん）藩の政務を執り、対面等の儀式を行う建物。玄関・広間・書院からなる。

【奥御殿】（おくごてん）城主の日常生活の場で、表御殿の後方に建てられることが多い。

【多門櫓】（たもんやぐら）塁線上に細長く築かれた長屋形式の櫓。

【井楼櫓】（せいろうやぐら）木材を井桁状に組み上げて物見のために使用した簡易的な櫓。

【望楼】（ぼうろう）天守や櫓の最上階が、展望形式となっているもの。

【櫓門】（やぐらもん）二階建ての門。階下が城門、階上が櫓となる。通常両脇が石垣の場合が多い。

【高麗門】（こうらいもん）冠木の上だけを覆う小さな切妻造りの屋根を架け、二本の控え柱の上にも別々に小さな屋根を架けた門。慶長年間頃に出現した。

【薬医門】（やくいもん）鏡柱と控柱をまとめて一つの切妻造りの屋根で覆った格式の高い門。

【埋門】（うずみもん）石垣や土塁を開いて設けたトンネル式の門。上部は土塀となる場合が多い。

【乱杭】（らんぐい）杭や木材を不規則に打ったり、並べたりして敵の侵入を防ぐ盾としたもの。

【逆茂木】（さかもぎ）枝が付いた立木を並べて、敵の侵入を阻んだもので、臨戦時に使用された。

【石落し】（いしおとし）天守や櫓、塀などの床の一部を張り出して開口した狭間の一種。

【狭間】（ざま）城内から敵を攻撃するために、建物や塀に設けられた四角形や円形の小窓。

【破風】（はふ）天守や櫓の屋根を飾る三角形の飾り。丸屋根は「唐破風」と呼ぶ。

【忍返し】（しのびがえし）塁や建物の下部、塀の上部などに尖った鉄の棒や剣などを植えこんだもの。

【番所】（ばんしょ）城門の監視や、開閉を行ったり、郭内の見回りや管理を行ったりする役人の詰所。

【煙硝蔵】（えんしょうぐら）火薬備蓄施設。石垣造、土塁囲みのものがあった。

【縄張】（なわばり）城を築く際の設計プランのこと。曲輪や堀、門、虎口等の配置をいう。地表面で確認できる曲輪等の配置を図面化したものを「縄張図」という。

【連郭式縄張】（れんかくしきなわばり）本丸、二の丸、三の丸を一列に連ねて配置した城。

【輪郭式縄張】（りんかくしきなわばり）本丸を中心に、二の丸、三の丸がそれぞれ取り囲んだ配置となる城。

【梯郭式縄張】（ていかくしきなわばり）本丸を中心に、二の丸、三の丸がL字形に取り囲んだ配置となる城。

（加藤理文）

おわりに

静岡県内に残る主な城跡の魅力をまとめた『静岡県の歩ける城70選』をお届けいたします。

本書の執筆と現状の撮影は、県内の城を研究しているプロフェッショナルの皆さん七名にお願いしました。県内はおろか全国の城跡を訪ね、さまざまな城の魅力を知り尽くした七人が、現地まで足を延ばし、改めて城跡の魅力を探してくれました。お礼申し上げます。また、近年のブームを支えている歴史好きの若い女性の代表として、SBS静岡放送の小沼みのりアナウンサーに、山中城までご一緒いただき、堀底から土塁の上まで余す所なく歩き回って、土の城の魅力の一端を実際に体験していただきました。おかげでこの本に彩を添えることができました。ありがとう！

本書のイラストは香川元太郎氏、縄張図は関口宏行氏のご厚意とご協力で、帯は落語家兼城郭研究家の春風亭昇太師匠、城郭好事家の滋賀県立大学中井均教授の友情出演で実現しました。記して感謝申し上げます。また、日頃よりご指導・ご教示をいただいている小和田哲男先生から、本書の執筆者として推薦していただきました。お礼申し上げます。最後に、細かいやり取りを何度も重ねながら、盛りだくさんの本書の調整を一手に対応してくれた編集担当の柏木かほるさんに感謝申し上げたいと思います。

本書に関わってくださった、多くの皆様のご協力とご尽力によって、こうして刊行にこぎつけることができました。静岡の城を知るに最も良い本だと自信をもってお勧めします。本書を手にした多くの皆さんに、県内の城と城跡の魅力を知っていただくことができたのなら望外の喜びです。

平成二十八年十一月吉日　深まる秋の気配と紅葉を添えて

執筆者を代表して　加藤理文

参考文献・静岡県内の城を知るための本

【単行本・図録・報告書】

『日本城郭大系9　静岡・愛知・岐阜』　新人物往来社　1979
『静岡県の中世城館跡』　静岡県教育委員会　1981
『図説中世城郭辞典二』　新人物往来社　1987
『静岡県の城物語』　小和田哲男　静岡新聞社　1989
『図説　駿河・伊豆の城』　小和田哲男監修　郷土出版社　1992
『図説　遠江の城』　小和田哲男監修　郷土出版社　1994
『浜松城のイメージ』（図録）　浜松市博物館　1995
『田中城絵図』（図録）　藤枝市郷土博物館　1996
『掛川城のすべて』（図録）　掛川市教育委員会　1996
『浜松城跡―考古学的調査の記録―』　浜松市教育委員会　1996
『史跡　高天神城跡保存管理計画策定報告書』　大東町教育委員会　1996
『大御所徳川家康の城と町』　静岡市教育委員会　1999
『横地城跡総合調査報告書』　菊川町教育委員会　1999
『史跡横須賀城跡等活用特別事業報告書』　大須賀町教育委員会　1999
『駿府城をめぐる考古学―静岡県における近世城郭の成立―』
静岡県考古学会　1999
『奔る雲のごとく　今よみがえる北条早雲』
小和田哲男監修　北条早雲フォーラム実行委員会　2000
『高根城（久頭郷城）総合研究報告書』　水窪町教育委員会　2002
『よみがえる日本の城11　駿府城』　学習研究社　2005
『週刊名城をゆく46　岡崎城・浜松城・駿府城』　小学館　2005
『陶磁器から見る静岡県の中世社会』　菊川シンポジウム実行委員会　2005
『相良城址』　相良町教育委員会　2005
『小長谷城址』　川根本町教育委員会　2008
『はままつ城めぐり』（ガイドブック）　浜松市博物館　2006
『蒲原城総合調査報告書』　静岡市教育委員会　2007
『北遠の城』（パンフレット）　天竜区魅力ある区づくり実行委員会　2008
『静岡の山城ベスト50を歩く』　加藤理文・中井均編　サンライズ出版　2009
『静岡県における戦国山城』　静岡県考古学会　2010
『浜松の城と合戦　三方ヶ原合戦の検証と遠江の城』
城郭遺産による街づくり協議会編　サンライズ出版　2011
『戦国時代の静岡の山城―考古学から見た山城の変遷―』
城郭遺産による街づくり協議会編　サンライズ出版　2011
『静岡の城　研究成果が解き明かす城の県史』
加藤理文　サンライズ出版　2011
『静岡県の城跡―中世城郭縄張図集成―（中部・駿河国版）』
静岡古城研究会　2012
『馬伏塚城と高天神城展』（図録）　袋井市・掛川市教育委員会　2014
『戦国武将と城　小和田哲男先生古稀記念論集』　サンライズ出版　2014
『徳川家康の戦いと城づくり』
静岡古城研究会・静岡県文化財保存協会　2015
『袋井の城・館・陣屋』（パンフレット）　袋井市歴史文化館　2015
『古城』創刊～60号　静岡古城研究会　1972～2016

【論文】

八巻孝夫「武田氏の遠江侵略と大井川城塞群」『中世城郭研究』第2号 中世城郭研究会 １９８８

加藤理文「東海地域における織豊系城郭の屋根瓦」『久野城』Ⅳ 袋井市教育委員会 １９９３

加藤理文「静岡県における家紋瓦の成立」『静岡県考古学研究』Ｎｏ25 静岡県考古学会 １９９３

加藤理文「浜松城をめぐる諸問題」『地域と考古学 向坂鋼二先生還暦記念論集』 １９９３

加藤理文「豊臣政権下の城郭瓦」『織豊城郭』創刊号 織豊期城郭研究会 １９９４

加藤理文「石垣の構築と普及—静岡県内の事例から—」『織豊城郭』第3号 織豊期城郭研究会 １９９６

加藤理文「二俣城、鳥羽山城の創築・改修・廃城」『研究紀要』第5号 静岡県埋蔵文化財調査研究所 １９９７

加藤理文「遠江・駿河における元亀～天正年間の虎口構造と城内路」『織豊城郭』第6号 織豊期城郭研究会 １９９９

松井一明・白澤崇「袋井市本庄山砦の虎口について」『織豊城郭』第6号 織豊期城郭研究会 １９９９

加藤理文「千頭峯城の再検討」『考古学論文集東海の路』東海の路刊行会 ２００２

加藤理文「遠江・馬伏塚城の再検討」『静岡県埋蔵文化財調査研究所設立20周年記念論集』静岡県埋蔵文化財調査研究所 ２００４

松井一明「大平城から見た西遠江の南北朝山城の実像」『浜北市史資料編 原始・古代・中世』浜北市 ２００４

松井一明「遠江山城における横堀の出現と展開」『森宏之君追悼城郭論集』織豊期城郭研究会 ２００５

加藤理文「静岡県における織豊系城郭の成立について」『東西交流の地域史』雄山閣 ２００７

松井一明「浜名湖北岸の城館跡」『浜松市博物館報』浜松市博物館 ２００７

溝口彰啓「静岡県下における中世山城遺構の画期について」『静岡県考古学研究』Ｎｏ40 静岡県考古学会 ２００８

溝口彰啓「遠江・駿河室町～戦国初期の城館—勝間田城と横地城を中心に—」『中世城館の考古学』萩原三郎・中井均監修 高志書院 ２０１４

土屋比都司「古今伝授挙行の城—豆州三島河原ヶ谷城跡—」『戦国武将と城』サンライズ出版 ２０１４

戸塚和美 掛川城攻めにおける徳川家康の陣城跡」『戦国武将と城』サンライズ出版 ２０１４

中井 均「残存遺構から見た丸子城の築城主体」『戦国武将と城』サンライズ出版 ２０１４

溝口彰啓「静岡県下の戦国期城郭における曲輪内建物について」『戦国武将と城』サンライズ出版 ２０１４

望月保宏「駿河国東部における戦国期土豪屋敷の様相」『戦国武将と城』サンライズ出版 ２０１４

山本宏司「駿府城の石切り場」『織豊城郭』第15号 織豊期城郭研究会 ２０１５

木村聡・池谷信之「沼津市三枚橋城の歴史的評価—本丸石垣と瓦の分析から—」『織豊城郭』第15号 織豊期城郭研究会 ２０１５

著者略歴

加藤 理文（かとう・まさふみ）

1958年静岡県生まれ。1981年駒澤大学文学部歴史学科卒業、2011年広島大学にて学位（博士〈文学〉）取得。公益財団法人日本城郭協会理事・学術委員会副委員長、織豊期城郭研究会。財団法人静岡県埋蔵文化財調査研究所、静岡県教育委員会文化課などを経て、現在、袋井市立浅羽中学校教諭。著書に『織田信長の城』（講談社現代新書）、『家康と家臣団の城』（角川選書）、『織豊権力と城郭』（高志書院）、共著に『戦国の山城を極める - 厳選22城 -』（学研プラス）など多数

執筆者紹介（担当城の撮影も）

木村 聡（きむら・さとし）	1984年生まれ	沼津市教育委員会
戸塚 和美（とつか・かずみ）	1961年生まれ	織豊期城郭研究会
前田 利久（まえだ・としひさ）	1958年生まれ	清水国際高等学校
松井 一明（まつい・かずあき）	1957年生まれ	織豊期城郭研究会
溝口 彰啓（みぞぐち・あきひろ）	1969年生まれ	織豊期城郭研究会
望月 保宏（もちづき・やすひろ）	1963年生まれ	静岡県立沼津工業高校
山本 宏司（やまもと・こうじ）	1959年生まれ	織豊期城郭研究会

静岡県の歩ける城70選
―初心者から楽しめる名将ゆかりの城跡めぐり―

2016年12月21日　初版発行
2022年10月24日　第4刷発行

企画・編集　静岡新聞社 出版部
ブックデザイン　塚田雄太
巻頭特集撮影　望月やすこ
城郭イラスト　香川元太郎

発行者　大須賀紳晃
発行所　静岡新聞社
〒422-8033　静岡市駿河区登呂3丁目1番1号
TEL 054-284-1666

印刷・製本　図書印刷株式会社

ISBN978-4-7838-1984-4　C0026